U0013958

親切的、活潑的、趣味的、致用的

實用歷史叢書

遠流出版公司

◎本著作中文繁體字版出版權（包括紙本書、電子書出版權）由中國地圖出版社
授予遠流出版事業股份有限公司在臺港澳獨家出版，及發行於全球華文地區。

明朝皇帝回憶錄

作　　者——唐　博
主　　編——游奇惠
責任編輯——陳穗錚
發 行 人——王榮文
出版發行——遠流出版事業股份有限公司
臺北市10084南昌路2段81號6樓
電話／2392-6899　傳真／2392-6658
郵撥／0189456-1
法律顧問——董安丹律師
著作權顧問——蕭雄淋律師
2012年6月1日　初版一刷
行政院新聞局局版臺業字第1295號
售價新台幣 450 元　（缺頁或破損的書，請寄回更換）
有著作權・侵害必究　Printed in Taiwan
ISBN 978-957-32-6991-5
YLib 遠流博識網
http://www.ylib.com　E-mail:ylib@ylib.com

實用歷史叢書

明朝皇帝回憶錄

《實用歷史叢書》出版緣起

王榮文

‧歷史就是大個案

《實用歷史叢書》的基本概念，就是想把人類歷史當做一個（或無數個）大個案來看待。

本來，「個案研究方法」的精神，正是因為相信「智慧不可歸納條陳」，所以要學習者親自接近事實，自行尋找「經驗的教訓」。

經驗到底是教訓還是限制？歷史究竟是啟蒙還是成見？——或者說，歷史經驗有什麼用？可不可用？——一直也就是聚訟紛紜的大疑問，但在我們的「個案」概念下，叢書名稱中的「歷史」，與蘭克（Ranke）名言「歷史學家除了描寫事實『一如其發生之情況』外，再無其他目標」中所指的史學研究活動，大抵是不相涉的。在這裡，我們更接近於把歷史當做人間社會情境體悟的材料，或者說，我們把歷史（或某一組歷史陳述）當做「媒介」。

・從過去了解現在

為什麼要這樣做？因為我們對一切歷史情境（milieu）感到好奇，我們想浸淫在某個時代的思考環境來體會另一個人的限制與突破，因而對現時世界有一種新的想像。

通過了解歷史人物的處境與方案，我們找到了另一種智力上的樂趣，也許化做通俗的例子我們可以問：「如果拿破崙擔任遠東百貨公司總經理，他會怎麼做？」或「如果諸葛亮主持自立報系，他會和兩大報紙持哪一種和與戰的關係？」

從過去了解現在，我們並不真正尋找「重複的歷史」，我們也不尋找絕對的或相對的情境近似性。「歷史個案」的概念，比較接近情境的演練，因為一個成熟的思考者預先暴露在眾多的「經驗」裡，自行發展出一組對應的策略，因而就有了「教育」的功能。

・從現在了解過去

就像費夫爾（L. Febvre）說的，歷史其實是根據活人的需要向死人索求答案，在歷史理解中，現在與過去一向是糾纏不清的。

在這一個圍城之日，史家陳寅恪在倉皇逃死之際，取一巾箱坊本《建炎以來繫年要錄》，抱持誦讀，讀到汴京圍困屈降諸卷，淪城之日，謠言與烽火同時流竄；陳氏取當日身歷目睹之事與史實印證，不覺汗流浹背，覺得生平讀史從無如此親切有味之快感。

觀察並分析我們「現在的景觀」，正是提供我們一種了解過去的視野。歷史做為一種智性活動，也在這裡得到新的可能和活力。

如果我們在新的現時經驗中，取得新的了解過去的基礎，像一位作家寫《商用廿五史》，用企業組織的經驗，重新理解每一個朝代「經營組織」（即朝廷）的任務、使命、環境與對策，竟然就呈現一個新的景觀，證明這條路另有強大的生命力。

我們刻意選擇了《實用歷史叢書》的路，正是因為我們感覺到它的潛力。我們知道，標新並不見得有力量，然而立異卻不見得沒收穫；刻意塑造一個「求異」之路，就是想移動認知的軸心，給我們自己一些異端的空間，因而使歷史閱讀活動增添了親切的、活潑的、趣味的、致用的「新歷史之旅」。

你是一個歷史的嗜讀者或思索者嗎？你是一位專業的或業餘的歷史家嗎？你願意給自己一個偏離正軌的樂趣嗎？請走入這個叢書開放的大門。

序言

玄武湖畔，旌旗招展，一個蒸蒸日上的王朝從這裡登上歷史舞臺。《永樂大典》的浩繁卷帙，鄭和航海的絢爛盛舉，萬里長城的雄偉壯麗，是這個王朝留給後人的美好回憶。

萬歲山側，春寒料峭，一個奄奄一息的王朝在這裡結束三百年的生命。袁崇煥的血色悲劇，朱由檢的絕望自縊，吳三桂的薙髮投降，是這個王朝留給後人的最後印象。

這就是明朝——一個飽受爭議的封建王朝。

曾幾何時，明朝被冠以專制、封閉、落後而又「無恥」的帽子。廷杖、東廠、昏君「怠政」、宦官專權、酒色財氣，「平時袖手談心性，臨危一死報君王」……成了這些帽子的注解。然而，她同樣是一個充滿成就的朝代：農業大發展，玉米、番薯、煙草等新品種引進並推廣，養活了一億中國人；手工業成就斐然，商業空前繁榮，推動了資本主義萌芽的產生；對傳統學術和科技知識進行梳理和總結的著作大量湧現，諸如《本草綱目》、《農政全書》和《天工開物》；海軍力量非常強大，足跡遍布南洋、西亞、東非沿岸；她開放的胸襟不僅體現在以鄭芝龍為縮影的海外貿易上，而且也體現在西學東漸思潮中以利瑪竇和徐光啟為代表的中西方思想的平等對話。明朝，稱得上「治隆唐宋」，「遠邁漢唐」。

明朝留下了什麼呢？中國疆域的主體，成熟完全的專制制度，發達的傳統農業技術，還有追求真理的思想意識，等等。這些都被清王朝繼承和發展，並在我們民族文化的根基上打下了深深的烙印。當然，任何一個希望了解明朝的人，都必須首先了解她的十六位皇帝。因為，明朝特有的政治制度，決定了皇帝在其歷史進程中必然發揮主導作用。跟清朝相比，這些皇帝勤政者少，而且個性各異。在百姓看來，他們是天子，是主宰國家命運的神；然而，他們也是普通人，有自己的個性，有自己的生活，有自己的喜怒哀樂，有自己的知心愛人。而這一切，只有他們自己清楚。如果不能為他們設身處地，恐怕我們很難理解他們的辛酸與苦衷，也無法共享他們的欣喜與歡愉。理解了這些皇帝，有助於理解他們所處的時代，才能更好地做到以史為鑒，面向未來。

這本書不是學術著作，而是以第一人稱的筆法，以明代史料和國內外研究成果為基礎，融入作者多年的研究心得，以回憶錄的形式對明代十六位皇帝的人生做一個宏觀勾勒。以第一人稱的筆法寫人物，有助於刻畫和分析人物的內心世界，有助於把握人物與其身上所發生的歷史事件之間的關係，有助於拉近讀者與歷史人物的距離，如身臨其境去感受歷史的滄桑。本書以文學而不脫離史實的筆法，活靈活現地展現明朝皇帝們的個人生活和社會生活的方方面面，並通過他們，向讀者展現一幅明代社會豐富多彩的歷史畫卷，展現一個封建王朝興、盛、衰、亡的發展脈絡和歷史走向。本書呈現給讀者的每位皇帝，是鮮活的，是立體的，他們被請出皇宮大內，請到我們的身邊，用他們獨特的方式為我們講述他們的一輩子，用他們的經歷給人啟迪，給人智慧。

【序者簡介】于沛，一九四四年生於天津，中國社會科學院研究生院世界歷史系畢業。曾任中國社會科學院世界歷史研究所所長。現任國家清史編纂委員會委員、編譯組組長，中國史學會副會長，中國社會科學院世界歷史研究所研究員，中國社會科學院研究生院世界歷史系教授、博士生導師。中國人民大學、東北師範大學、上海師範大學、天津師範大學、華東師範大學兼職教授。

目錄

初明皇帝回憶錄

唐博 著

卷一　明太祖（洪武）朱元璋回憶錄

明太祖朱元璋簡歷

朱元璋，原名朱重八，後取名朱國瑞。生於元天曆元年（一三二八年）九月十八日，卒於明洪武三十一年（一三九八年）閏五月初十日。出生地為濠州（今安徽鳳陽縣東）鍾離太平鄉。排行第四。生父朱五四，母陳氏。元至正二十八年（一三六八年）正月初四日即位，國號大明，年號洪武，定都南京。在位三十一年。死後廟號太祖，謚號「開天行道肇紀立極大聖至神仁文義武俊德成功高皇帝」，簡稱「高皇帝」。葬於南京孝陵。

朱元璋一生做了三件大事。一是由元末農民起義將領的身分起家，逐漸成長為南方紅巾軍領袖，並建立明朝，驅逐元朝殘餘勢力，統一全國；二是採取諸如廢丞相、升格六部、分設五軍都督府、拆分地方行中書省、設置錦衣衛等措施，將「中國特色」的專制主義中央集權制度推向中國歷史的頂峰；三是推行重農抑商政策，推動中國農業經濟的恢復，為永樂之治積累了雄厚的物質基礎。

可以說，朱元璋是明朝政權和明初制度的締造者。

朱元璋有四大愛好：當皇帝、看奏章、殺人、好色。這讓人感受到他的兩面性：既是勤政愛民的好皇帝，又是凶殘暴戾的壞皇帝。

一生最得意之事莫過於在鄱陽湖之戰擊敗陳友諒，此役奠定了統一南中國的基礎；最失意之事莫過於太子朱標早夭，使他設計的傳位計畫出現混亂，為身後的「靖難之役」埋下禍根。

皇后馬氏，有名號的嬪妃十餘人。誕育二十六子、十六女。法定皇儲為朱標（皇太子，早逝）、朱允炆（皇太孫）。

洪武十五年（一三八二年）深秋的一天，應天（今南京）皇宮。

太子朱標跪在冰冷的地上，呆呆地看著眼前帶刺的棘杖，渾身發抖，不知所措。我瞥了他一眼，厲聲道：「你把它拿起來！」

朱標面有難色，一動不動。

「你怕刺扎了手不敢拿吧？那我把這些刺都除掉了，再交給你，豈不更好嗎？我把天下的奸險之徒都清理乾淨了，將來你上臺了，才能做個太平天子。兒子，你懂得為父的這片苦心嗎？」

「父皇，上有堯舜之君，下有堯舜之民。」朱標淡淡地嘟囔，似有不服之氣。

他的意思是說，有什麼樣的皇帝，就有什麼樣的臣民，不用我多操心。聽到這裡，我勃然大怒，舉起椅子就砸了過去。朱標嚇得趕緊逃走了。

這些年來，我絞盡腦汁，製造大批血案，把開國功臣都快殺光了，為的就是給太子留下一根「沒有刺的棘杖」。這樣我也放心，他也舒心。然而，即將步入而立之年的太子，居然這麼不理解父皇的一片苦心，居然說出這樣不負責任的話。我很寒心。

晚上，我在夢裡見到了那些死去的開國功臣們，他們一個個血肉模糊，直喊冤枉，而我無言以對，甚至不敢正視他們……

要飯和尚造反

元順帝至正四年（一三四四年）春，安徽鳳陽旱災、蝗災、瘟疫、人禍接踵而來，田地乾裂，禾苗乾枯，莊稼顆粒無收，官府橫征暴斂，老百姓的日子過不下去了。

這一年我十七歲。

家庭悲劇接二連三地發生：爺爺、媽媽和大哥染上了瘟疫，上吐下瀉，渾身發熱。我沒錢給他們請郎中、抓藥，只能眼巴巴地看著他們一個個痛苦地死去。家裡早就揭不開鍋了，又沒有哪家親戚能投奔。父親想來想去，覺得在這個世道，只有菩薩能救蒼生於水火。於是，就給我剃了頭，送進了皇覺寺。

寺廟裡，上到長老，下到僧眾，全是長輩，我只能低三下四，成天賠著笑臉。我的工作本來是給長老當雜役，結果全寺的僧人把我當長工使喚。時間長了，我憋了一肚子氣。為了保住飯碗，不敢跟他們發火，就整日跟泥菩薩過不去。

元朝末代皇帝妥歡帖木兒，死後廟號惠宗，朱元璋稱他為元順帝。

皇覺寺是靠收田租過活的。天災越鬧越凶，任憑僧人們怎麼催逼，佃戶都交不出多少糧食來。無奈之下，長老只好派一些僧人出外化緣。結果，到寺五十天，還沒學幾句經文的我，也得裝模作樣地出門雲遊，討口飯吃。沿途，我目睹了餓殍遍野的慘劇，體驗了人情冷暖的殘酷。那時的我，真是「身如蓬逐風而不止，心滾滾乎沸湯」，飢寒交迫，悲痛欲絕，身心俱受煎熬。

倘若天下只有我最倒楣，恐怕依舊是個太平盛世；重要的是，許多百姓過得比我還慘。身臨絕境的他們，別無選擇，只有走上反叛朝廷的不歸路。大江南北，大河上下，反對元朝統治的起義一刻也沒有停息過。

「石人一隻眼，挑動黃河天下反！」傳言在黃河沿岸流行開來。

被朝廷徵發來的十七萬民夫，正在水利專家賈魯的督導下，進行一項根治黃河水患的宏大工程。工程本身當然是造福百姓的，但事情就壞在官府。「朝廷所降食錢，官吏多不盡給，河夫多怨」。本來工錢就不多，還被各級官吏層層剋扣，民夫們終日勞作，所得不多，不怨恨才怪呢！

至正十一年（一三五一年）四月的一天，民夫們在河道底下挖出一個獨眼石人，而且背部恰好刻著一句話：「莫道石人一隻眼，此物一出天下反。」與傳言一模一樣。這種從陳勝、吳廣大澤鄉起義的時代就在使用的動員手段屢試不爽，在人心浮動的年代，這樣的手法遠比高超的演說要管用。

如今，我知道，石人是白蓮教領袖劉福通等人預先埋好的。本來朝廷禁止漢人集會，但治河工程又不得不集中大批漢人。對於劉福通來說，

鳳陽《大明皇陵碑》，碑文由朱元璋親撰，自述其先世和早年經歷，具有一定的史料價值。

這是集合教徒，發動起義的天賜良機。於是，這個宣稱彌勒降生，明王出世，號召推翻元朝統治，建立極樂世界的民間祕密宗教組織，從地下走向公開。五月初三日，十幾萬人揭竿而起，劉福通推舉已故教主韓山童的兒子韓林兒為「小明王」。一時間，天下群起響應。由於各路白蓮教起義軍的士兵都用紅巾裹著頭，故稱紅巾軍。他們不僅屢敗元軍，而且所到之處開倉放糧，救濟窮人，殺戮貪官，得到了貧苦百姓的擁護。

劉福通起義的時候，我已經在皇覺寺待了六年多。

這些年，我到處化緣，足跡遍及安徽北部，自己吃了不少苦，對民間的疾苦多有了解。我相信白蓮教的理論是可行的，所以也在留意紅巾軍的消息。劉福通起義的第二年，一個叫郭子興的富家子弟，因無法忍受官府的催科，就祕密加入白蓮教，發動起義，奪了鳳陽。據說郭子興為人仗義，是個好漢，可他的部隊派系林立，互不統屬。我想投奔他們，又怕有風險。就在猶豫之間，收到了兒時夥伴湯和的信。他說自己前不久投了郭子興的軍隊，已經因功當上了千戶，勸我趕緊入夥。我還是拿不定主意，就想回寺院向菩薩討個卦。可回去一看，寺廟已經被元軍焚毀了。

寺裡待不住了，為了活下去，我別無選擇，必須投奔紅巾軍。就這樣，一個要飯和尚裹上紅巾，蓄起頭髮，揭開了十幾年戎馬生涯的序幕。

初出茅廬

小時候，我給地主家放牛。一次，跟小夥伴們玩了一天，又累又餓，找不到吃的。於是，我提議把牛群中的一隻小牛犢宰了吃。大家歡呼雀躍，吃得不亦樂乎。吃完之後，大家才意識到沒法向地主交代，面面相覷。這時候，我一拍胸脯，承擔了全部後果。我把吃剩下的牛尾巴插進山上的一個石頭縫裡，而後對地主謊稱小牛犢鑽進石洞裡，拉不出來了。結果，我挨了一頓揍，放牛的差事也丟了。顯然，小孩是騙不過大人的。

不過，通過這件事，我倒是結交了一幫朋友，他們覺得我敢做敢當。漸漸地，我有了自己的小集團，他們都推我當頭目。這個小集團裡，就有開國元勳湯和。

參加紅巾軍後，我這種講義氣的特點得到了保持和發揚。

一次作戰，我俘虜了數萬曾經背棄我的官兵。這些人極度不安，擔心遭到報復。而我則下令從中挑出五百名精兵，替換原有警衛，擔任中軍宿衛。夜色正濃，中軍帳裡，我鼾聲大作，五百名精兵就在外邊站崗。這些人為我的不計前嫌和對他們的高度信任而感佩，次日清晨，紛紛拜倒在帳前。此後，這幾萬官兵為我死心塌地地衝鋒陷陣，成為我手中的一支王牌軍。

郭子興有勇無謀，目光短淺，幾年下來也沒打出多大的地盤。反而屢遭其他幾路山頭的擠兌。最狠的一次，獨自上街的郭子興竟被人綁架，關進地牢。他的親信和親屬嚇得不知如何是好。此時，作為帥府偏將的我，硬要去營救郭子興。部下勸我不要自投羅網，白白送死，但我厲聲說道，在我最苦的時候，是郭公收留了我，他有大恩於我，現今有難，我如只顧自己不去搭救，還算個人嗎？我利用幾路山頭的矛盾，又打又拉，平息了一場劍拔弩張的火併，並且縱身跳進地牢，砸爛枷鎖

紅巾軍領袖郭子興，是朱元璋的老長官兼老泰山。

明朝開國元勳湯和（左）、徐達（右），與朱元璋是竹馬之交。

，愣是將郭子興背了出來。

打仗的時候，我身先士卒，戰利品主動上交，有了功勞都推給大夥，深孚眾望；哨探的時候，我既能完成任務，又能把弟兄們一個不落地帶回來，讓上上下下都覺得我辦事穩妥；在帥府當差，我小心謹慎，執行命令從不含糊。郭子興見我智勇雙全，人緣好，又救了他的命，便把我引為心腹，從帥府九夫長開始步步提拔，還把養女馬氏許配給我。馬氏容貌平平，但她不遺餘力地支持我的事業，是個賢內助，給我營造了家的港灣。

儘管深得郭子興器重，但我覺得跟著他瞎混難有什麼大名堂，於是乾脆親率兒時夥伴徐達等人，到定遠招兵買馬。聽說張家堡驢牌寨有地主私兵三千人，孤立無援，又斷了糧，處境困難，就親往勸降。寨主跟郭子興是老相識，又聽我說只有投奔紅巾軍才能保全隊伍，否則難免遭到元軍的襲擊，就滿口答應過幾天就來。結果等了三天，卻等來了寨主變卦的消息。我立即帶了三百人前去勸說。勸了半天，不得要領，只好使計，派人請寨主來議事。寨主一到，三百人就把他團團圍住，邊嚷嚷邊走，走了十幾里，再派人去向驢牌寨傳令，說寨主宣布移營，三千人就跟了過來。就這樣，我得到了屬於自己指揮的第一支軍隊。

以驢牌寨的人馬起家，我的實力和影響與日俱增。定遠人李善長、馮國用、馮國勝等先後來投奔。他們有些學問，也就成了我的幕僚。在他們的建議下，我每攻下一座城池，都會將當地的文人招來問話，有才幹的給封官。漸漸地，我的麾下形成了一個龐大的智囊集團。

我帶兵有兩個原則：其一，嚴格訓練；其二，嚴明紀律。我的部隊有三大規定：其一，將士家眷必須留在後方，以防前方將士叛變；其二，重用家鄉人，但不排斥外鄉人；其三，禁止將官擅用書吏，提防武將與書生勾結。部隊旗幟鮮明，軍容整肅，成為一支生力軍。

肚量狹小的郭子興遭人擠兌，氣得一病不起，不久便一命嗚呼。作為女婿的我，名正言順地接管了他的軍隊，成為名副其實的都元帥。

隊伍壯大了，可手中的地盤比起偌大的元朝，還是顯得渺小，甚至還不如周圍的紅巾軍。現在急需的是結束流動作戰，打下一塊穩定的根據地。

至正十六年（一三五六年），趁元軍長江下游防務空虛，我率軍攻占集慶（今南京），改名應天府，把影響擴展到長江三角洲。然而，本以為能藉助六朝古都虎踞龍盤的氣勢開闢一番事業，等進了城才發現：應天是一個四戰之地——南北皆有元軍，東有反覆無常的張士誠，西有南方紅巾軍領袖徐壽輝。雖說此地不愁吃穿，可四面受敵，處境極其不利。

有了根據地，卻成了困獸，我該怎麼辦呢？

高築牆，廣積糧，緩稱王

我是不幸的，選了一塊四戰之地安家。

我是幸運的，「四戰之地」反而是天下最安全的家。

元朝從建立伊始就是亂的。一方面，這個草原帝國在以驚人的速度腐化墮落，以至於不可救藥；另一方面，上層集團的派系傾軋愈演愈烈，即使是大敵當前也沒有停止。丞相脫脫率領百萬大軍一度包圍高郵，即將活捉紅巾軍首領張士誠。然而元順帝一紙詔令，脫脫突然被免職，成了內訌的犧牲品。百萬元軍臨陣換將，不戰而潰，從而喪失了鎮壓紅巾軍起義的主動權。

在應天的北面，劉福通率領紅巾軍主力攻占汴梁，韓林兒在這裡以「小明王」的名義建立政權，國號「大宋」，年號「龍鳳」，企圖以復興亡於元朝近八十年的宋朝為號召。劉福通隨即發動大規模北伐，先後攻略魯、陝、晉、冀、遼等地，威脅大都（今北京），並焚毀了上都（即開平府），牽制了元軍主力。有他們做屏藩，我的北面頓時沒了壓力。不過，為此我必須付出代價：在名義上接受韓林兒的「龍鳳」年號，接受「大宋」冊封的左副元帥職務。當然，歸屬劉福通領導只是名義上的。

在應天的西面和西南面，紅巾軍將領徐壽輝攻略長江中游大小城鎮，聲勢日盛。徐壽輝稱帝，建國號「天完」。在應天的東南面，張士誠經略太湖流域，占領高郵、平江（蘇州），自稱「誠王」，國號「大周」，阻斷了漕運。他們的存在，多少替我遮擋了元軍的鋒芒，使我得以從容發展壯大。

遍觀天下，稱王稱帝者比比皆是。很多部將也勸我割據一方，建號稱王。在這個群雄並起的年代，出來混為的是什麼？面南背北，當然是我夢寐以求的。然而，現在稱王合適嗎？我還在猶豫。

至正十七年（一三五七年），我率軍打下徽州。照例招募當地書生問話，希望得到一些高見。有一個叫朱升的老儒送給我三句話：「高築牆，廣積糧，緩稱王。」在他看來，當前我處於四戰之

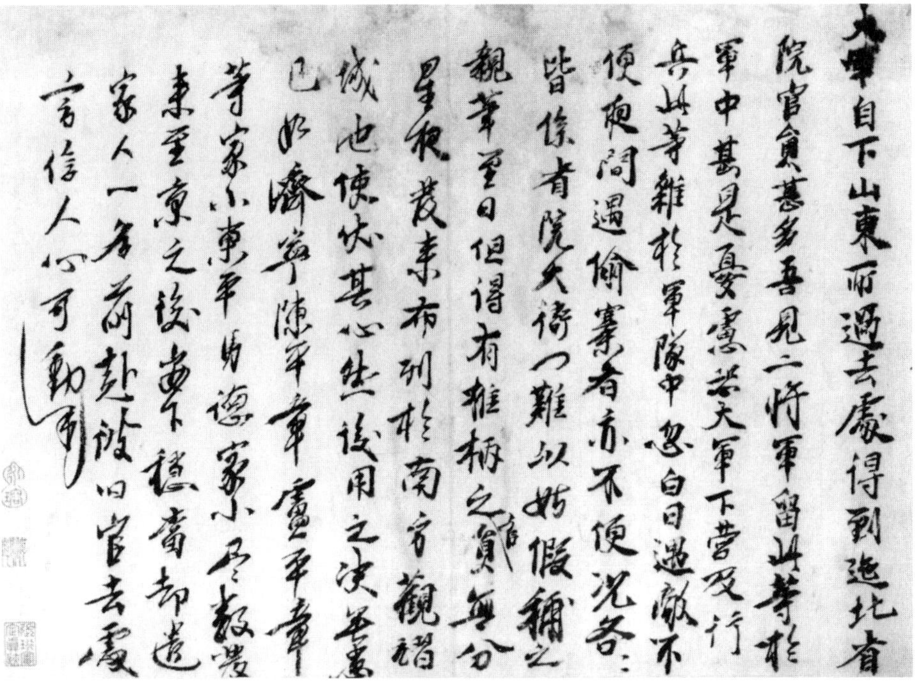

《大軍帖》是朱元璋寫給部將的一封信，內容提及如何妥善處理元朝投降官吏。

地的不利境地，但由於四方皆有屏障，反而是天下諸強中最有利的。因此，他建議我抓住這得天獨厚的歷史機遇，鞏固後方，加強政權建設，籠絡人心；發展生產，提升經濟實力，增強軍力；韜光養晦，不要急於稱王，以免成為眾矢之的。他的建議說到了我的心坎上。他的「九字方針」成了我此後十幾年的政治指導思想。

我廢除了此前打到哪兒就抄掠到哪兒的做法，轉而沉下心來，埋頭自強。讓士兵進行屯田，給百姓減輕賦稅。在攻打安徽、浙江，擴大根據地的時候，舉起「奉天都統中華」的金牌，號召所有反對元朝統治的漢族士紳團結在我的周圍。

劉福通的大舉北伐雖然震動全國

，但也分散了兵力。元將察罕帖木兒率領元軍主力捲土重來，攻陷汴梁，劉福通、韓林兒退守安豐，傳檄各地求援。按說，應天距離安豐最近，作為「大宋」的「忠實粉絲」，我理應一馬當先，率軍勤王。但我沒有這麼做，而是一面向元軍主將察罕帖木兒遣使通好，一面接受「大宋」的冊封，就任江南行省左丞相、吳國公，坐觀兩虎相鬥。不久，察罕帖木兒遇刺身亡，元朝高層再次陷入內訌，無力南下。北線暫時無憂。於是，我便拒絕了元朝廷隨後許以高官厚祿的誘降。至正二十三年（一三六三年），安豐陷落，劉福通陣亡。我率軍馳援，將韓林兒救回，表面上繼續奉為小明王，實則加以監視，形成挾天子以令諸侯的局面。

北線穩定了。西線和東線又出了問題。

西線。至正二十年（一三六〇年），「天完」皇帝徐壽輝被部將陳友諒殺死。後者在江州（九江）稱帝，建國號「漢」，年號「大義」，占據兩湖、江西等大片土地，實力強勁。陳友諒「性雄猜，好以權術馭下」，算是一個控制力和組織力很強的將領。儘管他好弄權術且手段毒辣，但能夠在短時間內取代徐壽輝在軍中的地位，並將各派軍隊迅速收攏到自己麾下，足見其作為一方梟雄的本事。更令人不安的是，陳友諒似乎有吞併天下的野心，而且把我視為最大敵手。

東線。元朝丞相脫脫的突然免職，令張士誠在高郵之戰中躲過一劫，並迅速席卷江浙一帶富庶地區。據說他經常沉默寡言，但鬼點子很多；為人講義氣，慷慨大方，但又愛占小便宜。這位鹽商出身的好漢似乎目光有些短淺，在占領了天下最為富裕的蘇杭魚米之鄉後就開始滿足現狀，只想保境安民，不想冒險擴張。他甚至與元朝單獨媾和，接受冊封，逐漸演變為一方軍閥；他甚至在北方

張士誠反覆無常，短視近利。

紅巾軍最危險的關頭襲擊安豐，直接導致劉福通的陣亡。總之，這是一個在政治上不想有所作為的鄰居。

其實，張士誠可能多半是被那些跟他出生入死的弟兄們拖下水的。據說，為了讓張士誠放棄「自奉甚儉」的信條，他們選了一位傾國傾城而又善解人意的美女，使張士誠落入了溫柔的圈套。從此，這位鹽販子開始沉溺酒色，而他的那些弟兄們也開始占良田、修園林、蓄嬌妻、賞古玩，以胡作非為的方式「享受生活」。到後來，每逢戰事，這些武夫悍將誰也不願上陣，而是先邀功，撈夠了田宅官爵後，再攜帶著妻妾，且歌且舞，「以酒令作軍令，以肉陣作軍陣」。打了敗仗也沒關係，只要在張士誠跟前痛哭流涕，把失敗的責任推卸出去，便會得到憐憫和寬恕。畢竟，張士誠是講義氣的。

陳友諒在即位的那一年，派兵襲擊了應天。這次襲擊令我意外而吃驚，一旦張士誠同時出兵，我將腹背受敵，陷入絕境。幸而，張士誠按兵不動。陳友諒的水軍來勢洶洶，敵眾我寡。曾在陳友諒麾下供職的降將康茂才獻策詐降，我將計就計，設下圈套，誘敵深入。驕橫的陳友諒果然孤軍冒進，中了埋伏，損兵折將。我的水師俘虜了數百艘大小艦隻和上萬名士兵。此後，我率軍乘勝將陳友諒的勢力趕出了江西。

至正二十三年四月初，陳友諒又出動龐大的水陸軍隊，擺出一副決戰的架勢，夾江而下。然而，他的目的地不是應天，而是洪都（南昌）。是為了在攻取應天前先翦除側翼威脅，抑或是覺得洪都曾被稱為「龍興府」，名字吉利？我搞不懂。反正，洪都守將朱文正拚死堅守了八十五天，陳友諒大軍毫無進展，反而浪費了時間，消磨了銳氣。而我在救出「小明王」韓林兒返回應天後，整軍備戰，順便給大將徐達辦了婚事，一切都是那麼從容。

初秋的鄱陽湖仍然炎熱。陳友諒的六十萬大軍氣勢洶洶，我的二十萬大軍嚴陣以待。陳軍戰船龐大，且連在一起，行駛平穩，但機動性差；我軍戰船較小，兵力較少，但船小好掉頭，機動靈活。更重要的是，我軍不僅封鎖了鄱陽湖口，而且切斷了陳軍的補給線。雙方在鄱陽湖裡激戰數十日，都損失慘重。不過，陳軍業已斷糧，只能拚死突圍，結果被我軍全殲，陳友諒本人也中箭身亡。

就在鄱陽湖激戰正酣之際，張士誠竟依舊作壁上觀。即使獲得了我的部將謝再興的叛降投靠，他也沒有出動哪怕一萬人去襲擊應天，抄我後路。

愚蠢的張士誠。這是上天賜予他的最後機會。

鄱陽湖激戰近四十天，漂浮的死屍不計其數，湖水為之色變，周遭的漁民甚至幾年不敢捕食湖中的魚鱉。

鄱陽湖大戰是具有決定性的。此後，我的軍事生涯再無勁敵。不久，武昌陷落，陳友諒的兒子陳理投降。直到我軍兵臨蘇州城下，張士誠才如夢初醒，抖擻精神，把自己的妻妾集中起來付之一炬，而後上吊自殺未遂，當了我的階下囚，最後身首異處。我的大軍席卷閩粵川浙，陳友定、何真、明玉珍、方國珍等地方軍閥先後歸順，江南半壁盡收麾下。站穩腳跟的我，再也不需要「小明王

《英烈傳》插圖：鄱陽湖大戰

」及其政治號召力了，於是，在至正二十六年（一三六六年）的一起沉船事件中，韓林兒喪了命。

小時候，我給地主家放牛，閒時最喜歡和村裡的夥伴們玩當皇帝的遊戲。我主意多，他們都聽我的。破衣爛衫的我經常往土堆上一坐，接受他們的「山呼萬歲」。

如今，時代需要我自立門戶，建立新的王朝。歷史賦予我責任和義務，取代元朝，重建漢家天下。

至正二十八年（一三六八年）正月初四日，當年的遊戲變成了現實。我在應天府接受勸進，正式稱帝，建立了大明王朝，年號洪武。由於我在皇宮的奉天殿稱帝，因此所有的詔書開頭都要寫「奉天承運」四個字，以顯示我的一切行動都是「奉天」而行，做皇帝理所應當。八個月之後，打著「立綱陳紀，救濟斯民」、「驅逐胡虜，恢復中華」的旗號，徐達、常遇春統率二十五萬明軍，按照我事先部署的戰略，先奪取河南、山東、陝西，而後直搗大都，將元順帝趕回了大漠以北，大都更名北平，正式宣告了元朝的滅亡。此後，歷經二十年，大明王朝終於完成了長城以南中國版圖的統一。

農民的皇帝

過去，我是農民的兒子，農民吃過的苦我都吃過；如今，我要做農民的皇帝，要讓農民過上好日子。

農民的生活是清貧的。故而，我對一切奢華都不感興趣。當著百官的面，我砸碎了別人進獻的一張鑲滿珠寶的鏤金床，因為我知道，它曾經屬於陳友諒，不願讓他的悲劇在我身上重演。應天的皇宮，沒有雕琢華麗的設計，沒有惟妙惟肖的彩繪，有的只是畫滿耕織圖的牆壁和屏風，有的只是殿堂內隨處可見的治國格言。皇宮裡甚至破天荒地出現了苗圃，我每天駐足於此，看太監們澆水施肥，鋤草捉蟲。御膳房是輕鬆的，幾道時蔬就能把我的一頓正餐打發了，甚至連酒都不必準備。

農民的勞作是辛勤的。故而，當我發生了職業轉換，從農民變為帝國領袖之時，這種勤勉就不再表現在田地裡，而是在御案上。幾十年來，我一直堅持每天兩次上朝辦公，處理數以百計的公文。不管是用餐，還是小憩，但凡想起一件事，就立即拿筆記下來，別在衣服上。長此以往，衣服上的紙條越來越多，甚是難看。

農民的性格大多是樸實的。因此，我喜歡大臣們直來直往，不喜歡寫文章拐彎抹角。一次，天降災異，我下詔請百官提意見。有個大臣的奏章摺起來足有一寸厚，讓人念了一個多時辰還沒弄清要說什麼。氣得我下令把他臭揍了一頓。到了晚上，又想起這篇奏章，便讓人接著讀。大概過了幾分鐘，終於聽到了此人要說的五件大事。總共論述了五百字，卻在前面放了一萬六千五百字文縐縐的廢話。關鍵是其中有四件事還頗有道理。我長歎一聲：「這些酸秀才，就像臭豆腐一樣，聞著臭，吃起來香。」次日早朝，那位挨打的大臣得到了我的誠懇道歉。

農民最關心的是秩序，正所謂「不患貧而患不安」。為此，我提出了「務俾農盡力畎畝，士篤於仁義，商賈以通有無，工技專於藝業」的治國方略。如果認為這個要求士農工商各安其業的設想了無新意，那就大錯特錯了。我不僅故意將「農」放在第一位，把「商」和「工」放在最後，刻意強調以農為本、重農抑商的重要性，而且設計了一系列制度來貫徹這一思想，使各安其業的社會秩序保持穩定。我不僅繼續堅持輕徭薄賦、計丁授田、移民屯田、獎勵農桑、興修水利等傳統善政，不僅繼續堅持唐代兩稅法的指導思想，按照田產多寡確定農戶承擔勞役的多少，而且對於任何跟農民過不去的做法都給予空前的嚴懲。樂亭縣主簿汪鐸設計了一個「僉派徭役」的把戲，規定交納絹五匹方可逃避徭役，而這相當於主簿大人一個月的薪俸。結果，當地農民帶著怨氣，把八個縣衙長官綁赴應天。儘管汪主簿曾一再求饒，但怒不可遏的農民不依不饒。主簿大人原想弄點錢花，結果卻被我砍了頭。為了鼓勵農民下鄉擒拿官吏，我甚至在《大誥續編》中親自撰寫了一個案例，即常熟農民陳壽六到應天狀告「害民甚重」的縣吏，結果不但得到重賞，而且得到了一件護身符——敢擾害或誣陷陳壽六者族誅，只有我有權審問陳壽六，如果他有過失的話。

農民渴望生活在理想中。我用朝廷的權威幫助他們實現理想。每個村莊都要準備一面大鼓，在農忙時節由老人負責，於清晨五更擂鼓，督促人們早起務農。每個村莊都要選派一位老人，每月六天於「暮靄四合時分，炊煙嫋嫋之際」，在鄉村街道上搖著銅鈴，高聲朗誦由我制訂的，所有人都必須遵守的「六諭」——要孝敬父母、尊重尊長、友愛鄰里、教育子女、安居樂業，不要為非作歹。每個村莊都建「旌善亭」和「申明亭」，前者用來將好人好事摹寫在亭中予以表彰，後者則是處理民間糾紛的場所，壞人壞事也要摹寫在這裡，警醒後人不要重蹈覆轍。每個村莊一年要舉行兩次「鄉飲」，即全體村民大會餐，村裡德高望重的老者要在餐前宣讀朝廷法令，公開批評行為不軌者，並將屢教不改的「頑民」扭送官府，地方官如敢干預上述事項，將一併治罪。每個村莊都要按照我規定的理想圖景生活，即按時納糧當差，強制栽種桑、棗、柿子和棉花（種桑可以養蠶，生產絲棉足以豐衣，種棗、柿子可以在豐年賣錢，也可以在荒年充饑），村民互相監督，老者督辦，如有違背，「家遷化外」。

農民生活的理想圖景，用我簽發的一系列法令和制度規定了下來。如果國家要為這些制度編寫教科書的話，那麼大體可以概括出幾條來：

□戶口登記制度

戶部統一編訂戶帖，即戶口本，填寫籍貫、全家人口及丁數、戶籍類別、財產狀況，一式兩聯，編號蓋章，戶主、戶部各存一聯，百姓用以證明身分，朝廷用以控制基層戶口。編造黃冊（以黃紙為面，故名），用以記錄戶籍情況。每十年重新核實更造，寫明十年來各戶人丁、財產變化情況，上報官府掌握。全國戶口分為民、軍、匠等幾種，各類戶籍一旦確定，必須世襲。如有逃離原籍者，必須依律問罪。

□基層組織制度

洪武十四年（一三八一年）頒行里甲制度，每一百一十戶為一里（城中稱「坊」，城郊稱「廂」），丁、糧多者十戶為里長，其餘一百戶分為十甲，各設一戶為甲首。里長、甲長皆輪流擔任，十年輪換一遍，負責管束人戶，統計人丁變化情況，督促生產，調解糾紛，組織管內人丁服役。里甲之內如有罪犯，必須立即擒拿報官，否則連坐問罪。

□土地登記制度

州縣根據稅糧多少劃分為若干糧區，分別丈量土地，詳列面積、地形、四至、優劣、稅率、田主等情況，編號繪製為分圖，匯總為一縣總圖冊，再層層匯總上報，直至戶部。由於圖中所繪田畝，狀如魚鱗，故名「魚鱗圖冊」。「魚鱗冊為經，土田之訟質焉；黃冊為緯，賦役之法定焉」。通過對戶籍和田籍的登記，形成一套較之前代更加完備的戶籍和賦役管理制度。

□賦稅稅率規定

朝廷沿用兩稅法，分夏秋兩季徵稅。納米麥者稱為「本色」，納錢、絹及其他物品者為「折色」。稅率「因地制宜」，差別很大。全國多數地區官田納稅定額為每畝五升三合五勺，民田為三升三合五勺。實際徵收額通常會多一些。為了報復在征伐張士誠的過程中所遭到的激烈抵抗，我下令對蘇州、松江等原張士誠的地盤課以重稅，那裡是魚米之鄉，土地肥沃，相信也能交得起。

□引憑制度

在這個制度下，身分證、通行證、許可證之類分別打造，對人們的各類職業、各種行為都做了細緻入微的嚴格規定。商人有商引，販鹽有鹽引，賣茶有茶引，百姓外出百里之外有路引。如果沒有，肯定要擒拿問罪，甚至處死。行醫賣卜者只能在本鄉活動，不得遠遊；人民出入作息、職業收入，必須告知鄉鄰；行為詭祕、游手好閒者一律發配邊疆。

這些制度主要針對農民，完善秩序，不給造反者任何機會。其中無處不滲透著我對農村生活的理解，無處不滲透著我對農民的強有力控制。在制度的束縛下，這個帝國已經與田園詩無緣，而成

明孝陵「治隆唐宋」碑，碑文為清朝康熙皇帝南巡時親筆所題，這是他對朱元璋的讚歎之詞。

了一座大兵營；帝國的百姓已經與生活情趣無緣，完全成了生產線上的生產工具。不過，在農業社會，只要不打仗，只要當權者不胡來，休養生息幾年，經濟總還是可以恢復的。如今，在籍人口已達六千萬，超過西漢、盛唐，乃至忽必烈時代；墾田增至三百九十萬頃，全國徵收的米穀達到三千三百萬石（石，中國古代市制重量單位，十斗為一石），屯田收入超過五百萬石，一時間，「宇內富庶，賦入盈羨，米粟自輸京師數百萬石外，府縣倉廩蓄積甚豐，至紅腐不可食」。棉花種植的推廣，使朝廷收入中的布帛、棉絨越來越多。礦冶、造船、製鹽、製瓷等行業的製作水平也取得了長足進步。我禁止私人從事海外貿易，這反而促進了朝貢貿易的興盛，大量洋玩意進入宮廷，大開眼界。

經過幾十年經營，我將給子孫留下一個看起來還不錯的治世。

讓功臣一一凋零

我是開國皇帝，最大的建樹在於建立王朝，統一全國。最大的感受就是天下得來不易。因此，我必須將大權牢牢掌握在自己手裡。

我朝起初沿用元朝的官制。以中書省為中央決策中樞，宰相是中書省的首腦。當然，我設置了左右丞相，以分相權。地方上劃分區域，設置行中書省，總攬地方政務。然而，正是相權和地方權力尾大不掉，才導致元朝末年皇帝傀儡化、皇權真空化的災難性格局。顯然，這樣的官制必須改革。

我朝高官大多來自淮西，淮西集團在朝中影響很大。這個派系以左丞相李善長為首，為了維護政治上的壟斷地位，他們便聯合起來排擠非淮西籍大臣。

劉基（字伯溫）是浙東名儒，知書達理，謀略過人。在統一戰爭中運籌帷幄，功績突出。我也對他言聽計從，經常單獨召見，密議方略。天下大定，理當以文治天下，劉伯溫這樣的儒臣自當受到重用。劉基為人耿直，對我以誠相待。李善長因病退休，我找劉基商量繼任者。可他把我提出的人選——胡惟庸、汪廣洋、楊憲——都批評了一遍。這麼一來，把大家都得罪了，自己在朝中也陷於孤立。在淮西權貴的攻訐下，劉基不得不告老還鄉。李善長致仕後，胡惟庸當上了左丞相，劉基怕遭報復，一病不起。我派醫生去給他治病。一個月後，劉基神祕地死了。有人說是胡惟庸讓醫生在藥裡下了毒。

淮西集團的首領：左丞相李善長

胡惟庸是淮西人。與李善長不同，他並非功臣，而是靠博聞強識和善於逢迎博得青睞的。當上左丞相後，胡惟庸一方面跟李善長結成兒女親家，成為淮西集團的重要成員，並利用丞相之權拉幫結派；一方面排斥異己，謀害劉基、徐達等鄙薄自己的功臣。一時間，巴結他的官員絡繹不絕，送來的金銀綾羅不計其數。他甚至敢擅自扣下不利於他的奏章，生殺予奪之事先斬後奏。

我是個事必躬親的皇帝，批閱奏章成了每天必做的「功課」。胡惟庸的胡作非為，當然威脅到我的皇權。於是，我停止了營建中都鳳陽的計畫，以避免胡惟庸大肆任用宗族鄉親；我下令六部所屬各司奏事時不必報告中書省，以架空胡惟庸；我還把外甥李文忠從陝西調回來，控制京師的軍隊，從氣勢上遏制胡惟庸。

洪武十二年（一三七九年）十二月，有人重提劉基遇害之事，說是胡惟庸所為。為了搞清真相，我把汪廣洋找來詢問，他卻回說不知。由此，我認為他有意包庇胡惟庸，有結黨營私之嫌，於是下令將他貶到海南去。不久，就傳來了他和寵妾陳氏在路上畏罪自殺的消息。緊接著，有人告發說，陳氏是被籍沒入官的一位陳姓知縣的女兒。根據我朝定制，沒官婦女不能賜給文臣。因此，我命令大理寺嚴加追查，發現胡惟庸命六部堂官擅自操作，將陳氏分給汪廣洋。收拾胡惟庸的藉口終於找到了！我當即下令將胡惟庸及六部堂官

劉基是朱元璋開創明朝的重要謀臣，朱元璋多次稱他為「吾之子房（張良）也」。

、屬官全部加以審查，逼取口供。次年正月，我突然收到有人告發胡惟庸結黨營私的檢舉信，於是將他下獄處死，家產抄沒。

緊接著，一個故事開始在坊間流傳：一日，胡惟庸邀我過府賞花，我欣然應允。就在我登車之際，一個叫雲奇的太監攔住去路。但他一時緊張，說不出話來。我一怒之下，讓近侍把他拉下去痛揍。雲奇直到嚥氣，手還一直指著胡惟庸家的方向。我頓生疑竇，便登上西華門城樓，朝不遠處的胡府望去，發現花園內藏有伏兵。我立即取消行程，密令禁軍包圍胡府，將胡惟庸擒獲。

事實上，胡惟庸的死，多少有點冤枉。他的謀反罪名，多少有點牽強。說白了，他的存在，損害了我的權威。他必須死。只不過，胡惟庸只是結黨營私，並無謀反跡象，就這樣把他殺掉，恐大臣不服。我才編出「雲奇告密」的故事，以證明胡惟庸反形已露，死有餘辜。

胡惟庸案，使我不再信任群臣。我一方面順勢廢除中書省，將六部升格，直接聽命於我，並將地方的行中書省權力一分為三，承宣布政使司管民政，提刑按察使司管刑獄，都指揮使司管練兵，實現了地方分權；一方面設立錦衣衛，監視百官的一舉一動。我利用錦衣衛，大搞特務政治，不斷擴大胡案的影響。胡惟庸的罪名最終被定性為私通日本，勾結蒙古，串通大臣謀反。前後十幾年裡，受此案牽連而被誅殺的多達三萬餘人，其中公侯達二十二人。包括李善長、涂節、宋濂、費聚等老臣都未能倖免。

元順帝逃到漠北了，可蒙古騎兵仍時時威脅長城內外。洪武二十一年（一三八八年），大將軍藍玉率軍出擊，大獲全勝，獲得重用。藍玉居功自傲，行事蠻橫。給我留下深刻印象的是，藍玉出征平叛之前，我讓他的部將先行，想跟藍玉單獨聊聊，可連呼三聲，無人離開。只見藍玉舉袖一揮，眾將遂匆匆退出。這個陣勢，讓我大吃一驚。從那時起，我就下決心除掉那些對皇權可能構成威脅的宿將。

洪武二十六年（一三九三年）二月初八日，藍玉奉命入朝，隨即被投入錦衣衛大牢。第三天即以謀反罪名被處死，夷滅三族。我下令誅殺藍玉黨羽。清洗行動持續了七個月，至少殺了二萬人，包括傅友德、馮勝等開國將領以及公侯十餘人。在此之前，徐達、李文忠在我的猜忌下憂懼而亡。到洪武末年，朝廷宿將所剩無幾，只有兒時的玩伴湯和因早就主動交出兵權而得以善終。我把全國的軍權一分為二，練兵之權授予五軍都督府，調兵之權授予兵部，而一切涉及軍隊的事務，都要由我來拍板。軍權最大限度地集中於我的手中。

本來，帝國的刑律只有五種刑罰，即笞、杖、徒、流、死，也就是鞭打、棍打、監禁、流放、處死。死刑有二，即斬首和絞死。然而，為了威懾一切敢於對抗朝廷，有可能威脅皇權的人，或集團，我「創造性地」發明了多種酷刑：如「刷洗」、「稱竿」、「抽腸」、「錫蛇遊」等。當然，最「著名」的「發明」，莫過於剝皮實草，就是將人皮剝下來，往裡面塞上草，而後放在衙門的書案旁。這種刑罰在全國迅速推廣，幾乎每個衙門前都有一個剝皮場和一個挑著貪官人頭的長竿，為的是震懾那些心存貪念的官吏。然而，就是這麼殘酷的刑罰，仍然無法阻止官員貪汙受賄之風的盛行。我不得不用重典來懲貪。最典型的莫過於空印案和郭桓案。

朝廷的戶部對每年各地報上來的各種資料都會進行仔細核對，發現有錯，哪怕微乎其微，也要求地方官府重新填報。如此往復再三，地方不勝其擾。精力、效率都大打折扣。所以，一些地方財務官員進京申報時，就帶了很多已經蓋好章、簽好字的空白表格，一旦戶部審出有錯，可以在京就地重填，節約時間，提高效率。然而，當我得悉這樣的現象後，認定這是一個官員相互勾結、營私舞弊的驚天大案，下令徹查。這就是空印案。查來查去，發現全國各地都在這麼幹。洪武十五年（一三八二年），盛怒之下的我下令，將中央和地方各衙門的一把手全部處死，副手全部發配邊疆。一千三百多名高級官員人頭落地。也許其中冤情不少，但我堅信自己做的沒錯。

洪武十八年（一三八五年）三月，根據舉報，戶部侍郎郭桓貪汙財物折合精米二千四百萬石，相當於全國一年的稅糧，這就是郭桓案，號稱我朝開國以來最大的貪汙案。我要求刑部和大理寺，從六部開始層層深挖，追查到底。結果出現了「天下諸司盡皆贓罪，繫獄者數萬，盡皆擬罪」。受此案牽連，六部左、右侍郎以下，被處死的官員多達數萬人。由於「寄贓遍天下」，因而受累抄家者不計其數，「民中人之家大抵皆破」。我甚至希望通過郭桓案，將天下貪官汙吏和豪門大戶一網打盡，不留後患。

由於屢興大獄，屠戮功臣，實行恐怖統治，朱元璋在畫家筆下，經常是目露凶光，臉孔猙獰。

在寧錯勿漏的理念下，我先後進行了六次針對官員和富戶的大規模清洗，喪命者大約為十至二十萬人。這是六場由我預謀已久並親自策動指揮的「有計畫的屠殺」。

我自認為，棘杖上的「刺」都除掉了，留給子孫的，是「乾淨」的權杖。在這把權杖之下，全國的土地、錢糧、戶籍都被統計得一清二楚；編入里甲的百姓恢復了平靜的生活，他們安心種地，不僅提供了豐富的食糧，而且充盈了國庫；全國的讀書人都以四書五經為教材，以八股文為考試形式，整齊劃一，不敢有異端邪說；邊疆有我的兒子們帶兵鎮守，足以屏障京師；嚴刑峻法足以震懾所有的貪官……

為了子孫的長治久安，我必須做出「兔死狗烹」的事來，必須像劉邦那樣殺盡功臣。該做的，我都做了……

卷二一　明惠帝（建文）朱允炆回憶錄

明惠帝朱允炆簡歷

朱允炆，生於洪武十年（一三七七年）十一月初五日，卒年不詳。祖籍鳳陽，出生於南京。朱元璋嫡長孫，其父朱標（懿文太子）為朱元璋嫡長子。洪武二十五年（一三九二年）九月十二日，因朱標早逝，被封為皇太孫，確立了儲君地位。洪武三十一年（一三九八年）閏五月十六日即位，改次年為建文元年。建文四年（一四〇二年）六月十三日被推翻，不知所終。成祖時定廟號神宗，謚號孝愍皇帝；南明弘光朝改廟號為惠宗，改謚號為「嗣天章道誠懿淵功觀文揚武克仁篤孝讓皇帝」，簡稱「讓皇帝」；清乾隆朝改謚號為恭閔惠皇帝。歷史上也因年號而稱其為建文皇帝。

朱允炆主政時年僅二十二歲。其主要政績就是廢除洪武年間的一些苛政，營造寬仁治國的政治氣氛。其削藩政策旨在強幹弱枝，卻由於操之過急，成為燕王朱棣舉兵「靖難」的導火線。削藩失敗和「靖難」過程，體現出其在政治上的不成熟和鬥爭經驗的缺乏。

相較於朱元璋，朱允炆酷愛儒家經典，主張實行仁政，並不熱中於酒色和殺人。其平生最得意之事，莫過於「建文革新」，糾正洪武末年弊政；最失意之事，莫過於削藩失敗，鎮壓「靖難之役」不力，最終丟掉皇位，連累建文舊臣齊泰、黃子澄、方孝孺等人。

皇后馬氏，誕育兩子。其中長子朱文奎曾立為皇太子，次子朱文圭後來被朱棣長期關押。

建文四年（一四〇二年）六月十三日夜，應天皇宮。

地道外，馬蹄聲聲，喊殺震天，烈燄升騰，遍地瓦礫。叛軍業已衝入京城，皇宮陷入一片火海，形勢萬分危急。地道裡，我和幾個大臣膽戰心驚，在貼身太監的引領下，藉著微弱的燭光亦步亦趨地前行，更準確地說，是逃命。至於齊泰、黃子澄、方孝孺等一幫忠於我的儒臣，此時此刻，也顧不得了。感謝祖父修築的地下通道，為我留住了活下去的希望。終於，我們來到了金陵城外，從一棵大樹旁邊隱藏的洞口爬出。

由於生怕追兵趕上，更害怕熟人認出，我連忙換上粗布衣服，化裝成普通百姓，隱姓埋名，混跡在逃難的隊伍中蹣跚南行。先是在吳縣黿山普濟寺內剃度為僧，而後隱匿於穹窿山皇駕庵。佛門淨地，或許可以保佑我逃過一劫。

聽說新即位的皇上，也就是對我造反的叔父朱棣，向天下寺院頒布《僧道度牒疏》，重新整理僧人名冊，進行逐一盤查。這顯然是衝著我來的。於是，擔驚受怕之餘，我被迫再度出逃，安家雲貴。這裡遠離中原，沒有熟人，終於可以過幾年安穩日子了。

慢慢地，時間長了，搜捕建文帝的聲音越來越微弱，我的出走成了帝國的歷史謎團。[1]

永樂二十二年（一四二四年）七月，叔父朱棣去世。這個消息，對我來說不啻於肉體和精神上的雙重解脫。是時候了，應該走出來揭開這個歷史謎團了。

1 關於建文皇帝的下落，有不知所終、燒死和逃亡三種說法，幾百年來莫衷一是。就連萬曆皇帝都搞不清楚，明代官方文獻更是語焉不詳。本文採用逃亡一說。

世界上最尊貴而又最鬱悶的父親

父親朱標，生於元末戰亂年代，卻從未受過戰亂之苦。作為本朝僅次於皇帝的尊貴之人，祖父朱元璋甫一登基，就封他為太子，也就是未來的皇上。然而，他又是本朝最鬱悶的皇族。這是為什麼呢？

為了培養父親，祖父廣聘名儒，在宮中設置大本堂，藏古今圖書，派名儒輪班為父親和諸王授課，再找些青年才俊伴讀。父親的言行，必須符合禮法。聽父親說，祖父經常視察授課現場，賜宴賦詩，談古論今。他告訴那些名儒，這些孩子日後是要治國管事的，教育他們，關鍵是正心，心正則萬事皆通，心不正，諸欲交攻。因此，要循循善誘，教之實學，對儒家經典不能停留在死記硬背上。因此，在父親的課程表上，除了四書五經之外，又多出了帝王之道、禮樂之教、往古成敗之跡、民間稼穡之事等。公務繁忙的祖父，還曾抽出時間親自授課，用親身經歷教導父親，曉之以創業艱難、守成更難的道理。

在兼管東宮事務的李善長、徐達、宋濂等功臣悉心周到的輔佐下，長於深宮的父親毫無紈袴之習。他生性聰慧忠厚，領悟能力強，朝臣們都評價他「為人友愛」，「孝友仁慈，出於至性」，「善美過昭明（指南朝梁武帝長子蕭統）」。儘管祖父為了改變他的性格，曾暗中派人擡了一筐屍骨，故意讓他看到，可結果是父親嚇得「愁慘不堪」，連聲道：「善哉！善哉！」

的確，在我眼裡，這是一位溫文儒雅、慈仁殷勤、頗具儒者風範的父親，這是一位頗具守成帝王潛質的儲君。

正因如此，洪武十年（一三七七年）六月，二十三歲的父親被祖父委以重任，規定今後一切政務先由父親處理，再轉呈祖父。這是祖父有意讓他「日臨群臣，聽斷諸司啟事，以練習國政」。注意，父親得到的只是初次批示權，而不是最終批示權。權柄依然操控在祖父手中，父親不過是一位見習皇帝而已。有次，祖父讓父親審決刑囚，吏部尚書詹徽佐之。審批過程中，父親欲寬，而詹徽欲重，並得到祖父的支持。父親連忙爭辯：「立國應以仁為本。」沒想到卻惹來祖父的勃然大怒：「孺子難道欲自己當皇帝，來教導我嗎？」一句話說得父親驚駭不已，不知所措。

祖父曾告誡父親，要他記住處理政務的幾個原則：一是仁，能仁才不會失於疏暴；二是明，能明才不會惑於奸佞；三是勤，勤懇才不會溺於安逸；四是斷，有決斷才不致受制於文法。父親特別希望貫徹其中「仁」的原則，行「寬通平易之政」。然而，無情的現實擊碎了他的夢想。

祖父從上臺伊始，一方面大權獨攬，小權也獨攬；另一方面對所有人都不放心，擔心大權旁落，架空自己，於是大肆屠戮功臣宿將，連父親的老師李善長、徐達也不放過。宮廷內外的刀光劍影愈演愈烈，甚至整個金陵城都陷入白色恐怖之中。祖父的錦衣衛，大搞特務政治，到處抓人，父親無力保住自己的老師、臣僚和朋友。他想起了漢武帝晚年的巫蠱之禍，想起了唐玄宗枉殺太子李瑛的慘劇，想起了元朝後期頻繁發生的蕭牆之禍。他孤獨，他害怕。東宮之中，他感到陣陣寒意，他生怕歷史在自己身上重演。

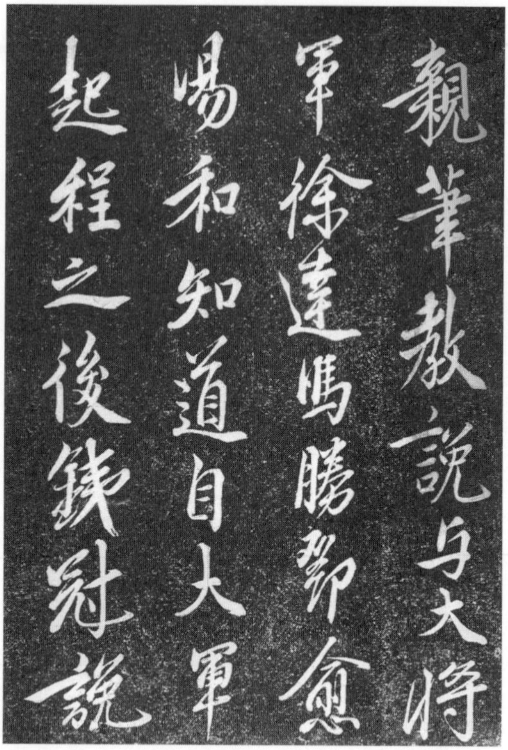

明太祖手書《教說與大將軍》，信中對一干宿將直接下達軍令。

明知祖父為政剛猛，但父親依舊不改自己凡事寬仁的主張，甚至冒犯龍顏，據理力爭，為此招惹了麻煩。洪武七年（一三七四年）九月，孫貴妃去世，祖父令父親服齊衰杖期（這是父在為母、夫為妻的服喪，服喪時手中執杖，為期一年），父親以其不合禮法而拒絕執行，氣得祖父要用劍砍他。父子二人的嫌隙由此公開。為了保護自己不被祖父廢黜，父親必須尋找撤手鐧。

還是在戰爭年代，祖父曾為敵兵追擊，是馬皇后背著他逃離虎口的。這些年，雖然父親受到過祖父的責罰，但多半因為馬皇后的保護而倖免大禍。然而，馬皇后的病逝，使他失去了與祖父抗衡的緩衝餘地。也許是考慮到這一情況，他便偷偷將祖父獲救這一事件做成圖像，藏在懷中，以備不測。一次，父親惹怒了祖父，為了躲避追打，父親有意把圖掉在地上，祖父睹圖思人，終因感念馬皇后舊情而寬恕了父親。看來，表面上忠厚仁慈的父親，其實內心充滿主見，不願逆來順受。

馬皇后是懿文太子朱標的護身符

有人說，馬皇后是父親的生母，此言差矣。其實，他是淑妃李氏所生。然而，由於太子身分，他必須承認歷史的竄改，認馬皇后為生母，以確保嫡長子的地位。由於太子身分，他不能確認和親近真正的生母，無法像常人那樣享受天倫之樂。內心的痛苦和不滿，恐怕只有他自己清楚。難怪孫貴妃去世之後，他會拒絕服齊衰。那不過是情緒發洩而已。

生活在這樣一個表面太平，其實充滿風險的環境裡，父親承受著太重的精神壓力和心理負擔。栽在這樣的老子手裡，躊躇滿志的父親不僅難以展現才華，而且要在漫長而又沒有期限的等待、緊張、鬱悶甚至驚恐之中苦熬度日。

洪武二十四年（一三九一年）八月，父親奉命巡視陝西，一方面考察西安作為國都的可行性，一方面調查秦王朱樉的言行。也許是舟車勞頓，也許是心力交瘁，回京不久他就病倒了。次年四月竟撒手人寰，享年三十八歲。

葬禮上，哭得淚人兒似的我偷眼觀瞧，祖父傷心欲絕的表情似乎也發自內心。儘管父親後來被追尊為興宗孝康皇帝，但也於事無補。

世界上最尊貴而又最鬱悶的父親，何必生在帝王家！

接下來，輪到我了。

皇太孫，帶著一大堆問號走向前臺

父親有二十多個弟弟，祖父從中選出一個來當接班人不成問題。然而，無論選哪個，都會引起其他皇子的不滿，引發天下大亂。為此，他只有堅持嫡長子繼承制。於是，洪武二十五年（一三九二年）九月十二日，作為故太子的嫡長子，我就被確定為皇太孫，成為皇儲。這一年，我還不到十七歲。

我生來腦袋就比較偏，因而在宮中留下個「半邊月兒」的小名。據說頭偏的人天資聰慧。在我的幼年生活中，沒有戰爭，沒有殺戮，有的只是太平盛世、皇室的優裕生活和最正統的儒家教育。因此，與父親類似，我也信奉仁孝、友愛。父親病重那年，我從旁侍奉，不分晝夜。為給父親守喪，我哭得身子都消瘦了，讓祖父看了都心疼。

在大臣們看來，我天生早慧，正直而遵守孝道，這與父親有些類似。成為皇儲前，我接受的教育與父親大體相同，這讓我越發信奉仁義的威力。當然，儘管祖父比較喜歡我，但如果不是父親的突然去世，恐怕我會一直沒沒無聞下去。

記得父親在世的時候，祖父曾以天上的新月為題，讓兒孫們吟詩，以考察才學和品性。父親脫口而出：

昨夜嚴陵失鈎鉤，
何人移上碧雲頭？
雖然不得團圓相，
也有清光照九州。

把新月比成鈎鉤，雖無新意，但還形象；而後兩句則顯得不祥和淒涼。父親的柔弱秉性，在詩句裡展現得淋漓盡致。

我的詩也跟著信手拈來：

誰將玉指甲，
掐破碧天痕？
影落江湖裡，
蛟龍不敢吞。

我拿指甲痕來比喻新月，比起父親的「鈎鉤」來，就更顯纖細了。全詩不僅局量太小，而且沒有進取之氣。毫無疑問，我的性格比起父親來更柔弱。行伍出身的祖父直搖頭。文如其人，顯然，他對我的性格不太滿意。

爺孫兩人出身不同，所受教育不同，生活境遇不同，思想作風和處事方式自然不同。一個嚴酷，一個寬大；一個從現實政治出發，一個從私人情感出發；一個欲樹立絕對的權威，一個堅持原則不肯屈服。我承認矛盾的存在，但我堅信祖父過於剛猛是不合時宜的。在我看來，對於一個開國皇帝來說，用剛猛的政風來鞏固政權，是無可厚非的；但對於一個守成的君王而言，柔弱的性格剛好能夠停止過火的殺戮，維繫國家的穩定和經濟的發展。因此，如果讓父親管理天下，則百姓幸甚，社稷幸甚。因此，我要耐心等待糾正祖父暴戾施政的機會。

一次在奉天殿，祖父指著衛隊的駿馬良駒，出了上聯「風吹馬尾千條線」，讓兒孫們對下聯。我反應最快，立即對出「雨打羊毛一片氈」。字句工整嚴謹，無可挑剔。不過，以雨水都能打扁的羊毛入聯，這樣的對子未免軟綿無力。這時，站在一旁的叔父朱棣，慢吞吞地說了一句：「日照龍鱗萬點金。」顯然，朱棣的對子同樣工整嚴謹，而且文字更具光彩，有帝王氣勢。祖父當即對他一番誇讚。表面上，這只是一次智力測試，但在內心深處，祖父和我都已經隱隱感到了一絲危機，一絲來自鎮邊藩王的威脅。

當幹掉一班功臣宿將後，祖父突然發現沒人替他守衛邊疆了。於是把信任全部委託給家族力量，先後冊封二十三個兒子擔任親王，年紀稍長就出鎮地方，各立王府，設置官署，儀仗檔次低於皇帝，但高於公侯大臣。儘管他們原則上不能過問地方政務，但保有軍隊，少則數千，多者上萬，還有權在緊急時刻調動各地都指揮使司的兵馬。特別是出鎮北部邊塞的朱姓藩王，肩負著屏藩朝廷、抵擋蒙古人南侵的重任，所統兵力雄厚，時時處於戰備狀態，戰鬥力強，朝廷倚重，成為皇帝在地方上的軍事代表。受封燕王的朱棣就是這些「塞王」中的一員，鎮守北平。

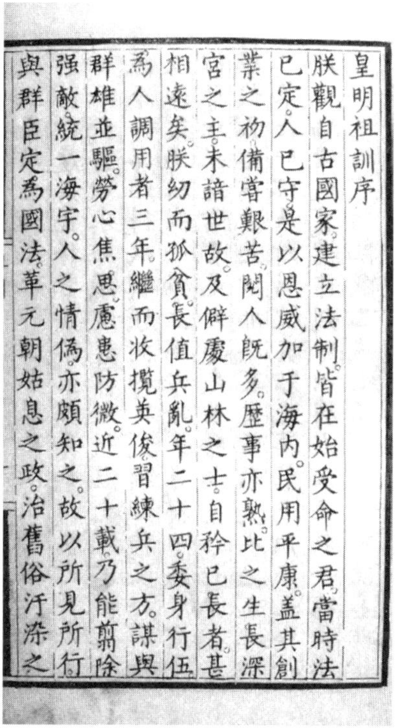
皇明祖訓序
朕觀自古國家建立法制皆在始受命之君當時法已定人已守是以恩威加于海內民用平康蓋其創業之初備嘗艱苦閱人既多歷事亦熟比之生長深宮之主未諳世故及僻處山林之士自矜已長者甚相遠矣朕幼而孤貧長值兵亂年二十四委身行伍為人調用者三年繼而收攬英俊習練兵之方謀與群雄並驅勞心焦思慮患防微近二十載乃能翦除強敵統一海宇人之情偽亦頗知之故以所見所行與群臣定為國法革元朝姑息之政治舊俗汙染之

《皇明祖訓》書影

分封太濫，造成尾大不掉的隱患，這與西漢七國之亂以前的情況極為相似。寧海人葉伯巨曾上奏力陳「分封太侈」之弊，卻招致「離間皇上骨肉」的罪名，死於獄中。祖父晚年，甚至在《皇明祖訓》中規定，新天子即位後，「如朝無正臣，內有奸惡，則親王訓兵待命，天子密詔諸王統領鎮兵討平之」。如親王為「奸臣」所害，王府官員和親兵可「移文五軍都督府，索取奸臣」。藩王的實權在祖父的保護下再度膨脹，《皇明祖訓》留下了隱患。

我曾問過祖父：「如果北方的蒙古不太平，藩王們可以抵擋；如果藩王們鬧事，又由誰來抵擋呢？」深知西漢七國之亂、西晉八王之亂等歷史教訓的祖父一時語塞。無奈之下，只有反問我：「那你說該怎麼辦呢？」

「依孫兒之見，當以德懷之，以禮制之，不可則削其地，又不可則廢置其人，又甚則舉兵伐之。」我早就想效法西漢的鼂錯，先禮後兵，對付皇叔們帶來的潛在隱患。祖父見我胸有成竹，也就不再問了：「是啊，除此之外，也沒別的辦法了。」

祖父駕崩前曾囑咐我：「燕王（朱棣）不可忽。」也曾對親信大臣說：「敢有違天者，汝其為朕伐之！」在遺詔中明確規定：各地藩王不必來京奔喪，各地軍隊不得擅離駐地，各藩王帳下的正規軍一律由朝廷節制，各藩王所在地的衙門和政府軍一律由朝廷控制。藩王只能指揮自己王府的官署和衛隊，沒有接到詔令不准進京。

種種跡象表明：我是祖父欽定的接班人。祖父非但沒有考慮過立朱棣為皇儲，反而曾擔心他成為日後禍起蕭牆的最大隱患。但遺憾的是，祖父不僅沒有採取強硬措施來防範，反而維持了弱幹強枝的政策，造成了朱棣和其他諸王的坐大之勢。

帶著這樣未竟的遺憾，祖父辭別了人世；帶著這樣棘手的隱患，我接管了朝政。洪武三十一年（一三九八年）閏五月十六日，我登上皇位，改次年為建文元年，取意「建國須用文治」。然而，如何更新氣象，做出特色，一大堆問號擺在我的面前。

建文革新，革除的是祖父的暴政

即位之初，我就定下了「永惟寬猛之宜，誕布維新之政」的治國原則，要停止祖父的高壓政治，改行仁政，與民休息。

我所倚重的大臣，無外乎讀書時代的老師——兵部尚書齊泰、太常寺卿黃子澄、侍講學士方孝孺。他們分別在經學、儒學和文章上頗有造詣，是當代罕見的大儒。他們用不同的方式影響著我。齊泰和黃子澄教給我儒家的修齊治平理論，方孝孺拿出《周禮》作為我施行新政的藍本。他們懷有理想，道德高尚，勇敢正直。然而，他們都是書生，缺乏實踐經驗，缺乏領導才能，他們坐而論道尚可，但也只停留在紙上談兵罷了。

祖父廢除丞相職務，乾綱獨斷，直轄六部。然而，六部尚書的級別不過正二品，比帝國中央軍事機關五軍都督府的主官級別還低。更關鍵的是，六部尚書只有執行權，沒有決策權，在一個文治為主的國度裡，這種現象當然是不正常的。然而，在祖父留下的《祖訓錄》中明確規定「子孫不許設立丞相」。要想尋求改變，必須繞開祖父的禁令。於是，我做出了兩項決定：其一，以前僅僅是皇帝顧問的翰林學士升格，「參國政」，從而實現了與六部長官平起平坐的局面，這使得黃子澄、方孝孺得以合法地進入決策層；其二，將六部尚書升格為正一品，相當於設置了六個丞相，並在尚書和侍郎之間增加侍中一職，從而改變了六部尚書與地方都指揮使司平級的局面，大大提升了六部尚書在朝中的地位。國家的行政大權被牢牢地掌控在文官手中，他們所缺少的，只是丞相的頭銜而已。此外，翰林院和國子監的編制有所增加，職責範圍擴大，其在儒家教育和政府顧問方面的功能得到加強。齊泰、黃子澄和方孝孺的權力空前膨脹，甚至成為皇帝的化身。至此，祖父定下的祖訓，已經被我拋棄得無影無蹤。

黃子澄主張循序漸進的「削藩」計畫

洪武年間，祖父制訂了一整套全國性法典，即《大明律》，並以「誥」的形式補充法典在判例方面之不足。在這些律條和判例中，過於苛嚴的比比皆是，尤其是懲罰條款。我即位以後，馬上下令禁止以「誥」為判案根據，宣稱建文朝將只遵照律令辦事。在律令改革的同時，我還大施善政，赦免罪證不足的囚徒，改用禮法來教化百姓。很快地，牢裡的囚犯比洪武末年減少了三分之二，許多流放邊地的官員得以赦還，洪武年間的一些冤案、錯案也得以平反昭雪，一些被殺功臣的子弟也得到錄用。

洪武年間，對蘇松地區課以重稅。即使是祖父曾降過一次稅率，但依舊很重。洪武二十六年（一三九三年），蘇州一地繳納稅賦二百八十一萬石糧米，占當年全國稅收二千九百四十萬石的一成，而蘇州的在冊耕地只占全國的八十八分之一。不管是出於報復張士誠的目的，還是「劫富濟貧」的目的，在我看來，這種稅負不平衡的做法實在不可取。遇到荒年，百姓無法完稅，只好將土地拋荒或出售，淪為游民。長此以往，國家的稅收會下降，社會不安定因素也會越來越多。於是，上臺兩年後，我就下令，蘇松地區按照每畝一石的固定標準徵收土地稅，並解除洪武年間蘇州或松江人士不得出任戶部尚書的禁令。當然，這兩條措施是否在地方得到很好貫徹，我並不了解。

祖父出身和尚，因此對僧侶特別關照。在朝廷的庇護下，僧侶們攫取了大量的肥田沃土，成為富甲一方的寺院地主。他們將土地租給農民，收取高額地租，甚至強迫農民給自己服勞役，牟取暴利；同時還享有豁免賦稅和徭役的特權。他們的這些做法令很多官員不滿。應部分大臣的建議，建文三年（一四〇一年），我向全國寺院、道觀發布詔書，規定每名僧侶、道士只能擁有最多五畝免稅土地，多餘土地必須分給無地農民。這道限令儘管未能付諸實施，從而未能增加朝廷的徵稅土地量，但它不僅侵犯了僧侶集團的既得利益，而且完全違背了祖訓。在隨後的靖難之役中，這道限令的副作用越發突出。

不管怎麼說，能夠被人們形容為「四載寬政解嚴霜」，便是對「建文革新」的最佳肯定。是的，所有人都看到，建文年間，社會安定，治安良好，百姓安居樂業，家給人足。據說有人在路上撿到寶鈔（明朝紙幣），怕被弄髒，就將之放在臺階高處，轉身離去。這樣的盛世，誰會不喜歡；這個盛世的統治者，誰會不歡迎呢？

然而，「建文革新」的核心內容——削藩令的頒布，卻令「建文革新」瞬間夭折，也令我的政治生命戛然而止，更令承平數十年的廣袤中原經歷了一場本不應該發生的生靈塗炭。這是為什麼呢？

叔姪反目，燕王舉旗清君側

相比於祖父，我是孫子輩，儘管是嫡長孫，畢竟還有不少年長的叔叔，他們大多認為我乳臭未乾，沒把我放在眼裡。特別是幾個鎮守邊疆、擁兵自重的藩王皇叔，更是成為「建文革新」能否順利推行的潛在隱患。一旦他們對新政有所不滿，其手中的兵力和影響力，都將對帝國的安全和我的統治構成嚴重威脅。要想實現我以文治國、施行仁政的基本國策，必須首先對付這些藩王。在這個問題上，齊泰、黃子澄和我不謀而合。

首先，我下令設置賓輔和伴讀，由翰林學士充任，以儒家傳統道德教導年幼的藩王。同時，禁止藩王參與文武政事。然而，這是遠遠不夠的。於是，君臣不約而同地想到了西漢的鼂錯，以及他的「削藩策」。

我深知，由於「削藩策」實施過急，缺乏必要的跟進手段，導致七國之亂，鼂錯也為削藩獻出了生命。然而，削藩的思路被漢景帝堅持了下來，到漢武帝時期，採取「推恩令」和「酎金」（獻金助祭）的辦法削弱了藩國的實力，強化了中央集權。因此，從皇帝的角度看，削藩事不宜遲，削藩必須執行。按照齊泰和黃子澄的最初規畫，我分別以謀逆、偽造寶鈔、故意殺人等罪名，在一年之內將五位有劣跡的藩王貶為庶人。這是一個先弱後強、先易後難的「削藩」步驟。很顯然，最強、最難的當屬燕王朱棣。因為他擁兵最多，因為他鎮守的是元朝的故都北平，因為他曾經博得祖父的青睞。

然而，也許是齊泰和黃子澄出身書生，心軟手鬆，也許是我講求仁義，當斷不斷，不管怎麼說，如果乘祖父駕崩之際，將燕王朱棣派來進京弔孝的三個兒子扣留下來，作為人質，對下一步制約朱棣，防止其造反，或許會起到一定效果。然而，黃子澄擔心這樣做會將朱棣逼反，打亂先弱後強、先易後難的「削藩」計畫，居然將他們三個放了，「故示寬大」，錯失了絕佳良機。結果是顯而易見的：朱棣再無顧忌，可以大膽反叛了。

安插在燕王府的朝廷眼線被燕王買通，成為雙重間諜，而對此我一無所知。燕王朱棣又是裝病、又是裝瘋，種種假象迷惑了朝廷，給我的決策帶來了許多錯覺。正當朝廷準備展開對燕王府「危險分子」的抓捕行動前，計畫走漏了風聲，正好被朱棣抓住了把柄。

為了掩飾反叛朝廷的真相，朱棣找到了一個再合適不過的理由——「清君側」。叔父朱棣打出了「靖難」的旗號，信誓旦旦地說朝廷有奸臣，以太祖皇帝嫡子的名義要「清君側」，安天下。據我所知，祖母馬皇后並無生育能力，幾個掛在她名下的嫡子，都是從別人那裡過繼來的，其中包括父親朱標，當然也包括朱棣。朱棣的生母，應該是來自壽州的李淑妃。[2]既然大家都不是真正的嫡子，那麼用「嫡子」的名義發號施令又從何談起呢？

他以《祖訓錄》中所說過的「如朝無正臣，內有奸惡，則親王訓兵待命……諸王統領鎮兵討平之」一句，作為其舉兵反叛，以「清君側」的最好依據。然而，其中的刪節號處，本來有「天子密詔」四字。我根本沒有給朱棣下過密詔，他的「靖難」，顯然沒有經過我的批准。那麼「靖難之役」不是造反，又是什麼呢？

雖然從年齡上說，我小，朱棣大；從輩分上說，我是姪子，他是叔叔。但是，從禮法上說，我

2朱棣的生母有多種說法，包括馬皇后說、朝鮮碩妃李氏說、元順帝的妃子洪吉喇氏說、蒙古女子翁氏說。據南京地方志學家、《南京史志》主編陳濟民先生的考證，朱棣的生母應當是來自安徽壽州的皇妃，即李淑妃。本文採用此說。

是皇帝，他是大臣。大臣舉兵，無論如何都是謀逆，道義上朱棣已經先輸一著。本來，我是天子，朱棣是藩王。比起天子之師，藩王的衛隊應該是何其弱小，不堪一擊，我完全有能力打敗他。然而，「靖難之役」打了四年，最後卻讓他得了天下。作為朝廷的最高決策者，如今總結起來，我首當其衝，難辭其咎。

——過於輕敵。朱棣起兵的時候，僅有北平一隅，而我富有全國的人力物力，可以動員百萬大軍來收拾他。然而，正是由於他表面上的弱小，讓我有些輕敵，沒有把他的造反當一回事，更沒有調集全國的精銳部隊來加以鎮壓。由於祖父在世時，把開國功臣幾乎殺光，朝廷只能委任倖存的老將耿炳文率軍北伐。

——用人失誤。由於朝廷軍隊已經多年不曾打仗，眼下進行的又是一場叔姪爭奪皇位的戰爭，官兵們士氣低落，鬥志不堅，各營將領多是生長在和平年代的紈袴子弟，沒有多少作戰經驗；而朱棣的部下多次北征蒙古，戰鬥經驗足，官兵聯繫緊密，實為虎狼之師。我想「削藩」，但又不願背負殺叔罵名。耿炳文接手這麼個攤子，打不贏也就不足為奇了。

朝廷大軍在河北連遭挫敗，耿炳文乾脆閉城不戰。心浮氣躁、缺少經驗的我，竟聽從黃子澄的建言臨陣換將，以功臣李文忠之子李景隆取代耿炳文。李景隆是紙上談兵的高手，但毫無實戰經驗。據說他仗著位高權重，妄自尊大，讓眾將頗為不服。他接管朝廷大軍後，戰局並沒有多大的改觀。

——後方空虛。山東東昌守將盛庸、濟南守將鐵鉉、山西大同守將房昭，曾先後憑藉堅固的城池擊敗朱棣的多輪進攻。打了幾年，朱棣進展不大，只控制了北平及其毗連地帶。為了扭轉局面，朱棣想出了很多損招：比如列出的「奸臣榜」，只有文臣，沒有武將，意在分化瓦解朝中大臣；比如結交不少宦官，培植宮裡的內應。何其陰險！特別是結交宦官的事，逃離應天之前，我竟一無所知！

建文四年（一四〇二年）五月，陷入進退維谷境地的燕王軍隊終於捕捉到了千載難逢的戰機。那些沒有骨氣的、被燕王收買的京城宦官，向朱棣透露了一個重要情報——為了抵擋燕軍的凌厲攻勢，朝廷大軍主力集中於冀中平原和山東一線，京城應天防務空虛。的確，這是我病急亂投醫的重大失誤，也怪齊泰和黃子澄不懂軍事，胡亂部署。朱棣當然不會放過這樣的機遇。他率領大軍孤注一擲，繞開重兵堅守的濟南和黃河沿線其他重鎮，突然南下，強渡長江，逼近應天。

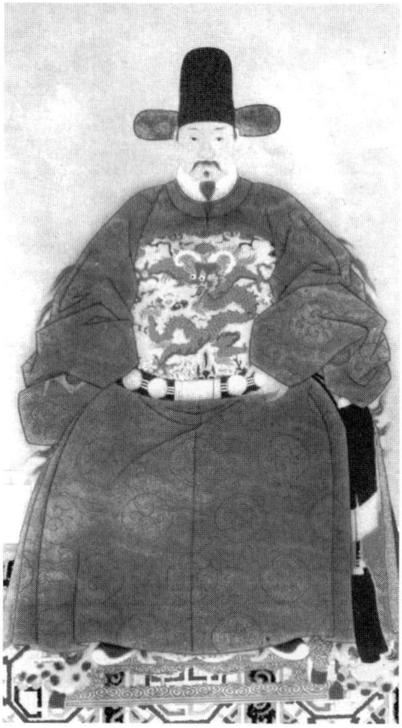

說得一口好兵法的李景隆，非但沒有打敗朱棣，反而打開金川門放燕軍進入應天。

平心而論，金滅北宋的戰役也是採取這種打法——孤軍深入，擒賊擒王。別忘了，朱棣此舉是無後方作戰，不能持久。倘若我用兵得當，憑藉易守難攻的石頭城防禦體系，拖住燕軍，同時向天下發布勤王詔令，很可能從根本上扭轉戰局。可惜，原本年輕氣盛的我，面對近在咫尺的威脅，有些張皇失措，而齊泰、黃子澄、方孝孺等一班文臣，也抓耳撓腮，拿不出靠譜的主意。我非常失望。

好在各地勤王的朱姓藩王們陸續抵達石頭城下。慌忙之間，我下令這些藩王們分別鎮守應天各個城門。可沒想到，這些皇叔「勤王」是假，作壁上觀是「真」。「削藩」的血雨腥風早已令他們膽戰心驚，他們害怕有朝一日「削藩」會削到他們頭上，於是紛紛跟朱棣眉來眼去。最無恥的，莫過於李景隆和谷王朱橞，前者是朝廷大軍的統帥，後者也是我的叔叔，他們竟然打開金川門，把朱棣的大軍迎進金陵城。敵我態勢由此發生了戲劇性的變化。

京城陷落以後

後來，我聽說，就在那個淒慘混亂的夜晚，就在一片火海的皇宮裡，勝利者朱棣派人在宮裡到處搜查，除了找到一具燒得面目全非的屍體之外，再也找不到跟我有關的任何蛛絲馬跡。有人認為那屍體是我，有人認為是皇后，有人乾脆認為是個太監。在那個場合，為了給自己確立登基的合理性，他認定這具屍體就是我。做賊心虛的朱棣還掉了兩滴眼淚，喃喃自語道：「癡兒癡兒，我是來輔佐你的，你怎麼不能理解，而至如此呢？」還下令輟朝三日，厚葬那具屍體。演得跟真的一樣。

祖父去世前，曾留給我一個密封的鐵匣，囑咐遇到大難時打開。當朱棣的軍隊攻進應天時，情勢危急，我打開鐵匣，其中有剃刀、度牒和一道敕諭：「欲生，懷牒為僧，密地去；不然自盡。」

金陵（今南京）素有「石頭城」之稱，易守難攻。圖為中華門，明代叫聚寶門，為南京城的正南門。

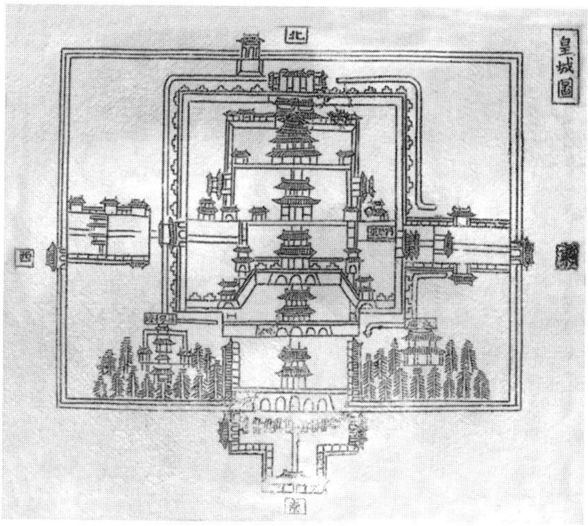

明代南京皇城圖

皇宮中的大火是我下令放的，為的是掩護我從容剃度為僧，而後從地道逃走。祖父英明！「建文革新」的重要措施之一，便是限制僧侶的免稅土地保有量，此舉令不少僧人在政治上倒向朱棣，其中就包括他的謀士姚廣孝。如今，我不得不從皇帝的神壇走下，靠著一身袈裟保命，這不是一種莫大的諷刺嗎？

祖父，既然您早已料到我會有這番大難，為何不把燕王這根最大的刺從棘杖上拔掉呢？我是偷偷逃離的，沒有通知齊泰、黃子澄、方孝孺，更沒有告訴遠在濟南的鐵鉉。然而，之所以至今我還能活著，還能擺脫朱棣的追捕，還能讓自己的行蹤成為全國最大的祕密，要感謝這些仁人志士。對於他們的犧牲，我心如刀絞，卻無法伸出援助之手。

朱棣進京後，反攻倒算，大開殺戒。

方孝孺是中國歷史上最早被譽為「讀書種子」的大儒

著名學者方孝孺號稱「天下讀書種子」，就因拒絕給朱棣寫即位詔書，指責他篡權謀位，即被滅十族。朱棣甚至教人撕開方孝孺的嘴，直至兩耳，讓一代書生眼巴巴地看著親戚、朋友、門生一個個被砍頭。何其歹毒！

鐵鉉被捕，寧死不屈，先是被千刀萬剮，而後又扔入油鍋；齊泰、黃子澄等大臣幾乎都是本人被凌遲，家屬發配為奴。何其殘暴！

與建文年間的仁政相比，朱棣做得何等暴戾！他哪是什麼真命天子，哪是什麼皇叔藩王，分明是一個頭戴皇冠、身披黃袍的衣冠禽獸、流氓無賴！他的罪惡行徑，前無古人，史無前例！我相信，祖父的在天之靈是不會饒恕他的！

朱棣的「清君側」，不過是一個幌子，從他即位之後的表現便不難看出。原以為朱棣進京無非是要當周公一樣的輔政大臣，收拾了我的親信大臣就算打住了，沒想到他接下來的作為令所有人驚訝不已：他毫不客氣地坐上了皇帝寶座，不僅把年號改為「永樂」，而且極力消滅我在歷史上的一切印記。先是革除「建文」年號，把建文四年改稱「洪武三十五年」；而後銷毀建文年間的一切官方文獻，不許記錄建文年間的歷史，誰敢刊刻、收藏《方孝孺文集》一類的書，一律處死；下令重修《太祖實錄》，把一切不利於他篡位的事實都抹掉了，想讓後人遺忘我，也遺忘他的罪行；將我的幾個弟弟廢為庶人，永遠幽禁，我給父親朱標上的尊號也被他取消；就連「建文革新」中更改的制度，哪怕是更換的城門和宮闕的名號，也都被他全盤改了回來。朱棣打出的旗號是：恢復一切舊制。儼然他就是祖父的合法接班人。

最可憐的莫過於軍人。「靖難之役」的四年裡，凡是燕王軍隊騷擾過的地方，多少人拋屍疆場，多少家庭妻離子散，多少村莊遭受毀壞。

最可憐的莫過於百姓。為了搜捕我，朱棣不惜任用酷吏，鼓勵告密，以制止民間對他的不滿言論，搞得人人自危，社會恐慌。

最可憐的莫過於朱棣自己。或許是坐著篡奪來的皇位，怎麼都不舒坦，或許是應天有太多與他不一心的人，令他頗感不快，朱棣乾脆派人大興土木，修建北平，並更名為北京，打算遷都到那裡。

最可憐的莫過於這個龐大帝國。一個心虛的篡位皇帝，用殘暴的手段統治著數千萬渴望穩定安寧的百姓，我不敢想像，這個帝國在他的帶領下會走向何方。

卷三　明成祖（永樂）朱棣回憶錄

明成祖朱棣簡歷

朱棣，生於元至正二十年（一三六〇年）四月十七日，卒於明永樂二十二年（一四二四年）七月十八日。出生地為南京，去世地為榆木川（今內蒙古烏珠穆沁）。朱元璋第四子。明洪武三年（一三七〇年）四月初七日受封燕王，洪武十三年（一三八〇年）三月十一日就藩北平（今北京）。建文元年（一三九九年）七月初五日因朝廷削藩殃及自身，舉兵「靖難」。建文四年（一四〇二年）六月十三日攻入南京，顛覆明惠帝統治。六月十七日在南京即位，改年號為永樂。在位二十二年。死後廟號太宗、成祖，謚號「啓天弘道高明肇運聖武神功純仁至孝文皇帝」，簡稱「文皇帝」。葬於北京昌平長陵（十三陵之首）。

在位期間繼續推行削藩政策，加強中央集權。設置內閣參與機務，派宦官出京出使、監軍，開設宦官統領的「東廠」，加強君主專制。組織纂修《永樂大典》，派鄭和率船隊航行西洋，五次出兵北征蒙古，開創赫赫文治武功。出於大力經營北方和防禦蒙古的需要，朱棣組織營建北平，改名為北京（順天府），並在永樂十九年（一四二一年）元旦正式遷都北京。以「家給人足」、「斯民小康」作為天下治平的根本。重視發展軍事屯田，保證邊防糧餉；鼓勵墾種荒地，重視疏濬水利，經常蠲免賑濟，防止農民破產。通過上述措施，社會經濟得到恢復發展，朝廷「賦入盈羨」。後世史家將其統治時期稱為「永樂盛世」。當然，他手腕狠毒，殘忍屠殺建文舊臣和宮廷女眷，達到變態程度。其戰略擴張政策打斷了「建文革新」，使明太祖的部分弊政得到延續。

一生最得意之事：「靖難之役」奪得政權；最失意之事：徐皇后、權妃先後去世。

皇后徐氏，是開國元勳徐達的長女。有名號的嬪妃十餘人，包括朝鮮人賢妃權氏。有子四人，女五人。長子朱高熾為法定皇儲。

永樂二十一年（一四二三年）的一個夜晚，宣府行宮。

忙碌了一天的我酣然入睡。鼾聲如雷，節奏均勻。

忽然，門外有點喧鬧。睡眼惺忪之間，我問了一句：「誰在外面攪擾？還讓不讓人睡覺了！」

「皇上，奴才罪該萬死，禮部侍郎胡濙帳外求見。」一名太監慌慌張張地跑進來，跪倒磕頭。

還在夢遊的我好比遭了電擊一樣，趕緊坐了起來。

「快，我要更衣，馬上召見他！」

胡濙何許人也？

永樂五年（一四〇七年），他攜帶一項祕密使命離開應天，到南方諸省尋訪，為期九年，直至永樂十四年（一四一六年）才回京。永樂十七年（一四一九年），他再次離開應天，攜帶相同的祕密使命，尋訪各省，直至今天。

這是一次祕密會談，屏退了所有人，包括我最貼身的太監。這是一次長時間的會談，一直持續到四更天，幾乎通宵。這是一次解決問題的會談，「至是，疑始釋」。然而，我給了胡濙一道口諭：今天的會談必須保密，不許洩露出去。因此，會談的內容成了帝國的最高機密。

儘管胡濙的奏陳外人不得而知，但胡濙兩次巡閱各省的目的已是滿朝皆知：由於我懷疑建文帝朱允炆還活著，派他帶人到處尋訪。而這次會談之所以夜半開始，長時間持續，至少說明，這件事的結果已經比較明確，而且令緊張了二十年的我，終於鬆了一口氣。

那麼，這緊張的二十年，我是怎麼度過的呢？

靖難之役：誰都不容易

我出生在應天。九歲那年，這裡成了大明王朝的都城。可以說，童年時代的我，幾乎感受不到任何戰爭的氣氛，儘管大江南北到處刀光劍影，血肉翻飛。

然而，父親戎馬倥傯，沒有時間照看自己的後代。直至稱帝的前一年，南方底定，他才有心情給已經出世的七個兒子取名字，包括我。這一年，我八歲。

從這一年開始，朱家的皇子一代代都要按照五行，即金木水火土來取名字，也就是說，名字所用的字，必須帶有金木水火土之一作為偏旁部首，而且每代只能用五行之一，依序使用。

排行老四的我，一開始就沒有皇位繼承資格。兄長朱標是那麼英俊、儒雅，是帝國的當然接班人。十一歲那年，我被封為燕王，跟著兄長一起接受正統的儒家教育，包括讀書、習武、朝祭，而父皇則隨時檢查和訓誡。十七歲那年，我奉旨到鳳陽老家治理軍務，體驗這裡「十年倒有九年荒」的民間疾苦。可以說，父皇賜予的教育和培養是全方位的。

幾年後，我已經長大成人，英姿颯爽地率領一班護衛人馬，前往封地——北平，在這座元朝的故都開府視事。

這是父皇設定的長久之計。隨著身體的衰老，他對那些打天下的有功之臣越來越不信任，連續大開殺戒，屠戮那些不守規矩的文武官員。等到「棘杖」上的「刺」都摘掉的時候，他發現身邊能征慣戰的將軍所剩無幾，可以信賴的只有朱家子弟。於是，我和其他幾個兄弟都被派到長城沿線充當藩籬。我們可以帶兵，可以干預地方政務。不過，和其他兄弟不同，我可以直接使用元朝故宮，不必另建王府。父皇還讓其他兄弟在王府規制上不要與我攀比。或許，這樣的安排頗有深意。

開府北平，我一心撲在治理地方和防禦蒙古上。朱標早夭，儲位懸空，我也只是盼著父皇立我為新儲，並不敢造次，遑論造反。畢竟，歷史上造反者幾乎都落個身敗名裂的下場。然而，父皇駕崩之後，一切都變了。

北京前身為北平，更早則是元朝的大都。燕王朱棣的龍興之地在此。

年輕的皇姪朱允炆上臺伊始，似乎就覺得王爺們礙事，或許尤其忌憚王爺們手裡的重兵威脅他那尚不牢固的皇位。於是，父皇屍骨未寒，他就在齊泰、黃子澄等大臣的慫恿下，從我的同母弟周王朱橚開始，將周、代、岷、湘、齊諸王逐一削奪爵位，湘王朱柏自焚，其餘皆廢為庶人。根據情報，朱允炆封張昺為北平布政使，作為安插在我身邊的密探；謝貴、張信掌北平都指揮使司，控制北平；都督宋忠、徐凱、耿瓛屯兵開平、臨清、山海關，調換燕王府護衛軍士。更為可怕的是，我的三個兒子尚在應天為父皇守靈，與軟禁無異。

這段時間，我過得很苦。

我病倒了。經常從燕王府裡跑出來，在大街上亂走，奪人酒食，胡說八道，有時竟躺在地上昏迷一整天。即使在王府裡，我也拄著拐杖，圍著火爐，渾身顫抖，連聲說冷。張昺以為我病入膏肓，不可救藥，放鬆了對燕王府的監視。素來仁慈的朱允炆，一面允准我的兒子們回北平，一面祕密下達了逮捕我的敕令。

朱允炆沒想到，我的表演天賦足以瞞天過海；朱允炆沒想到，我沒有束手待斃，而是磨刀霍霍；朱允炆沒想到，執行敕令的北平都指揮僉事張信，竟然偷偷混進燕王府，向我告密；朱允炆沒想到，我以慶祝大病初癒為名，在王府設下酒宴，一舉擒獲前來道賀的張昺等人，並迅速派兵控制了北平各門；朱允炆沒想到，北平軍民非但沒有聲討我的「靖難」之舉，而且懾於我的赫赫威名，無人不從。

當齊泰獲悉燕王府反叛的鐵證之時，一切都晚了。洪武三十二年（即建文元年〔一三九九年〕，朱棣當上皇帝後，廢除了「建文」年號）七月，我樹起尊祖訓、誅「奸臣」，為國「靖難」的大旗，誓師出征。出兵的名義與漢代七國之亂的「誅鼂錯，清君側」如出一轍。

最初幾年，我軍在黃河沿線左衝右突，毫無進展，頓兵堅城之下，漸漸陷入困境。然而，我深知講求仁義的朱允炆絕對不會背負殺叔的惡名。於是，每次進攻，我都衝在最前；每次撤退，我都斷後。朝廷大軍的統帥們似乎套上了緊箍咒，對我忌憚三分。儘管雙方互有勝負，可我軍的損失遠遠小於朝廷大軍。

隨著戰爭的推延，朱允炆指揮經驗不足的劣勢越發突出。他派出的將軍多半有勇無謀，敗多勝少；他一度天真地認為，給齊泰和黃子澄罷官流放，向我裂土求和，燕軍就會退兵。怎麼可能！貌似強大的朝廷大軍，被他的瞎指揮折騰垮了；原本堅定的軍心和強大的民意基礎，被他肆意揮霍了。我的造反固然不得人心，我的大軍固然進展遲緩，甚至陷入困境，但他的粗心和慌亂為我帶來了起死回生的天賜良機。

洪武三十四年（一四〇一年）年底，我得到了一個重要情報：齊泰、黃子澄以罷官流放為名，去京外執行募兵勤王的祕密使命。朝廷大軍主力集中於黃河沿線，長江和京師防務空虛。這或許是個機會。

孤軍深入是兵家大忌，稍有不慎就會腹背受敵。然而，只有出奇方能制勝。於是，我決定賭一把。留下少數兵力牽制黃河沿線朝廷大軍主力，集中精銳騎兵繞開堅城，長驅直入，進軍江北。

次年六月，鎮守應天金川門的谷王朱橞與將軍李景隆打開城門，我軍進占應天。衝進皇宮的我，遍尋朱允炆不見。找到的，只是一具燒焦了的屍體。有太監說，這就是朱允炆。

我掉淚了。這是叔叔對姪子的最後一絲親情，這是勝利者對失敗者的最後一絲憐憫。

靖難之役，誰都不容易！

然而，最終的勝利者只有一個人。那就是我。

「永樂」，一個新的年號開始接管整個帝國。

永樂新政：建文革新的繼承與揚棄

所謂「建文革新」無異於對父皇千秋功業的全盤否定。「靖難之役」，不僅要「靖」「奸臣」，更要「靖」朱允炆的「胡作非為」。於是，我取消了「建文」年號，將洪武年號延長了四年。

平心而論，藩王坐大的確對中央構成威脅。以前我是藩王，當然要反對「削藩」。如今，我成了中央，「削藩」自然勢在必行。朱允炆的做法無可非議。不過，他太年輕，他的智囊團太著急。哪有剛剛上臺，羽翼未豐，就大刀闊斧，到處得罪人的道理呢？做事情，要小步快跑，分步驟，控節奏。

鑒於此，我上臺伊始，就做出一副恢復祖制的樣子：遭廢黜的藩王一律復爵，遭牽連的大臣官復原職，加以厚賞。這些人很快就投入我的懷抱，非常聽話。

接著，我多次下詔訓誡諸王，要他們老老實實，奉公守法，以全親親之誼，不要重蹈七國之亂的覆轍。通過這種方式，我逐漸樹立了恩威並重的形象。此後，我的手腕開始變得柔中有剛起來。

軍力最強的寧王朱權從遼西改封到南昌，他賴以自豪的騎兵部隊則被我藉機收編。其他原本鎮守邊疆的藩王，也被改封到內地。隨後，我下令嚴禁藩王們節制武將和干預地方事務。

兵權、行政權的喪失，使藩王們成了光桿司令，再沒有資本隨意亂來；一些惡習不改、行為不軌的藩王，在隨後的十幾年裡陸續被我除掉。朱允炆靠蠻力解決不了的問題，被我漸進式地各個擊破，逐一化解。相比之下，我是不是更從容，更英明呢？

濫殺朱允炆舊臣的做法，令所有人隱約看到洪武末年屠戮功臣的影子。難道洪武祖制就要在永樂朝復辟了？呵呵，當然不是。至少，不全是。

創業之初，必要的苛政在所難免；守成之時，過猶不及，無論是暴戾還是寬仁。我要繼承，洪武祖制和建文革新皆有可取之處；我要調整，不合時宜的東西必須揚棄，無論是祖制，還是革新。一句話，「為治之道在寬猛適中」。

鞏固皇權，是千百年來君王所要考慮的頭等大事。

中書省的廢除，是父皇對帝國制度建設的重大創舉。丞相的消失，六部尚書的升格，使得皇帝兼有國家元首、行政首腦、武裝部隊最高司令三項職務，禮儀、行政、軍事大權三位一體。皇權加強了，政務也空前繁忙了。皇帝要一個人幹從前三個人，甚至十個人的工作。據說父皇每天要看二百份奏報，處理四百件公務。

儘管終其一生，父皇也禁止恢復宰相制度，但他不得不承認：「人主以一身統御天下，不可無輔臣。」於是設置華蓋殿、謹身殿、武英殿、文淵殿、東閣等大學士，以翰林學士充任，到皇帝身邊幫忙。此外，以文華殿大學士輔佐太子。他們沒有實權，只是政治顧問和文件執筆人。皇帝的文字工作量減輕了，事務性工作少了，決策的時間比以前充裕了。

朱允炆為了提拔齊泰、黃子澄、方孝孺，提升了翰林學士在朝廷決策過程中的地位，實現了宰相之實的恢復。這種公然與祖制對抗的做法，當然是本朝必須屏棄的。至少，在制度上，我不能給輔臣專權跋扈的任何機會。於是，翰林學士回歸顧問功能，並在永樂朝體制化、固定化了。解縉、胡廣、楊士奇、楊榮、黃淮、金又孜、胡儼等七名翰林入值文淵閣，參掌機務，協助我處理六部送來的各種文件。由於文淵閣位於皇宮內廷，因而這個翰林學士的班子，就被稱為「內閣」。內閣成員俗稱閣臣，他們掛殿閣大學士的頭銜，不僅可以跟我一起議事，而且還能繞過通政司，直接向我呈遞奏報，這讓別的大臣羨慕不已。此外，帝國形成定制，沒有翰林院庶吉士（翰林院內的短期職位，由科舉進士中年輕而才華出眾者擔任，而後通過考試授予官職）身分，不得進入內閣。

不過，閣臣雖然更接近皇帝，可畢竟只是五品官，顯得人微言輕，且「不置官屬，不得專制諸司，諸司奏事，亦不得相關白（稟告）」。閣臣和廷臣互相牽制，任何一方都沒法坐大的局面，是我最願意看到的。

姚廣孝，法名道衍，是朱棣奪取天下的重要謀士。

鞏固皇權，不僅要設計好制度，還要把合適的人放在合適的位子上。這就是知人善任。

我之所以能在「靖難之役」中扭轉乾坤，用人策略是一個不可忽視的因素。在燕王府的麾下，既有恃才傲物的解縉，又有足智多謀的道衍和尚（姚廣孝），既有超級「臥底」李景隆，又有對我死心塌地的張信。雖然特點不同，性格各異，我卻能把他們團結起來，最大限度地發揮他們各自的長處。

即位以後，我不但尊崇儒學，發展府、州、縣學和社學、義學，而且將二甲進士全部封為翰林院庶吉士，提升他們的地位。在我的悉心提拔下，楊榮、楊士奇等一批文學之士脫穎而出，成為重臣。他們撰寫的「臺閣體」作品，雖然都是些歌功頌德的內容，但語言平正典雅，詞氣安閒，雍容曉暢，有富貴氣象，為永樂盛世增添了許多絢麗的色彩。

相比之下，朱允炆就過於剛愎自用，用人疑人，從而失誤連連。李景隆本是朝廷征討大軍的統帥，卻在前線上演了一幕幕苦肉計，把幾十萬朝廷大軍耗光敗盡，朝野千夫所指。朱允炆非但沒有懲處他，反而把衛戍京城的重任相託。就是他，在最後關頭打開金川門，導引燕軍進入應天。

人盡其才，說得容易，做起來可不容易！

鞏固皇權，臺面上的制度固然重要，下三濫的東西也必不可少。在這方面，我充分繼承了父皇陰險、凶殘的政客面目。滅方孝孺十族，殺戮和侮辱齊泰、黃子澄全家，都是我的「傑作」。

即位以後，我先是任用紀綱和陳瑛充當錦衣衛頭目，替我收拾異己。隨後，又藉口濫殺無辜，將他們處死，以謝民憤。但這麼做總不是個辦法。於是，有兩個新的主意湧上心頭：

其一，永樂十八年（一四二〇年），設立由宦官統領的東廠，直接聽命於我，負責「緝訪謀逆妖言大奸惡等」，高效率地偵緝天下所有臣民。其組成人員大多是錦衣衛「最輕黠猥巧者」。東廠只有偵緝權，沒有處置權，一切都要由我定奪。

其二，在錦衣衛內設置北鎮撫司，專管「詔獄」，且有權繞開錦衣衛直接向我請示，造成「鎮撫職卑而其權益重」的格局。「詔獄」是專門關押皇帝欽點重刑犯人的地牢，牆壁厚實，即使隔壁慘叫，旁邊房間也聽不到。監內不許生火，犯人只能吃冷食。犯人家屬不得探視，不知死期。倘若家屬不能在規定期限內繳納足夠的銀兩，犯人就要遍嘗「全刑」，直至皮開肉綻，撕心裂肺，求死不得。

東廠的偵緝和「詔獄」的威力，滿足了我的征服慾，大臣們不敢直言勸諫，而是三緘其口，讓我無所顧忌。

鞏固皇權，如果沒有雄厚的經濟基礎，如果沒有廣泛的民意支持，光靠制度和特務，難保不會把老百姓逼反了。之所以大家願意順從於我的安排，之所以永樂朝號稱「天下治平」，關鍵是經濟，關鍵是讓大夥吃飽飯，書面語就叫做「家給人足」、「斯民小康」。

我大力發展軍隊屯田，不斷完善「鹽商開中則例」，保證軍糧和邊餉的供給。在江南，朝廷大治水利，疏通吳淞江。在中原，朝廷鼓勵墾種荒閒田土，實行遷民寬鄉，督民耕作；在全國，朝廷經常蠲免賑濟，減輕農民負擔，防止農民破產，保證賦役徵派。

此外，為了讓朝廷的政令合乎民間需求，永樂十年（一四一二年）正月，我要求入朝覲見的一千五百餘名地方官各自陳述當地民情，「不言者罪之，言有不當者勿問」。地方官或朝廷派出的欽差，如果看到民間疾苦而不實報，要逮捕法辦。民間發生災情，地方要及時賑濟，做到「水旱朝告夕振，無有壅蔽」。

永樂年間，號稱「賦入盈羨」，僅屯田收入就增至二千三百多萬石，達到洪武末年的四倍多。

這恐怕不是偶然的。

在繼承與揚棄中，永樂新政正在推動大明重振大國雄風，步入全盛局面。此時此刻，是不是該為我塑造一些足以彪炳青史的標誌呢？

什麼是大國氣象：《永樂大典》與鄭和下西洋

還是在應天求學期間，熱愛讀書的我發現，為了引經據典尋找一部古書非常不容易，皇家藏書無法涵蓋天下古今書籍，目錄也不全。我一直有心組織人纂修一部大型類書，收集天下圖書，滙聚起來，為我所用，也方便天下讀書人查閱，更對一些行將失傳的書籍進行搶救性保護，給後世子孫留下更多的文化遺產。

改元伊始，我就讓親信大臣解縉組織編寫班子。永樂元年（一四〇三年）七月，纂修工作啟動。次年十一月，一部名曰《文獻大成》的類書編纂完成。然而，審閱其目錄時，我發現它收書不齊，簡略而倉卒，不太滿意。

於是，我決定增派太子少師姚廣孝、禮部尚書鄭賜等人協助解縉監修，組織三千名學者參加編讀、校訂、謄寫、繪圖、圈點等工作，繼續補充完善。又經過三年努力，至永樂五年（一四〇七年）十一月，這部大型類書終於編寫完成，並更名為《永樂大典》。

這部類書正文二萬二千八百七十七卷，凡例目錄六十卷，共計三億七千萬字，輯入先秦到明初數千年歷史中的經、史、子、集、釋藏、道經、北劇、南戲、平話、醫學、工技、農藝、志乘等各類著作七八千種，按《洪武正韻》的韻目排列次序，「用韻以統字，用字以繫事」，號稱「包括宇宙之廣大，統會古今之異同」。這是我國歷史上規模最大的一部類書，或稱之為百科全書。

當看到這部鴻篇巨制裝訂成一萬一千零九十五冊，整齊地擺放在皇家圖書館的書架上時，我震驚了：擁有這麼悠久的歷史，這麼深厚的文化傳統，這麼豐富的各類著作，我的帝國是多麼偉大！

也許有人認為，這是我刻意營造的「文治」氣象，為盛世裝點門面；也有人認為我勞民傷財，就是為了讓讀書人忙於編書，忙於學術，顧不得誹謗朝廷，顧不得對我的「叔篡姪位」指手畫腳；更有人認為，《永樂大典》是一場演給大家看的戲，企圖平息人們對於我發動「靖難之役」以及濫殺建文舊臣的不滿。

永樂大典卷之一萬四千三百八十　四霽
寄　詩十三
劉眘虛詩寄閻防時在終南山豐德寺讀書　青暝南山色君與緇錫鄰深路入古寺亂花隨暮春紛紛對寂寞往往落衣巾松色空照水經聲時有人晚心復南望山遠情獨親應以修往業亦唯立此身深林度空夜煙月資清真莫歎文明日彌年從隱淪辛慶詩寄裕之　青雲一別阮家郎甚欲題詩遠寄將好句眼前常蹉過佳人心上不曾忘誰家秋月茅亭底何處春風錦瑟旁昌谷烟霞久寂寞歎遊還肯到三鄉　次王典籤見寄　客中重倚仲宣樓白草黃雲塞上秋山色不隨塵世改水聲還抱故城流隙中畏景那堪玩鏡裏衰顏秖自羞多愧詩人苦相憶遠傳佳句弔清愁毛達可詩寄陳子高　秋來目送鴈南飛不似春風鴈却歸慚愧宜興老居士一生只在釣魚磯何應龍詩寄胡雪江　借得官亭小似船六橋風月友三賢芙蓉未發荷花老一點詩情若箇邊李濤詩寄范稅院倚衡　清敏當年宰寶唐至今遺愛在甘棠稅苗有例分三等吏卒無因下六鄉時

《永樂大典》書影

誠然，我所營造的文化盛世，首先就要削平異己，除了實體的，還有意識形態的。《太祖實錄》經多次竄改，不利於我的記載統統消失，有利於我的杜撰躍然紙上；歌頌朱允炆及其新政的書籍統統查抄銷毀，不留存檔；程朱理學是萬世之尊，不容議論，更不容詆毀，為此我組織編寫了《四書大全》、《五經大全》、《性理大全》，作為讀書人參加科舉考試的重要教材……

然而，縱觀古今，有哪位皇帝能如此寬容地將收錄進來的所有作品整篇、整部保留，而不加刪改呢？有哪位皇帝能沉下心來，集中全國學術精英，創造一番文化事業呢？有哪位皇帝真正關心過學術的成長，關注過文化遺產的保護呢？

永樂三年（一四〇五年）六月的一天，蘇州劉家港。

碼頭上格外熱鬧，熙熙攘攘，人頭攢動。大家翹首等待，競相目睹有史以來我國規模最大的遠洋艦隊的英姿。

二百多艘各種海船錯落有致地停泊著，其中六十二艘排水量一千噸的巨型寶船格外引人注目。船隊的旗艦長四十四丈四尺（合一百三十八米多），寬十八丈（合五十六米），九根桅杆，十二面風帆，「體勢巍然，巨無與比，篷帆錨舵非二三百人莫能舉動」，是世界上最大的戰艦。船隊旌旗招展，物資準備停當，二萬八千名兵士整裝待發。

艦隊的最高長官鄭和，小名三寶（三保），是父皇攻打雲南時的俘虜，後來進宮當宦官，在「靖難之役」中為我屢立戰功。無論是膽識，還是心計，都堪稱一流。

即將航行的目的地：南洋諸國。

這麼多船，這麼多人，載運這麼多物資，走這麼遠，到底是為什麼？有沒有必要走這一遭呢？

三保太監鄭和畫像

帝國已經從元末的混亂中恢復了元氣，成為世界性的大國和強國。作為大國，需要萬邦來朝，需要大手筆的買賣，需要將影響力伸展到域外，展現中華之大；作為強國，需要「耀兵異域」，建立「威德遐被，四方賓服」的朝貢秩序，展現中華之強。我的心裡所裝的，早已不限於長城以南的天下，而是更加宏大的世界。為了重建元朝業已構造的南中國海周邊朝貢貿易圈，必須派出一支龐大的船隊，在大批軍人的保護下四處走訪。需要注意的是，鄭和的走訪，是和平的，不是戰爭的；鄭和的軍隊，只用於自衛，不用於侵略。

鄭和的出訪非常成功。二十年來，他多次出海，足跡遍布南洋諸國、印度洋沿岸，直達波斯灣國家和非洲東海岸，創造了人類歷史的奇跡，打開了國人了解世界的一個窗口；二十年來，他帶去了大明王朝的絲綢、瓷器、鐵器、銅器等精美手工業製品和開展友好貿易往來的願望，帶回了南洋和西洋的珍珠、珊瑚、寶石、香料、長頸鹿、獅子、鴕鳥等特產，以及排隊朝見我的國王、使臣；二十年來，鄭和把帝國的威望和影響力播撒到世界各地，大明王朝溫和而友好的大國形象深入人心。

《鄭和行香碑》拓片：鄭和第五次下西洋時，到泉州靈山聖墓祭拜伊斯蘭教先賢，由鎮撫立碑紀念。

鄭和的出訪並不圓滿。尋訪建文帝朱允炆作為他出海的祕密使命，一直毫無進展；鄭和船隊揮金如土，賞賜無度，頻繁出海，耗費頗巨，國庫積蓄為之減少；鄭和船隊沒能恢復漢唐時代昌盛的海上絲綢之路，沒能開啟本朝走向商業帝國的序幕，或許錯過了經濟轉型的歷史契機。

鄭和業已成為傳奇，成為人們心目中少有的「好太監」；鄭和的航海事業業已成為帝國走向盛世的一面旗幟。鄭和為我，更為大明王朝開闢了新的視野——一個蒸蒸日上的帝國，正在以廣闊的胸襟擁抱世界；一個在守成中繼續創業的雄主，正在以獨特的方式不斷放大和書寫自己新的世界觀。

就在鄭和船隊從勝利走向新的勝利之際，就在異域城邦紛紛拜倒在金闕之下的時候，帝國的南北邊疆正在經歷著一場重大考驗。

我的世界觀：從勝利走向危機的南北邊疆

永樂十九年（一四二一年），一座周長四十五里的宏偉之城在燕山南麓拔地而起。這座城市，以皇宮為中心，北至鐘鼓樓，南達正陽門的中軸線，將城市劃分為東西兩部，城內幹道皆為南北走向，小巷多為東西走向，規模整齊，宛如棋盤，雄偉壯麗。她就是北京。

北京曾是元朝的故都（大都），被徐達攻陷後加以摧毀。北京曾名北平，成為我的藩府駐地和抵禦蒙古滋擾的邊庭重鎮。如今，她在我的經營下重新煥發生機，並取代應天，成為本朝新的首都。

遷都，如同搬家，是一件規模浩大、牽涉面廣的系統工程。何必把首都搬到大漠孤煙直的北部邊塞附近呢？在我看來，蒙古的威脅一日不除，北部邊疆一日不寧。應天雖虎踞龍盤，氣候溫潤，畢竟位於江南，難以遙控北方。「靖難」以來，北部地區出現軍事上的權力真空。因此，首都必須放在北方，以實現軍事指揮上的主動，用強大的軍力拱衛首都，作為冀中平原的門戶和屏障。更重要的是，北平是我經營了三十多年的基地，重返北平，會讓我永遠躲避齊泰、黃子澄、方孝孺等建文舊臣的冤魂。

遷都，必然遇到許多阻力。不少大臣不習慣北方乾燥的氣候，不願北遷；一些大臣認為，北平遠離蘇杭魚米之鄉，物資運輸困難，供給百萬官民吃飯的成本太高；還有幾個大臣提出，遷都北平

明代中期畫作《北京宮城圖》軸，承天門（今天安門）下站立者據說是此門的設計者——蘇州工匠蒯祥。

，太靠近蒙古，中央官署的安全保衛壓力會很大。然而，我意已決，不容其他意見的挑戰。

為了營建這座新都，我徵發數十萬民力，先後疏通會通河，開鑿清江浦，使淤塞的大運河恢復暢通，使蘇杭的糧食源源不斷地運往北方。我還設置了主管漕糧、漕運的官署。以奉天殿為代表的京城宮殿群先後落成，統稱「紫禁城」，雕梁畫棟，金碧輝煌，規模超越了應天，超越了元大都。北平西北郊的昌平天壽山南麓，開始興建長陵，作為我在另一個世界的生活區。北京越來越具備首都的氣派了。

應天被改為南京，稱作「留都」。六部、都察院、五軍都督府等中央機關先後遷往北京，南京還另設了一套名稱相同的機構，比如南京吏部、南京都察院，只不過定員少，權責輕，算是閒職。一旦北京出事，南京的班子就將替補上來。正所謂「並建兩京，所以宅中圖治，足食足兵，據形勢之要，而為四方之極者也」。

父皇趕走了元朝勢力，卻未能將其徹底消滅。歷史的重任落在了我的肩上。我不希望重蹈宋朝的覆轍，時刻忍受草原民族的強大威脅。戰爭不可避免。就在我積極籌畫遠征漠北，一勞永逸地解決北部邊疆問題之時，蒙古出亂子了。

元朝殘餘勢力逃到漠北後，歷經明軍幾次打擊，損失慘重，陷入內亂，幾任君主死於非命，政權逐漸分崩離析。游牧於漠北東部的兀良哈部歸順大明，朝廷設置朵顏、泰寧、福餘三衛所（簡稱「朵顏三衛」），實施羈縻統治。洪武三十五年（一四〇二年），並非成吉思汗後裔的鬼力赤奪取汗位，放棄元朝國號，僅稱蒙古，盤踞漠北中部，我朝稱之為「韃靼」。此外，蒙古別部瓦剌在漠北西部崛起，逐漸成為我朝的另一勁敵。兩大強敵一左一右，北部邊防形勢驟然緊張。當然，瓦剌和韃靼互有攻殺，並不團結，各自內部也不盡統一。

永樂初年，韃靼知院阿魯台殺死鬼力赤，擁立元朝皇室後裔本雅失里為可汗，並殺死前往招諭的我朝使臣。這顯然是對大明的公然挑釁。永樂七年（一四〇九年），為肅清韃靼勢力，我委託「靖難」功臣淇國公丘福為大將軍，率精銳騎兵十萬人遠征。丘福孤軍深入，在克魯倫河中伏，全軍覆沒。次年，惱羞成怒的我，親率五十萬大軍討伐韃靼，在斡難河畔大獲全勝。韃靼被迫稱臣納貢。

儘管瓦剌也受封於我朝，但時常以貢馬為名，無理勒索，並扣留使臣，南下騷擾。永樂十二年（一四一四年），我再次御駕親征，擊敗瓦剌。然而，瓦剌和韃靼好比蹺蹺板一樣，打敗了一個，另一個就會再度強大，不服王化。因此，我不得不又連續三次親征漠北，但始終未能捕捉到阿魯台的主力。

五次親征漠北，除了軍事上的勝利之外，大明的疆域也向東北伸展了許多。永樂七年，黑龍江下游的奴爾干地區，設立了我朝位置最北的都指揮使司，管轄外興安嶺以南的大片土地，將黑龍江流域、烏蘇里江流域納入大明的管轄範圍。奴爾干通往內地的驛路，經遼東都指揮使司可直達北京。我朝在東北行使主權的歷史，奴爾干附近永寧寺裡的石碑可以為證。此外，朝鮮成了我朝的藩屬國，曾叱吒中原的女真人，也不得不臣服於我。

然而，五次親征漠北，沒能掃平蒙古各部，不能不說是個遺憾。或許，這將成為大明王朝的一個隱患。

除了北部邊疆之外，西部、東部和西南部也都存在或多或少的隱患，但都談不上危機。

大明不過玉門關，這是事實。然而，我可以用遣使通好、力促通商的辦法，使塔里木盆地裡的哈密，成為明廷通向西域的中轉站，成為明軍向瓦剌進攻的橋頭堡。當地蒙古貴族樂於接受我的冊封，從而獲得東西方貿易的巨額利潤。這樣，哈密就形成了「西域之喉襟」的戰略態勢。

帖木兒帝國，是突厥化的蒙古貴族帖木兒建立的軍事政權，定都撒馬爾罕，信奉伊斯蘭教。永樂二年（一四〇四年），帖木兒親率二十萬大軍遠征大明。消息直到一年後才傳至應天。就在我下令加強戰備之際，邊境傳來了帖木兒猝死的消息，繼任者放棄了遠征計畫，與我朝恢復了正常貿易關係。一場決戰擦肩而過。

與我朝一衣帶水的日本，正值南北朝，散兵游勇、海盜商人和破產農民，乘元末戰亂，海防空虛之機，不斷騷擾沿海州縣。大臣們將其稱之為「倭寇」。在整飭海防的基礎上，永樂十七年（一四一九年）六月，明軍在望海堝全殲來犯倭寇。一時間，倭患稍有緩和，東部海防的壓力輕了不少。然而，倭患並未根除。

雲貴等地的部落首領被我成功招降。我在當地設立土司（包括各級官職），允許其以臣服大明為前提的自我治理。在烏斯藏（西藏）設立都指揮使司，以加官晉爵來招撫當地貴族和宗教領袖，特別是日趨興盛的藏傳佛教格魯派（「黃教」）宗師宗喀巴。總之，在大明王朝徒有虛名的「管轄」之下，西南政局保持穩定。

除了北部尚存隱患之外，南部邊疆看似大勝，實則危機重重。

安南（越南），一個深受中華文化影響的國度，儘管長期臣服於中原王朝，但幾百年來一直處於獨立狀態。儘管父皇曾在《祖訓錄》中將安南列為不可入侵的國家之一，但考慮到鄭和下西洋的成功，以及對南洋諸國施加影響的需要，安南業已納入我悉心經營的戰略考慮之中。

洪武末年，安南發生政權更迭，權臣黎氏家族取代了窮途末路的陳氏王朝。永樂二年（一四〇四年），有個叫陳天平的難民跑到應天，自稱是陳氏王朝的王子。他歷數黎氏背主變節的逆行，請求我朝幫助他奪回王位。作為宗主國，替藩屬國的受害者出氣理所應當。在證實了陳天平述說的內容後，我發布詔書，譴責安南的政變，要求恢復陳天平的王位。或許是叛亂者心存畏懼，黎氏遣使認罪，答應歸還王位。然而，就在大明官兵護送陳天平進入安南諒山之時，突遭黎氏事先布置的埋

張輔統兵入安南，置交趾省，不料它日後卻成了大明帝國的痛腳。

伏，護衛的官兵死傷大半，陳天平身首異處。消息傳到應天，加上同時獲悉安南侵占占城，滋擾雲南、廣西，我決定親自懲罰一下叛亂者。

永樂四年（一四〇六年），將軍張輔和沐晟統率二十一萬大軍南征。明軍進展神速，勢如破竹。旬月之間，平定安南全境。半年之後，俘獲黎氏家族幾乎全部成員。

勝利來得太輕易了，我有些喜形於色。這是永樂朝邊疆經營的首場勝利。我當即批准了張輔的建議，正式將安南納入大明版圖，作為一省，設立交趾布政使司和都指揮使司，分別管理當地民政和軍事。

安南百姓似乎只歡迎陳氏家族，並不喜歡大明的統治。他們紛紛揭竿而起，到處反抗明軍，甚至建立政權，公然與我朝分庭抗禮。平叛工作持續了十幾年，勞師靡費，但收效甚微。安南人的游擊戰術，令明朝駐軍頗為頭疼。這些叛亂好比燒不盡的野草，一有星火又會復燃。我朝陷進了安南戰爭的泥潭不可自拔。

撤兵？不僅前功盡棄，而且顏面掃地。為了在南洋諸國中繼續充當老大，我寧願繼續增兵安南，哪怕到頭來無非是送死。不撤？國庫吃不消，納稅人吃不消，朝廷蓄養的精兵更吃不消。誰不心疼？

我的安南政策失敗了。這場危機，或許只能由下任皇帝想出萬全之策來化解。然而，在我的兒子們中，哪個才是合適的接班人呢？

解縉之死：皇上的家事不要管

峰濯滄溟應斗魁，波瀾繞翠浪頭排。
火煙光起鹽田熟，海月初升漁艇回。
風送潮聲平樂去，雨飄山色特呈來。
地靈福氣生天外，自有高人出世才。

這是永樂五年（一四〇七年）解縉登上一座海島（特呈，位於廣東湛江灣內），脫口而作的七言律詩。詩文揮灑自如，美景躍然紙上。詩如其人，作為燕王府智囊之一的解縉，就是個聰穎豪放、才氣橫溢、桀驁不馴的讀書人。

當藩王的時候，我就很崇拜這位學富五車、寫一手精絕小楷的大儒，儘管他被父皇視為「大器晚成」，「益令進學，後十年來，大用未晚也」，從而一再遭貶。永樂初年，他主持纂修《永樂大

「恃才傲物，多言賈禍」的典型：解縉

典》、《太祖實錄》所累積的功績，奠定了在我心目中的崇高地位。當著群臣的面，我曾經說出「天下不可一日無我，我則不可一日少解縉」的話。在國家大政的決策過程中，解縉扮演了極其重要的角色。

可惜，讀書人多半都有目空一切的毛病，解縉也不例外。擢升翰林學士兼右春坊大學士的解縉，仍然沒把自己當作官場一員，仍然沒有意識到「伴君如伴虎」的危險。他保留著讀書人剛正不阿的氣節，卻缺少為官者能屈能伸的品質。

一天，解縉奉命入宮，與我磋商確立皇儲之事。本來，立「國本」是皇帝家事，請他來議，無非是聽聽意見而已。換作其他大臣，肯定會順著我的想法。然而，解縉偏偏執拗。

我有三個兒子。長子朱高熾，性情溫和，熱愛讀書，崇尚「恤民之政」，經常和儒臣談古論今，與朱允炆多少有點相似；次子朱高煦，不愛讀書，只熱中舞槍弄棒，性情凶悍，行為輕浮，有些無賴氣，可打仗勇猛，多次救我於險境之中，與我多少有些相似。還有一個叫朱高燧的兒子，基本上屬於混蛋類型，早就淘汰出局了。朱高熾和朱高煦之間，該選誰為太子呢？大臣們議論紛紛，我也拿不定主意：說心裡話，比起大腹便便的朱高熾，我更欣賞勇武無敵的朱高煦；可朱高熾是長子，歷史上不立長子而導致手足相殘的教訓實在太多了。

見到解縉，我表達了立次子高煦為太子的想法。得到的卻是解縉柔中有剛的反對之聲：「皇長子仁孝，天下歸附，若棄之立次，必興爭端。先例一開，怕難有寧日，歷代事可為前車之鑒。」他從傳統禮法和歷史教訓兩個角度分析，反對廢長立幼。聽罷這席話，我面露不悅之色。

對於長期伴駕的解縉而言，我面部表情的細微變化逃不過他的雙眼。只聽他馬上跟了一句：「好聖孫！」這句話，竟把我的不悅一掃而光。君臣相視而笑。原來，別看朱高熾令我不滿意，但他的長子朱瞻基深得聖眷。解縉這麼一說，我恍然大悟，找到了立嫡立長的依據：立朱高熾為太子，可以確保我鍾愛的皇長孫朱瞻基將來順利登基，繼續保持永樂朝的偉大事業。

永樂二年（一四〇四年）四月初四日，朱高熾正式立為皇太子，朱高煦受封漢王。冊封詔書由解縉起草，以告天下。

就在詔書發布那天，看到朱高煦一臉懊喪，我心裡一驚：這個毛頭小夥兒會不會破罐破摔，鬧出什麼亂子來啊？沒過幾天，解縉上書指出，失去皇儲競爭主動權的朱高煦，憑藉戰功和父寵驕橫一時，經常流露出奪嫡之心。希望我引起重視，避免禍起蕭牆。

解縉雖是近臣，可管得未免太寬了吧？他是不是在離間我們父子的感情呢？我對解縉頓時心生厭惡。永樂四年（一四〇六年），我賜黃淮等親信大臣二品紗羅衣，唯獨不給解縉。接著，解縉又沾上了洩露朝廷機密和考試閱卷不公的罪名，被貶為廣西布政使司參議。臨行前，我又接到了一封舉報信，乾脆把解縉貶到交趾布政使司，負責督餉。

若干年之後我才知道，這一切的罪名，幾乎都是朱高煦的構陷。

永樂八年（一四一〇年），解縉進京奏事，恰巧我離京遠征。於是，他在覲見了太子朱高熾之後就匆匆返回交趾。等我回到北京，朱高煦就密奏說解縉趁皇上在外，私謁太子，隨後揚長而去，毫無人臣之禮。本來就對解縉有意見的我，為之震怒。

如果僅僅是這樣也就罷了。可解縉不知好歹地上了一道奏疏，說自己返程途中，看到贛江兩岸旱情嚴重，建議朝廷鑿贛江以通南北，利於引水灌溉。此時的我，看到任何有關解縉的東西都會大發雷霆。這份奏疏無異於火上澆油。我馬上下令，將解縉逮捕下獄。可以想像，在錦衣衛的大牢裡，這個固執的讀書人會遭受何等慘烈的皮肉之苦！

永樂十三年（一四一五年）正月十三日，錦衣衛指揮使紀綱上了一道奏疏，附有囚徒名籍，其中赫然列著解縉的名字。一晃五年過去了，解縉還在監獄裡。我隨口說了一句：「縉猶在耶？」沒想到，這一句話要了解縉的命。

在錦衣衛大牢裡深受虐待的解縉，一定恨透了紀綱。此言一出，做賊心虛的紀綱覺得，解縉可能將獲赦免。一旦這小子被放出來，肯定饒不了他。與其等死，不如先下手為強。於是，他趕回大牢，哄騙解縉即將獲釋，請他喝酒，為他接風。解縉不知是計，喝得爛醉如泥，結果被錦衣衛士卒活埋在雪中而死，年僅四十八歲。他的妻兒老小都被發配到遼東，家產也全部抄沒。

解縉的悲劇告誡所有人：在永樂朝，無論你多麼聰明，無論你與皇上多麼親近，不要多管閒事，尤其是不要管皇上的家事。陷進這個無底洞，裡外不是人。

於是乎，永樂朝的閣臣們，一個個服服帖帖，沒人敢跟我頂牛。即使是特立獨行的黑衣和尚姚廣孝，在接受了太子少師的官職後，也不願脫去袈裟，只是埋頭於纂修《永樂大典》，輔佐皇子讀書。如此而已。

可憐的解縉，誰教你生在永樂朝？誰教你管皇上的家事呢？

後宮喋血：何必生在官家

永樂十九年（一四二一年），北京紫禁城御花園。

良辰美景奈何天，滿目姹紫嫣紅。然而，美景遮不住六十二歲的我陰沉的臉色。

就在這座皇家庭院裡，數百名妙齡宮女正被處以凌遲之刑，哀號之聲響徹四周。新近入宮侍衛的兵士和太監們嚇得兩腿打顫，不忍熟視。唯有我，斜靠在龍椅上，冷漠而又饒有興趣地欣賞著凌遲處死的殘酷。

這已經不是我第一次動用如此大刑了。但在後宮裡用剮刑，卻是史上罕有。這又是為什麼呢？還是得從我的感情生活說起。

毫不誇張地說，我的一生充滿傳奇。這些傳奇的塑造，離不開一位奇女子，那就是我的結髮妻子——徐皇后。

她是開國功臣徐達之女，能文能武，「幼貞靜，好讀書，稱女諸生」。這般不俗的才華傳到了

徐皇后能文能武，是朱棣創業治國的賢內助。

父皇耳朵裡。於是，她就被欽定許給了我。身為父皇生死弟兄的徐達，也就成了我的岳父。這一年，我十七歲，她十五歲。

「靖難」初期，李景隆率領朝廷大軍圍攻北平，而此時的我在外求援，北平乃是一座空城。危難關頭，她親率城中婦女登城助戰。此舉振奮了守城男兒的士氣。憑藉堅固的城牆和寬闊的護城河，他們愣是打退了李景隆的狂攻，挽救了北平。

在外，她是巾幗不讓鬚眉的勇將；居內，她是持家相夫的賢內助。當我任用解縉等七人入值文淵閣，充任顧問班子成員時，她就在宮中隆重接見這七位官員的夫人，給予無上的特殊榮耀，以籠絡人心；她深居後宮，編寫《勸善書》和《內訓》，宣揚嘉言善行和女子道德；經常勸我愛惜百姓，廣求賢才，恩禮宗室，不要驕寵外戚。她的賢慧，堪與唐太宗的長孫皇后相比。

可惜的是，永樂五年（一四〇七年），四十六歲的她就香消玉殞。

悲痛欲絕的我，想到了另一位奇女子——徐妙錦。

徐達的家庭很有意思。長子徐輝祖支持朱允炆，幼子徐增壽支持我；長女嫁給了我，幼女徐妙錦支持朱允炆，跟我作對。當我帶兵攻入應天時，徐妙錦曾對朱允炆說：「你哪兒也別去，就在大殿等著你叔，看他能把你怎麼樣！」朱允炆當然沒有這樣的膽量，可徐妙錦的表現令我稱奇，進而愛慕。我曾經多次向她求婚，然而得到的卻是她的一封題為《答永樂帝書》的尺牘：「不學園裡夭桃，邀人欣賞；願作山中小草，獨自榮枯。……從此貝葉蒲團，青燈古佛，長參寂靜，了此餘生。」其實就是婉言謝絕，哪怕去當尼姑也不嫁給我。我曾威脅過她：「你倘若不肯嫁給我，看以後誰敢娶你！」後來她竟然真的皈依佛門了。

我很失落。此後，但凡長得像徐妙錦的女子，哪怕是神似，我也要千方百計搞到手，百般寵幸，也許這就是愛屋及烏的力量吧。賢妃權氏，是朝鮮進獻的女子，美豔殊麗，能歌善舞，且善吹簫，聰慧過人。最關鍵的是，她與徐妙錦有七分神似，因而最為得寵。不料，永樂八年（一四一〇年），權妃隨我遠征，死在歸途。

三年之間，連喪兩妻，我鬱悶而傷感。就在此時，有宮女揭發權氏是被婕妤呂氏串通太監和銀匠用砒霜毒死的。情緒低落的我喪失理智，非但沒有追查，反而偏聽偏信，下令將被告下毒的太監、銀匠處死，呂婕妤處以酷刑，用烙鐵烙了一個月才死。權妃之死，牽連數百人掉了腦袋。

一晃十年，我的另一位寵妃王貴妃故去了。連續的亡妻之痛，令我由哀傷變得暴躁。兒子們的較勁，韃靼多次擾邊，安南局勢的混亂，只能火上澆油。這時，有人告發宮女呂氏、魚氏與宦官「通姦」。按道理說，宮女和宦官私下結為夫妻一樣的伴侶，在一起吃飯、相互慰藉和照顧，已經成了宮裡的潛規則，稱之為「菜戶」或「對食」。說他們「通姦」，有些言重了。倘若此事擱在平時，我哼哼哈哈也就過去了。但在這樣的當口上，我勃然大怒，立命禁軍將宮女抓來審問。兩位宮女嚇破了膽，先行上吊自殺。

聞知二人死訊，我並不罷休，派人把她們的幾個侍女抓來審問，看有無其他圖謀。侍女受刑不過，屈打成招，誣稱後宮有人要謀害我。拿到這一口供，我嗜殺的本性被激了出來。於是，又有更多的侍女被抓，更多的口供出爐。東拉西扯，承認「謀逆」的侍女多達三千人。等待著她們的只有一個歸宿——淩遲處死。這是一種懲罰「謀反」、「謀大逆」等十惡重罪的大刑。

我親自監刑，現場血肉翻飛。即使是宮殿被雷擊中，我也要冒著得罪玉皇大帝的風險「恣行誅戮，無異平日」。殺戮持續了幾天才告結束。我甚至不顧花甲之齡，肥碩之身，親自操刀。血腥氣從大明的皇宮裡彌漫四出，經久不絕。

後宮無情，政治無情，何必生在官家！

永樂二十二年（一四二四年），我第五次北征。師抵漠北，不見敵人蹤影。

一天，我對身邊大臣楊榮、金幼孜說：「昨夜我做了個夢，有個神仙模樣的人告訴我，上帝好生。難道上天有意保護這些蒙古人嗎？」

行軍途中，看到往年用兵時死於塞外的白骨委棄路旁，心狠殘暴的我，也不禁惻然，命人收拾道中遺骸，親寫祭文，加以悼念。

大軍繼進，仍不見敵，軍中缺糧，兵士疲乏，草原天氣多變，一旦風雪驟至，歸途堪憂。帶著未能找到阿魯台大軍決戰的遺憾，我只好決定就此班師。

大軍行至榆木川，我病倒了。隱約中，眼前閃動著幾個熟悉而又陌生的身影：父皇朱元璋、姪兒朱允炆、才子解縉、「讀書種子」方孝孺，還有那些咒罵我的侍女……

卷四　明仁宗（洪熙）朱高熾回憶錄

明仁宗朱高熾簡歷

朱高熾，生於洪武十一年（一三七八年）七月二十三日，卒於洪熙元年（一四二五年）五月十二日。出生地為中都鳳陽。朱棣長子。洪武二十八年（一三九五年）閏九月二十一日立為燕王世子。永樂二年（一四〇四年）四月初四日立為皇太子。永樂二十二年（一四二四年）八月十五日登基。年號「洪熙」。在位不及一載，突然去世。死後廟號仁宗，謚號「敬天體道純誠至德弘文欽武章聖達孝昭皇帝」，簡稱「昭皇帝」。葬於北京昌平獻陵。

朱高熾雖在位短暫，但大力糾正洪武、永樂以來弊政。平反冤案，赦免罪臣；改組內閣，提拔「三楊」：整頓吏治，選用賢能；輕徭薄賦，安置流民，促進了農業經濟的恢復。採取戰略收縮政策，一度將都城遷回南京。

一生最得意之事：開啓革新永樂弊政的步伐；最失意之事：嚴重肥胖，身染重病。

皇后張氏，在隨後的宣德朝和正統朝聽政，起到了輔佐幼君，穩定朝政的積極作用。嬪妃九人。膝下育有十子、七女。嫡長子朱瞻基為法定皇儲。

洪熙元年（一四二五年）三月二十八日，北京。

所有的中央官署一律更換了牌匾，降格為行在。太子朱瞻基隨即被派往南京，我信任的宦官和將軍也已經走馬上任，去指揮那裡的軍隊。

這是夏原吉等一班重臣的提議，是洪熙朝最重要、最激烈的新政，也是我很久以來的心願——都城回遷南京，並以此作為否定父皇政治成就的標誌性政策，更是帝國戰略重心發生根本變化的代表性措施。

當我腆著大肚步履蹣跚地走下金殿之際，已經可以感覺到，這個帝國也在步履蹣跚地發生著變化。儘管變化是細微的，是漸進的。我正在把帝國從窮兵黷武、剛猛為政拉回到歌舞升平、國泰民安。

最不爭氣的，還是我這個大肚子。肥胖的我，心臟負荷越來越重。同樣是貪戀女色，父皇尚有強健的體魄去征戰沙場，而我除了疲倦，就是時不時地胸悶憋氣。也許，這才是我最大的隱患，這才是洪熙朝最大的隱患吧。

不受待見的皇太子

洪武二十八年（一三九五年），作為長子，我被祖父朱元璋欽點，立為燕王世子。這一年，我虛歲十八。

明朝皇帝在奉天門「御門聽政」的場景。這類政務活動對胖子朱高熾而言，異常辛苦。

跟能征慣戰、豪氣沖天的父王朱棣不同，我生性端重沉靜，喜讀詩書，信奉仁愛，根本沒有繼承祖父和父親的武夫之勇，倒有幾分皇太孫朱允炆的儒雅風範。不過，或許是整日飽讀聖賢書，忽視了體育鍛煉，或許是終日沉醉於風花雪月，忘記了節制食慾，我體態肥胖，行動不便，甚至每次走路都要兩個太監攙扶。如果是在冬春之際，北平城刮起風沙，我甚至會被吹得跌跌撞撞，即使有人攙扶也走不成路。這樣的表現，當然難入父王的法眼。因此，我是個不受父王待見的世子。

如果只是將來繼承王位，當個屏藩朝廷的親王，恐怕我這樣的身板也能將就了。可父王偏偏志不在此。建文元年（一三九九年）七月初五日，為避免朱允炆的削藩政策殃及自身，父王發動「靖難之役」，兵鋒直指中原。而我則被留在北平看家護院。本來，這是父王對我的軍事才能和勇敢精神不信任的結果。可就在他異地作戰、無暇顧及根據地的時候，我團結部下，以萬餘人的老弱軍士，成功擋住了李景隆統率的五十萬朝廷大軍對北平的偷襲。這是一次輝煌的勝利。現在看來，甚至成了「靖難之役」的重要節點。父王從此對我的軍事才能刮目相看。就在守衛北平的過程中，朱允炆曾經向我致信，許以封王，勸我歸順朝廷。我毫不猶豫地把書信原封不動地送到父王軍營。敵人的反間計失敗了，父王對我的忠心大加讚賞。

默默的付出縱然可貴，但總還是不如頻繁亮相來得直接。父王的次子朱高煦便是一例。他膂力過人，武藝高強，有萬夫不當之勇，這倒跟父王有幾分相像。因此，他被父王帶在身邊，委以重任。他參加了「靖難之役」的歷次戰鬥，作戰勇猛，功勳卓著，在武將中威信頗高。據說，父王在一次危難關頭被他救下，感激涕零，隨口說出「你大哥多病，將來皇位必將是你的」的話，令朱高煦熱情高漲。

「靖難之役」成功了。踏著建文舊臣的屍骨，父王南面稱帝。然而，我卻怎麼也興奮不起來。父王為了奪得江山，殺的人太多了，就連死心效忠建文帝的讀書人方孝孺也被滅了「十族」。更讓我恐懼的是，我在「靖難之役」中的優異表現，父王似乎有些淡忘了。不，是被朱高煦的光芒遮蓋了。或許，他是埋在我身邊，隨時可能引爆的一顆定時炸彈。

果然，即位之後，父皇在立太子的問題上犯了愁。我的仁愛、儒雅得到了文臣的青睞，而且作為長子和燕王世子，無論按照倫常排序，還是現有身分，皇儲非我莫屬；然而，父皇更喜歡朱高煦的勇武性格，況且還為他許過諾。似乎父皇覺得，我過於柔弱，容易被人脅迫或蒙蔽，擔心我重蹈朱允炆的覆轍。不過，平日裡我處處謹慎，從無過錯；而朱高煦卻毛手毛腳，經常惹出點亂子。兩個人的差距顯而易見。

永樂二年（一四〇四年）四月初四日，冊封太子大典正式舉行。主角不是朱高煦，而是我。這一切，要感謝父皇的謀臣解縉，要感謝我的長子朱瞻基。沒有解縉的循循善誘，沒有犬子的聰慧受寵，皇儲之位，必定旁落。

我不僅得到了太子大位，而且還有機會在父皇出征之時留守京師，監理國政，積累了豐富的治國經驗，團結了更多的治國良臣。這是我日後登基稱帝的重要資源。

即使如此，我的儲位並不穩固。父皇依舊寵愛朱高煦，依舊對我不待見。已經受封漢王的朱高煦，仗著父寵，遲遲不肯離京就藩。由於他的讒言推波助瀾，曾經幫過我的解縉鋃鐺入獄。要不是母親徐皇后和大臣楊士奇的暗中幫助，恐怕朱高煦私養武士、圖謀不軌的事永遠無法大白於天下。終於，朱高煦被迫離開京城，就藩樂安。

皇三子朱高燧也曾打算發動政變，弒君稱帝，可陰謀洩露，政變流產。就在他將被父皇處斬之時，我跪下求情，總算是讓他逃過一劫。然而，經此一遭，我已經徹底明白：朱高煦和朱高燧，將成為我未來的兩大敵人。他們為了皇位，可以六親不認，手足相殘。

永樂二十二年（一四二四年）七月十八日，父皇在北征歸途的榆木川突然病逝。隨軍的重臣張輔、楊榮為了避免朱高煦、朱高燧聞訊叛亂，乾脆祕不發喪，集中軍中所有錫器加以熔化，鑄成一口大棺材，用以盛殮父皇的遺體。而每日的進餐、請安照舊，只是不再掀開父皇的車簾，不再奏請父皇傳旨，確保了大軍的平靜。

直至八月初二日，我才接到楊榮的密報和傳位遺詔。顧不得擦拭悲痛淚水的我，趕緊跟蹇義、楊士奇、楊榮等重臣商議對策。一面下令加強京城治安，並派太監王貴通到南京擔任鎮守，穩定南方局勢。一面派朱瞻基出京迎喪。更重要的是，因反對父皇勞民傷財、出征蒙古而遭囚禁的戶部尚書夏原吉被釋放。

在我的沉著指揮和大臣們的精心安排下，父皇的遺體安然運抵北京，政權交接非常順利。

永樂朝武功赫赫，文治蓋世，但這一切都是堆積在累累白骨之上的輝煌，都是靠燒錢拼湊出來的輝煌。「興，百姓苦；亡，百姓苦。」我要試圖改變這一切，改變不顧國力四面出擊的黷武戰略，改變不分青紅皂白濫殺無辜的暴戾戰略。我的年號叫「洪熙」，既蘊含著繼承洪武皇帝遺志的願望，更深藏著為百姓指引光明前途的決心。

洪熙朝就這樣拉開了帷幕。

洪熙之治：改寫明初政治風氣的關鍵一瞬

八月十五日，北京皇宮舉行了隆重的登基大典。當日，我頒布大赦令，並採納夏原吉的建議，取消了鄭和寶船的新一次遠航以及邊境的茶馬貿易，停派去雲南和交趾採辦黃金和珍珠的使團。我的改革，就首先從取消父皇的擴張政策開始。

我不僅熱中聖賢之學，而且推而廣之，崇尚儒學，褒獎忠孝。為了恢宏聖賢之學，我決定改革科舉制度。此前的科考，進士多為聰明刻苦的南方人，北方人雖然淳樸忠貞，但文采出眾者少。為了平衡區域比例，保證北方人也能考中進士，使官員隊伍的地域構成更豐富、更均衡，我決定採取「南六十、北四十」的比例錄取。

夏原吉為朝廷精打細算，撙節支出。

儒家思想不僅在學術上得以發揚，而且還被廣泛應用於我的治國實踐。即位之初，我就赦免了建文舊臣及其遭流放的家屬，允許他們回鄉。永樂朝的許多冤獄，包括方孝孺、解縉的案件都得到平反。按照儒家的仁愛原則和孝道理念，我廢除了肉刑，特別是宮刑。減免賦稅，賑濟災區，安置流民，開放山澤供百姓漁獵。百姓得到了較為充分的休養生息，因「靖難之役」和北征蒙古而造成的內地經濟凋敝的局面得到了初步扭轉。

在對外政策上，我也一反父皇作為，全面收縮。還都南京只是戰略收縮的措施之一。要減輕百姓，特別是太湖地區的稅負，就要減少不必要的開支。父皇為了維持定都北京的龐大開銷，就必須不斷地疏濬運河，必須不斷地將漕糧運往北方。如今，還都南京，既免去了這些浩大的行政開支，又體現了對江南民生的重視。況且，韃靼既然已經被父皇打敗，我對北征蒙古便不再感興趣，那麼首都放在北京的必要性自然也就降低了。我決定只派重兵守衛長城沿線的重要關隘，能嚇阻蠢蠢欲動的蒙古鐵騎就足夠了。至於南洋諸國，我相信，有鄭和此前的遠航壯舉，未來若干年內，朝貢關係不會淡化，鄭和再次遠航就顯得沒什麼必要了。我更關心的，還是安南問題。儘管父皇將其作為行省納入大明帝國版圖，但當地的叛亂時有發生，明軍陷入戰爭泥潭，難以自拔。該撤？該留？我始終沒有想好。

短短的幾個月，國家正在經歷著變化。而這一切變化，都得益於強有力的官僚機構。因此，我一切改革的核心，就是對衙門的手術。

我改組了內閣。無論是身陷囹圄的罪人，還是先帝重用的讀書人，只要有本事，認同我的治國理念，都會在洪熙朝找到恰當的位子。黃淮、楊溥、楊士奇、楊榮、金幼孜，統統躋身決策層，或擔任翰林學士，或擔任六部尚書，或擔任大學士。這是一個沒有武將插手的文官政府，這是一個沒有火藥味彌漫的和諧政府。我經常召見他們，舉行會議，研討要事，徵求意見。在研討和決策過程中，內閣大學士由於兼任六部尚書，從而獲得了更多的發言權，逐步擺脫了洪武、永樂時代單純的

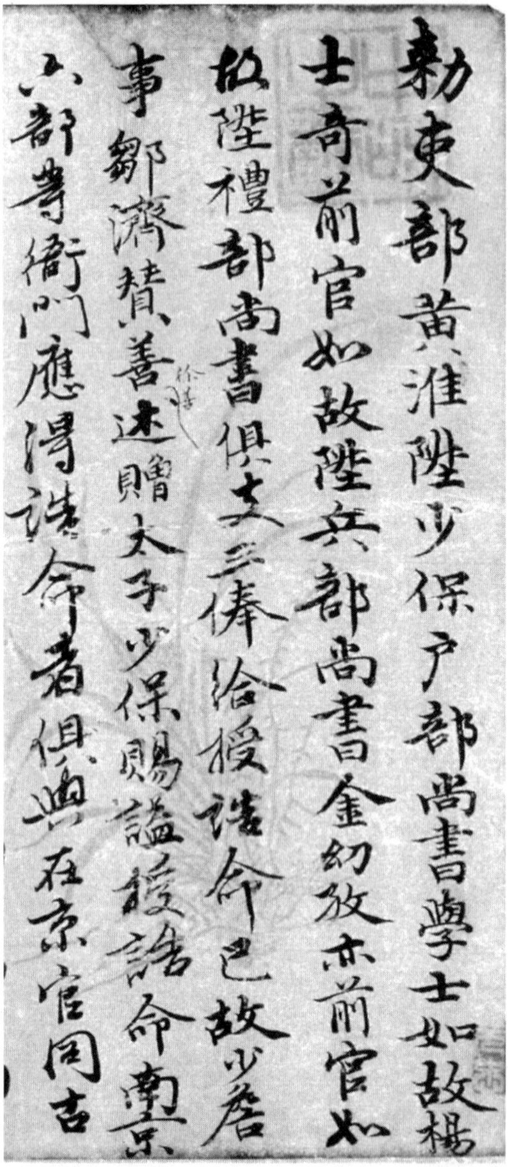
勅吏部黃淮陞少保戶部尚書學士如故楊
士奇前官如故陞兵部尚書金幼孜亦前官如
故陞禮部尚書俱支三俸給授誥命已故少詹
事鄒濟贊善徐善述贈太子少保賜謚授誥命南京
六部尚書衙門應得誥命者俱與在京官同吉

明仁宗行書《敕諭》頁

諮詢功能。洪熙朝的所有「仁政」，離不開他們的努力。

我精簡了機構。可有可無的官員被解職，一般官員七十歲必須退休；量才用人，失職瀆職者降職丟官，才幹突出者破格提拔。我處處效法唐太宗，鼓勵納諫，擇善而行。永樂二十二年（一四二四年）九月二十六日，我賜給蹇義、楊士奇、楊榮、金幼孜每人一顆銀印，上刻「繩愆糾謬」的格言，要求他們用此印密奏皇親國戚的違法行為。

有這樣精明強幹的官僚機構，有這樣勇於進取的官僚隊伍，我堅信「洪熙之治」注定會實現，芸芸眾生注定會過上安穩而富足的日子。

洪熙朝的遺產

超重和足疾，以及過度縱欲，讓我從即位的那一天起，就每每覺得體力不支。似乎沒有哪個皇帝剛上臺就想到了死，唯獨我是個例外。我有預感：洪熙朝是個短命的時代。一旦我突然駕崩，那麼太子朱瞻基將得到哪些遺產呢？

一個不再打仗的帝國：從洪武到永樂，帝國的內戰外戰就沒停過，直至父皇駕崩，對蒙古的戰爭還在繼續。但從洪熙朝開始，這個局面結束了。因為我不喜歡戰爭，不喜歡打打殺殺，而是渴望田園詩般的和平生活。我正在用實際行動糾正父皇的黷武政策。唯一棘手的，就是安南。

一個關注民生的帝國：祖父朱元璋意氣用事，向太湖地區徵收重稅，這一政策延續至今。我派出了幾個調查組，深入蘇州、松江等地。我期待著他們的詳細奏報，作為我降低當地稅負的依據。至於逃亡的農民，我決定免其欠稅，給其土地，請其回鄉。我堅信，民富方能國富。

一個辦事麻利的內閣：父皇提拔的賢臣都得以留任。他們思維敏捷，思路清晰，辦事效率高，深得我的寵信。相信楊榮等人會成為朱瞻基的左膀右臂。

一樁沒有了結的恩怨：我不忍心收拾朱高煦，但這並不意味著他就會因此放棄對皇位的渴求。一旦我撒手人寰，朱瞻基就將直接面對他。難道手足相殘真的不可避免嗎？

卷五　明宣宗（宣德）朱瞻基回憶錄

明宣宗朱瞻基簡歷

朱瞻基，生於洪武三十一年（一三九八年）二月初九日，卒於宣德十年（一四三五年）正月初三日。出生地為北平燕王府。朱高熾長子。永樂九年（一四一一年）十一月初十日立為皇太孫。永樂二十二年（一四二四年）十月十一日立為皇太子。洪熙元年（一四二五年）六月十二日即位。在位十年。死後廟號宣宗，諡號「憲天崇道英明神聖欽文昭武寬仁純孝章皇帝」，簡稱「章皇帝」。葬於北京昌平景陵。

朱瞻基在位期間，首先平定了漢王朱高煦的叛亂，鞏固了統治；繼續採取乃父的戰略收縮政策，在鄭和第七次下西洋後，將這種遠洋航海行動終止；從安南撤兵，結束對南洋諸國的軍事壓力；繼續採取與民休息政策，推動財政改革，在稅負較重的太湖流域進行調研和減稅；促進農業和工商業發展，維持社會穩定；繼續突出內閣的輔政功能，並開放宦官讀書識字，將其引入權力中樞。不過，他中止了朱高熾的還都計畫，將都城定於北京。史稱朱高熾和朱瞻基在位時期為「仁宣之治」。

一生最得意之事：幹掉朱高煦；最失意之事：沒能保住朱祁鎮的真正生母。

皇后先是胡氏（胡善祥），後廢黜，改立孫氏為皇后。有名號的嬪妃十餘人。有子二人，女三人。長子朱祁鎮為法定皇儲。次子朱祁鈺為郕王。

宣德六年（一四三一年），發生了好幾件事。

江南劉家港。時隔十年之後，三保太監鄭和再率船隊，第七次前往南洋諸國宣揚國威，恩賜貿易。兩年後，船隊載譽而歸，鄭和卻客死他鄉。此後，帝國再無心思派船出海，西洋、南洋再也看不到來自富庶東方的龐大船隊。大明王朝的航海時代戛然而止。

北京紫禁城。安南王國新執政者黎利的使臣，終於等來了我的冊封詔書。黎利就任國王，並保證向大明稱臣納貢。從此，安南結束了作為大明帝國領土的十四年歲月，大明子弟兵也得以從艱苦的安南叢林作戰中解脫出來。大明王朝的擴張時代就此告終。

六年前設於皇宮的內書堂，如今已有不少小太監學成結業，到衛所、東廠任職。至此，不准宦官讀書識字的祖訓被徹底破壞。漸漸地，宦官從內廷侍從，演變為皇上決策的幫手，秉筆太監甚至取得了代替皇上謄寫硃批諭旨的特權。大明王朝的宦官文盲時代一去不返了。

這就是我君臨天下的年代，一個改變過去、重塑盛世的年代。

前人蹉跌，後人知警；更有後人知警也

洪武三十一年（一三九八年）二月，北平的燕王府。王爺朱棣做了個夢：太祖皇帝朱元璋授給他一件大圭，也就是大號玉器，並對他說：「傳之子孫，永世其昌。」在我們這個時代，大圭象徵著權力。天子送來大圭，不就是把江山拱手相贈嗎？儘管不是皇儲，但朱棣對登上九五之尊還是具

《明宣宗行樂圖》軸（局部），此圖表現朱瞻基出宮遊獵的場面，他奔在前頭領隊，身體健碩，英姿勃發。

有濃厚興趣的。好夢散去，一覺醒來，朱棣覺得這是吉兆，正在美滋滋地回味著剛才那真龍天子夢的時候，家人來報：世子妃生了個大胖孫子。朱棣大喜，覺得這孩子應夢而來，必要大貴之福。幾天之後，朱棣前往看望，一見更喜：「這孩子英氣溢面，真是應了我的夢兆！」這個應時而生的嬰兒，就是我——朱瞻基。

當我記事的時候，祖父朱棣已經奪得天下，在南京稱帝。他對我百般恩寵。自幼熱愛讀書，稟賦過人，拳腳劍術俱佳，在祖父眼中，我幾乎成了一個優秀的政治家胚子。所有人都認為，我跟大腹便便、滿腦子仁義禮智的父親一點都不像，倒是跟戎馬一生的祖父頗有幾分類似。年長一些，身體健碩的我，經常被祖父帶著去打獵。我還有幸參加了第二次征伐蒙古的戰爭。而父親，繼續受制於腿腳，總是留在南京監國，名義上是見習處理政務，其實就是看家。當然，為了讓我不至於日後有勇無謀，祖父挑選姚廣孝、胡廣、金幼孜等天下名士教我經史，特意讓他們注意培養我經綸天下的帝王之訓，而非專注於章句文詞。祖父用心良苦，大臣們有目共睹。

就在我備受榮寵之際，父親卻在經歷著前所未有的挑戰。

父親朱高熾生性端重沉靜，言行識度，喜好讀書，除了射箭之外，對武術不感興趣。由於喜靜厭動，長此以往，體態越來越胖，行動越發不便。這讓能征慣戰的祖父很不滿意。

一次，祖父要幾個兒子帶兵接受檢閱，只有父親動作最慢。祖父很不高興，他卻振振有詞：早晨天寒，我要等士兵吃飽飯再集合。父親的仁愛之心，的確是守成之君必不可少的基本素質。然而，他或許忘記了：祖父之所以能獲得「靖難之役」的全勝，奪得天下，建文皇帝朱允炆的仁愛柔弱、優柔寡斷，是重要原因之一。祖父當然不願歷史在自己身後重演，因而更希望未來的皇儲能如自己一般勇武剛毅。但父親的健康狀況和性格脾氣讓他失望。

就在父親鬱鬱不得志的時候，二叔朱高煦和三叔朱高燧異軍突起。這兩人的共同特點是不愛讀書，只熱中舞槍弄棒。「靖難之役」中，二叔作戰勇敢，多次救祖父於危難。祖父登基數載，不管群臣怎樣上表進言，儲位仍然一直空虛，莫非真要廢嫡立幼？

直到永樂二年（一四〇四年）四月，父親終於正式被加封為太子，高煦和高燧受封漢王和趙王。顯然，我的表現，成為父親贏得儲位的關鍵因素。永樂九年（一四一一年）十一月初十日，十四歲的我立為皇太孫，進一步鞏固了父親的儲位。

二叔沒當成太子，心存怨恨，多次栽贓陷害父親。更狠的是，二叔不僅拒絕前往封地，而且私藏兵器，圖謀不軌。東窗事發，二叔鋃鐺入獄。危難關頭，父親念及手足之情，挺身而出，為其求情，二叔因之不死。然而，權慾薰心的二叔不僅不知感恩，反而時時向父親找茬。

一次，父親和二叔奉命前往南京明孝陵祭掃太祖陵寢。肥碩的父親走在前面，雖然有人攙扶，仍行走蹣跚，甚至差點跌倒。

走在後面的二叔不禁嘲笑道：「前人蹉跌，後人知警！」

群臣聽罷面面相覷。父親雖胖，並非聾子，他當然聽得出二叔笑聲中的不懷好意。可是，作為皇儲，有道是小不忍，則亂大謀。畢竟，保住皇儲地位，比什麼都重要。君子報仇，十年不晚。

就在這時，一個稚嫩而又帶有磁性的聲音從二叔的身後傳來：「更有後人知警也！」

聲音中飽含著輕蔑與不屑，言語中深藏著陰森的殺氣。聽到有人搭腔，二叔的笑容頓時止住。當他轉身看去，瞬間呆若木雞，面無血色：這個孩童般的聲音，正是從我的口中傳出的。或許此時此刻，他已經察覺到：儲位鬥爭的新對手業已亮相，他遇到了人生中的最大剋星。

樂安城裡無樂安，逍遙城裡不逍遙

儘管父親拚命求情，把二叔的性命留了下來，但他在京城是徹底待不住了。私藏兵器，即使沒有謀反的動機，也會留下謀反的把柄，這是祖父最無法容忍的。於是，二叔朱高煦就這樣失去了祖父的信任，帶著金銀細軟，匆匆趕赴山東樂安，去當坐地生財的藩王了。

不過，無論是他，還是祖父，抑或是父親，都想不到，這場私藏兵器、圖謀不軌的鬧劇，竟是我精心策畫的陰謀，為的就是讓二叔聲譽掃地，不再有加害父親的任何機會。彈指之間，我不動聲色，做到了一切。

幾年之後，祖父在遠征蒙古的歸途中晏駕。由於晏駕的地點位於蒙古草原東部的榆木川，權力交接十分隱祕，但幸運的是，父親在京城部署周密，朱高煦沒有獲得任何可乘之機。就這樣，父親接管了大明江山，改次年為洪熙元年（一四二五年）。

父皇是一個好皇帝，放棄了祖父的多項苛政，釋放了一批政治犯及其家屬。更重要的是，他給嫉恨他的二叔朱高煦增加了俸祿。然而，這並沒有博得後者的好感。畢竟，二叔朱高煦想要的不是錢，而是江山。

皇帝寶座僅僅坐了十個月，父皇就突然駕崩。有人說是肥胖造成的心臟病突發，以及過於沉重的身體對足部的壓迫，造成疾病進一步惡化；有人說是長期生活在祖父殺人盈野的陰影中，一旦即位，便在私生活上縱欲無度，活活把自己累死了；還有人說因為我的性格酷似祖父，故而得不到父皇的好感，為了避免被廢黜，我先下手為強，將父皇下毒謀殺。對於這些傳聞，我不想做過多解釋。不管怎麼說，父皇歸天之時，我還身在南京；不管怎麼說，他算是英年早逝，革除永樂弊政的偉大事業尚未完成。

據說二叔聽說父皇去世，蠢蠢欲動，派出心腹殺手，埋伏在我回北京的必經之路上。可是，他的動作慢了半拍，我改變行程，快馬加鞭，提前返回北京，順利接管政權，改次年為宣德元年（一四二六年）。

二叔並未就此罷休，而是經常刁難朝臣，指摘朝政。對他的連番挑釁，我一律採取息事寧人的辦法，只要他能提出，我都照辦。他向朝廷要馬，我不僅照數全給，還撥給盔甲。他派人來獻元宵燈，明眼人一看就知道是來探聽虛實的，我卻一反常人之態，重賞二叔部屬，並回信答謝。朝廷在山東安插的探子密報：漢王以為皇上年少可欺，更加放肆無禮。

表面上，我在步步退讓；暗地裡，我在緊張準備。一批不稱職的武將被革職；各地駐軍結束懶散狀態，重新組織操練；不少巡撫官奉旨到地方督察賦稅，整頓行政。朝廷的控制和運轉能力大大強化。

俗話說，有備無患，未雨綢繆。真正的考驗終於來了。

二叔造反是蓄謀已久的，但造反的第一步棋就是昏招：他居然約朝廷重臣張輔為內應。誰知身為國舅的張輔，深受皇恩，將二叔的送信人綁縛朝廷。頓時，漢王反相畢露，天下皆知。既然如此，二叔乾脆打出了「清君側」旗號，說我即位以來，違背祖制，犯有種種錯誤，皆與奸臣慫恿有關。尤其是用人不當，提拔被祖父關押的大臣夏原吉，等於違抗祖父的遺詔。他強烈要求將大學士夏原吉送來斬殺，並聲稱已經分兵要害之處，以防奸臣逃走。

「清君側」的伎倆，祖父在「靖難之役」中曾用過，但要「清理」的齊泰、黃子澄主張削藩，畢竟是威脅到時任燕王的祖父的切身利益；而這一次，二叔提出收拾與他無冤無仇的夏原吉，就未免有些強詞奪理了。一再忍讓的我終於被激怒了。二叔縱然驍勇善戰，功勳卓著，藩王之位，一人之下，萬人之上，還不知足，反倒替我操持生殺大權了，這還了得！

這年八月初一日，二叔朱高煦乾脆自立五軍都督府，這是中央軍事指揮機關，只有朝廷有資格設置。這就標誌著他舉兵造反的開始。

得到消息，我連忙召集眾臣商議對策。大學士楊榮認為，要想平定叛亂，必須皇上御駕親征，一來可以避免前方將領通敵，二來可以宣示天威，迫使叛軍投降。我深以為然，立即動員京畿各路人馬，迅速向北京集中。老將薛祿為先鋒，率軍兩萬，日夜兼程，直取樂安。而我御駕親征，率領各路大軍主力，隨後跟進。同時，淮安、居庸關等要害地點也加強了防務，為的是防止叛軍深入江南或突襲京城。

我的親征和朝廷大軍的快速行動，完全打亂了二叔的既定計畫。他擔心圍攻濟南不克，陷入腹背受敵的境地，連忙撤圍退守樂安。樂安城也早已沒了歌舞升平的安逸景象，而是人心惶惶，一片混亂，無人膽敢出戰。

八月二十日，薛祿率軍包圍樂安。勸降未果，於次日發動總攻。大兵壓境，敗局難免，為尋活路，二叔只得不顧部屬前程，棄城向我投降。

漢王全家老小和部下官員被押解回京。不少大臣都主張斬殺二叔以絕後患。我搖了搖頭：「祖宗對待親藩之罪，早有範例，朕不敢違反。」於是，二叔失去了王爵和自由，被關押在西安門內的囚室裡。囚室四門緊閉，衛兵嚴守，名曰「逍遙城」，衣食供奉一如以往。

天生好動的二叔當然不願意每天都被關在小黑屋裡，據說他經常詛咒我早死，怨恨越積越多，不可自拔。過了些時日，倒是我心生惻隱，想去看看他。

進到小屋，只見他盤腿坐在地上，既不行禮，也不答話。見他故態依舊，我免不了申斥幾句，而他還是一言不發。

就在我轉身要走之時，只覺得地上有人勾絆。幸好我身手敏捷，摔倒在地後雙手撐地，一躍而起。侍衛們一擁而上，將二叔摁住。

原來，這下三濫的行為，竟是二叔所做。待在黑牢裡還不老實，看來他已無可救藥。

我一怒之下，讓人把門外盛水的大銅缸抬來，用這三百多斤的銅缸，將二叔牢牢罩住。力大無窮的二叔在裡面不住地掙扎，竟能用背將缸托離地面。我趕忙讓人把缸壓住，在銅缸四周堆上木炭，用火點著。火越燒越旺，二叔縱有天大本事，也只能在缸內翻滾，哭喊聲如撕如裂。幾個時辰之後，撤去銅缸，虎背熊腰的朱高煦，已經變成了一團蜷縮的焦炭。漢王諸子和臣僚也被全部處斬，一共殺了六百多人，流放了二千二百多人。十幾年的爭鬥和恩怨，以我的勝利而告終。

三叔朱高燧迫於形勢，不得不上表獻出護衛軍，從而成了一個光杆藩王，再也無法對朝廷構成威脅。此舉為他換來了一紙赦令。其他藩王的護衛軍也紛紛裁撤。

朱高煦死了，藩王的威脅徹底解除。

前人蹉跌，後人知警。更有後人知警也……

遷都，遷都，又是遷都

洪熙元年（一四二五年）三月二十八日，北京紫禁城。

父皇的一紙詔令，剝奪了這座城市剛剛取得僅僅四年的首都身分，降格為「行在」。半個月後，我奉命前往南京應天府，拜謁太祖皇帝朱元璋的孝陵陵寢，並留下來為遷都南京做準備。

父皇偏愛南方的舒適與愜意，而我更喜歡北方的粗獷與豪放。

父皇的遷都計畫，只是他大刀闊斧改革的一部分，而這些改革的矛頭，直指永樂時期的某些苛政。然而，父皇的糾偏努力面臨著三重巨大壓力。

其一，道德力量終歸是有限的，貪腐之風有禁無止，吏治敗壞，形勢惡化。

其二，大量農民失去土地，走上流亡之路，小規模的農民暴動此起彼伏，既威脅王朝穩定，更導致土地拋荒，影響國家財政收入。特別是永樂末年白蓮教首領唐賽兒的起義，儘管迅速被鎮壓，但也令父皇欷歔不已。畢竟，大明王朝脫胎於元末白蓮教大起義。如今，自己脫胎的教派卻在反對自己，這是為什麼呢？

其三，大明軍隊儘管停止了北征蒙古、遠航西洋的龐大工程，但依舊陷於安南戰場，如何體面地結束安南困局，是擺在他面前的又一個難題。

父皇意識到，農民走上流亡之路，癥結在於其稅負太重，而稅負太重，癥結在於永樂時代諸如四處征伐、遠航西洋、建造北京等濫用民力的龐大計畫。因此，要將農民留在土地上，必須降低稅負，而要降低稅負，必須收縮戰線，減少消耗，結束這些龐大計畫。

為此，父皇曾經頒詔，取消對木材和金銀的強制徵收，代之以公平採購；豁免災民的田賦，免費發放賑災物資；鼓勵流民返回故里，承諾豁免所欠租稅，允許返回故鄉後繼續豁免兩年的租稅和徭役。此外，他還派以廣西布政使周幹為首的一個小組，前往蘇州、松江以及浙江的幾個府縣，調查當地的稅負情況，可惜，父皇過早地去世，使他沒能看到調研報告。

父皇未竟的事業，留給了我繼承和完善。

我要做的第一件事，就是強化內閣的決策地位。

宣德朝內閣重臣

內閣，在洪武、永樂時期，不過是諮詢、顧問機構，幫皇帝寫寫畫畫，出出主意而已。供職內閣的大學士，由於只有五品甚至更低的品秩，影響力有限。父皇讓閣臣兼任部院主官的做法，使大學士迅即升至一品大員。比如，父皇的老師楊士奇兼任兵部尚書，永樂朝待罪之臣黃淮兼任戶部尚書，永樂朝老臣楊榮、蹇義和金幼孜分別兼任工部尚書、吏部尚書和禮部尚書。我即位之後，以行孝聞名的文華殿大學士權謹受封通政司右參議，翰林學士楊溥「入內閣，與楊士奇等共典機務」，在金幼孜去世後接任禮部尚書。這樣，閣臣們便可以直接過問行政事務，施加政治影響。

內閣大學士不僅經常得到我的召見，而且擔負起「票擬」的重要職責。那麼，到底何謂「票擬」呢？

票擬，即對於來自全國各方面的奏疏，在送呈皇帝批示之前，先由內閣大學士草擬初步處理意見或建議，寫在紙條上，貼在奏疏的封面，一起送呈皇帝裁決。一般情況下，我都會尊重閣臣們的意見。即使意見分歧，我也會召見閣臣，再做商議。因此，票擬其實就是聖旨的草稿，故而也稱為「票旨」、「條旨」。內閣從制度上還無法領導和監督六部，仍舊視同皇帝的祕書處。然而，具有票擬權的內閣，加之兼任部院主官的現狀，使得內閣的地位空前提升，「儼然漢唐宰輔」。

內閣決策權的強化，使我在大刀闊斧地推行一些激進改革時不再孤掌難鳴。

接下來是肅貪行動和都察院職能的擴張。我屏棄了父皇的道德約束法，而是採取人事調節法。

作為中央監察機關的都察院率先被清洗。

宣德三年（一四二八年）六月，都御史劉觀罷官，由誠實清廉的顧佐接任。其後，四十三名不稱職的都察院官員被罷免，接替者經歷了史無前例的嚴格考察。

都察院的職權範圍擴大到重建兵員花名冊、巡視邊防軍營、監督徵稅和漕運等領域，直接將監察滲透到各級各類行政機構，以及經濟、軍事、財政等各個特殊領域。尤其是清查兵員花名冊，有效地堵住了軍隊中吃空餉或侵吞餉銀的陋規。

永樂二十二年至宣德九年（一四二四～一四三四年）的十年間，監察御史們總共呈報了二百四十七份彈劾奏疏，揭發了六百多名官員，其中二百多人被降職，一些冤假錯案得到糾正。由於涉足領域的擴展，都察院還提供了二百五十多條政策建議。

都察院監察御史職權涉及領域的擴大，推動了地方治理制度的變革。洪武朝設置的地方權力架構中，布政使司、按察使司、都指揮使司分管地方的行政、司法和軍事，實現了地方政權的分權。然而，分權的弱點在於互不統屬，推諉扯皮，辦事效率低下。

為了解決這一問題，朝廷從洪武末年起，就派出監察御史和部院侍郎等高級京官，巡視地方，安撫軍民，不過他們都是臨時差遣，事畢回京。宣德年間，這些官員開始常駐地方，「巡撫」當地民政、司法和軍事，沒有任期限定。這樣，「巡撫」開始被名詞化，成了一個可以將三司統轄起來的官職。

宣德五年（一四三〇年），工部侍郎周忱奉命監督漕糧徵收和運輸，從而出現了「總督」的稱呼。總督、巡撫由於擁有實權，一旦由臨時差遣轉為長期擔當，就將演化成省級最高軍政長官。

周幹的調研報告出爐了，父皇沒能看到，我卻從中得到了許多重要信息：直至洪武二十六年（一三九三年），蘇州的田賦占全國的一成。松江雖然地狹，只有蘇州的四分之一，但田賦卻要占到全國的百分之四。永樂年間，蘇松地區的田賦增長了一成，以滿足遷都北京、海上遠航和歷次戰爭的巨額需求。

靠天吃飯的農業，歉收是很正常的，但稅負沒減，欠稅就難免。永樂二十年至宣德三年（一四二二～一四二八年），松江每年欠稅數百萬石。巨額虧欠導致大批農民破產，不得不賣地逃難。國家的編戶齊民正在赤貧化，流民問題由此而生。周幹建議，減少官田的稅負分額，清除稅吏的貪腐行為，朝廷可以指派官員管理地方官府的財政事務，並受到監督。

宣德五年（一四三〇年）二月，我開始做第三件事，宣布全國減稅。幾個月後，工部侍郎周忱受命管理南直隸，特別是蘇州、松江的徵稅工作，禮部郎中況鍾擔任蘇州知府。作為財政專家的他們，在抵達蘇松地區後發現，官田和私田的稅負分額差異較大，欠稅數額巨大，農民大規模逃亡以逃避沉重的賦稅。

洪武二十四年至宣德七年（一三九一～一四三二年），短短四十年間，蘇州府太倉縣納稅戶減少了九成，只剩下七百三十八個納稅戶。然而該縣被分配的稅負分額保持不變。這樣，繳稅的人負擔沉重。

財政專家周忱，有心減輕蘇松地區的賦稅負擔。

周忱建議，徵稅衡量單位標準化；各縣設置糧倉貯存稅糧；徵收用於支付漕運運輸成本的附加稅；各縣設置濟農倉，用來在災年發放救濟；允許以「金花銀」或棉布折算繳納稅糧。所有這些，一方面是為了減輕納稅人的負擔，另一方面也是希望藉此活躍地方經濟。宣德八年（一四三三年），蘇州的減稅計畫獲批准，削減幅度為四分之一。此外，朝廷在水旱災區繼續執行減稅政策。

稅收削減，意味著國庫不再是無底洞，朝廷用錢必須悠著點。因此，我要做的第四件事便是解決永樂和洪熙時期遺留的邊疆問題。

我非常希望朝廷能夠收縮戰線，愛惜民力。只要不再折騰了，亂花國庫銀兩的行為就會減少，這對於一個農業王朝而言不啻有利之舉。

安南問題首當其衝。駐守在這裡的明軍，忍受著濕熱的氣候，時常遭到當地起義者的襲擊。這裡的布政使、按察使和都指揮使，猶如工作在煉獄中。地方豪紳黎利的義軍，聲勢浩大，多次擊敗明軍。在安南，我朝已經賠上了十多萬將士和不計其數的錢糧。安南，已經形同雞肋，食之無味，棄之可惜。怎麼辦呢？

就在明軍不斷受挫、一籌莫展的時候，我收到了一封由安南明朝駐軍將領王通轉來的書信。這是黎利的親筆信。信中說，他找到了一位陳氏家族的後裔，可以推舉為安南國王，前提是明軍撤兵，允許安南自治。在我收到這封信之前，王通自作主張，已經將明軍撤出了安南主要城鎮。

當初祖父進兵安南，就是因為臣服大明的陳氏王朝被推翻。如今，黎利願意幫助陳氏重新執政，即使是個傀儡，又有何妨。朝廷要得到的，並不是安南的土地，而是安南俯首稱臣。如今，黎利的這封求和信正是給了我一個臺階。三天之後，我宣布接受他的條件。這一年是宣德二年（一四二七年）。

如我所料，陳氏王朝沒有恢復，代之而起的是黎氏王朝。經過幾年談判，我極不情願地賜給黎利一道委任詔書，讓他「權署安南國事」，但沒有封他為王。但不管怎麼樣，安南接受冊封就意味著稱臣。我終於體面地結束了永樂朝以來持續十幾年的這場災難。

安南戰爭的結束是一個標誌。從此，帝國結束了向外大規模擴張的勢頭。事實證明，表面繁榮、實質脆弱的小農經濟，無法支撐四面出擊的龐大計畫。

為了保持對南洋諸國的影響力，宣德六年（一四三一年），鄭和船隊第七次揚帆遠航。這是我在位期間唯一一次大規模折騰。

兩年後，鄭和船隊滿載而歸，而本朝最好的宦官鄭和卻客死他鄉。

我知道，再也沒有人能夠像他那樣有勇氣、有膽略，到萬里之外的異域開疆拓土，傳播皇恩了。

我清楚，帝國不需要海外領土，也就不需要強盛的海防和龐大的海軍了。省出來更多的錢搞好自己的事要緊。

蛐蛐嚯嚯叫，宣德皇帝要

紫禁城以西的太液池，波蕩十餘里。太液池中架虹橋，通往水中小渚。虹橋之東為圓臺，圓臺之上有圓殿，圓殿之後石龍吐水，一如瀑布之急。圓殿之旁有草房，祭祀時當作齋屋，大有田園人家之感。圓殿之北為萬歲山，亭臺樓閣，雕梁畫棟，富麗堂皇。太液池畔，扶柳依依，朝暉夕照。

山水掩映，碧波蕩漾，一派仙境景象。我與皇后、眾臣置身其中，開懷暢飲，深有盛世太平之感。

幾年的治理，朝政大有改觀，各衙門的辦事效率極大提高。在我的關照下，災民得到及時賑濟，三法司用刑更加審慎，貪官大多受到嚴懲，國家的政治氣氛日漸開明。最讓我欣慰的是，閣臣們忠心耿耿，出謀畫策，分憂解難。君臣戮力同心，和睦共處，這樣的景象自大明開國以來還是頭一次。

幾年的經營，帝國的邊疆環境大有改善。在北方，阿魯台領導的韃靼和脫歡領導的瓦剌互相攻殺。長城沿線正面的韃靼逐漸衰落，遠離長城沿線的瓦剌開始復興。明軍再也不需要大舉出擊，扎好籬笆、守住關隘就足夠了。在南方，朝廷一方面繼續對西南少數民族實施羈縻政策，冊封土司，允許其在接受大明統治的前提下有限自治；一方面從安南撤兵，結束了這場得不償失的戰爭。在東方，一方面，朝鮮向我朝稱臣納貢，日本也與本朝恢復官方聯繫；另一方面，南洋諸國仍保持著與我朝的朝貢關係。我的戰略收縮沒有削弱大明的影響力，反而贏得了低成本的和平環境。

我喜歡微服私訪，經常裝扮成中等人家的老爺，在兩三個錦衣衛高手的化裝護衛下騎馬在京城品嘗小吃，購買玩意兒。一次還誤打誤撞地突然走進楊士奇的宅子，給他老人家嚇得夠嗆。我喜歡出訪巡遊，每到名山大川、古剎廟宇，都要來點興致，題詩作畫。我喜歡騎馬射獵，一方面可以消遣娛樂，一方面又能強身健體，何樂不為呢？

年輕人天性愛玩，這無可厚非，可我也有玩得過火的時候。鬥蛐蛐是這個年代的時尚。一個小盒，兩隻蛐蛐，鬥來鬥去，為的就是炫耀自己，贏點銀子。散朝以後的我也不例外。北京的蛐蛐個

明宣宗書畫作品：《上林冬暖詩》頁（左上）、《戲猿圖》軸（右上）、《武侯高臥圖》卷（下，局部）。

《明宣宗宮中行樂圖》卷：捶丸（局部）。捶丸是明初流行的體育娛樂活動，類似今天的高爾夫球。

《明宣宗鬥鵪鶉圖》軸（局部）。朱瞻基是玩樂專家，鬥雞走馬樣樣來，但他最愛鬥蛐蛐。

兒小，種類少，不好玩，我便讓太監們去外地採買。後來覺得太監的效率太低，又密令蘇州等地知府協辦。

可直到後來我才知道，地方官領了聖旨，不僅要盡力督辦，還給屬下縣官下達了進獻蛐蛐的規定數目，完不成任務，年終考核不合格，不僅得不到升遷獎勵，弄不好還會摘了烏紗。縣官們玩命催辦，說完不成任務就要加倍收稅，甚至打入大牢。百姓們不得不放下手中農活，到處捉蛐蛐。可是，哪有那麼多良種蛐蛐供大家捕捉呢？這樣的愛好搞得江南百姓人心惶惶，甚至傾家蕩產。聽說街面上流傳著「蛐蛐瞿瞿叫，宣德皇帝要」的歌謠，我也得了個諢號，叫做「蟋蟀天子」。

方寸之間，兩隻蛐蛐為了爭搶地盤和食物，不惜大打出手，這說明了什麼？爭強好勝之心，人皆有之。臥榻之旁，不容他人酣睡，這也是人之常情。可當二叔死後，天下太平，我真的沒再遇到對手。然而，政治是不流血的戰爭，作為天子，怎能忘記這樣的道理。於是，你死我活、永爭第一的信念，就被我賦予遊戲之中，賦予蛐蛐身上。誰強誰弱，誰高誰低，拉開場子，讓蟲子鬥鬥，便見分曉。

或許這就是鬥蛐蛐的時候，在玩耍之餘，我得到的一點啟示吧。

微服私訪、巡幸外地、騎馬打獵、玩玩蛐蛐，都是業餘消遣而已。我畢竟是一國之君，天下得來不易，不能隨便丟棄。我熱中這樣的狀態：享受榮華富貴而不沉迷之，對所有的誘惑泰然處之，不為所拘又能得其裨益，何樂不為呢？

誰也說不清的彌天大謊

宣德二年（一四二七年）十一月的某個夜晚，一聲啼哭，讓整個皇宮都沸騰了。皇長子誕育的消息令我徹夜難眠。感謝孫貴妃，她讓大明後繼有人。四個月後，這個嬰兒成為太子，名叫朱祁鎮。

孫貴妃寵冠後宮，盡人皆知。她美貌風流，善解人意，體貼入微，無人可比。我曾經許諾：只要她能生一皇子，就立她為皇后。如今，孩子降生，這後宮之主是不是該換人了？然而，胡皇后雖說膝下無子，卻並無過失，大家都覺得她比較賢慧。如果僅僅是因為生子之事就擅行廢立，恐怕有點失德。

無奈之下，我只能找楊榮、楊士奇等老臣到內廷商議。老臣們覺得：「臣等侍奉皇上皇后，猶如兒子侍奉父母，即使母親有過錯，當兒子的也只能勸諫，哪有商量廢棄母親的道理？」我一時語塞，商議不歡而散。

此後幾天，我每天都把他們找來，希望能有一個萬全之策，既讓我順利廢后，又讓我不背罵名。老臣們面面相覷，苦口婆心勸我收回成命。事情毫無進展。

一日散朝，我把楊士奇單獨留下。文華殿，只剩君臣二人。我低聲說道：「朕曾與孫貴妃有諾在先，今太子已立，皇后無子，廢后恐不得已。愛卿還是替朕想個好主意吧。」楊士奇開始還一再

女人心，女人最懂：張太后（左）憐惜廢后胡善祥，倍加關愛；胡皇后（中）上表辭位，潛心修道，做她的「靜慈仙師」；孫貴妃（右）母以子貴，如願當上皇后。

推辭，見實在拗不過我，只好問道：「皇后與貴妃有無宿怨？」「應該沒有吧。」「那好，臣建議趁皇后有病，由皇上勸她自請讓位，這樣或許好些。」我點了點頭。

我徑直奔赴皇后的寢宮，心神不定地向她講述了一切。胡皇后聽罷，面如止水，淡淡地說：「臣妾早已料到會有這麼一天，都怪臣妾不好。既然事已至此，臣妾但求一兩間屋子，幾名丫鬟，圖個清淨，了卻一生足矣。」此時的我，早已心亂如麻，不知該說什麼。長歎一聲，慨然離去。

一個月後，胡皇后病癒，上表請辭中宮，接受我的允准，退居長安宮，保持原有稱號、服制、供養。孫貴妃正式升為皇后。儘管母親張太后認為我太過輕率，但也無可奈何，只是經常把胡氏召到身邊，擺筵的時候也一定把胡氏安排到孫氏之上。胡氏生性好靜，從此潛心治學黃老，清淨自居，不再過問後宮之事。

漸漸地，我覺得孫氏有些陰險狡猾，剛愎自用，想起胡氏的溫柔和順，不免有些悔意。那次在楊士奇家裡，我還提到這是自己年少輕狂所致。為了彌補缺憾，我格外善待胡氏，一如從前。孫氏雖然心眼多，但對我還是一往情深。我很慶幸，她沒有像歷史上的女強人那樣反攻倒算，禍亂後宮。

即位的第十年，依舊埋頭朝政。偶然聽到一個傳言：當今太子並非孫氏親生，而是孫氏將一位受寵懷孕的宮女關了起來，同時自己也裝出懷孕的樣子，還買通太醫官在病歷上作假。當孩子降生後，孫氏一方面裝作產後虛弱的樣子，一方面密令身邊太監將那位宮女灌了啞藥，永遠禁閉。宮女不數年就悄無聲息地死去了，那個孩子也就成了孫氏的「親生子」。顯然，如果傳言屬實，那麼孫氏可是扯了個彌天大謊！然而，朱祁鎮畢竟是我的親生骨肉。為了避免朝野混亂，我想還是不要揭開這個祕密了。

看著年僅九歲的兒子，儘管天下太平，可把萬里江山交給他，我還是著實不放心；看著兩鬢斑白的楊士奇等老臣，以及胡氏、孫氏和張太后，我又多了一分自信：希望你們戮力同心，讓朱祁鎮也能做個太平天子……

卷六　明英宗（正統、天順）朱祁鎮回憶錄

明英宗朱祁鎮簡歷

朱祁鎮，生於宣德二年（一四二七年）十一月十一日，卒於天順八年（一四六四年）正月十七日。出生地為北京。朱瞻基長子。宣德三年（一四二八年）二月初六日立為皇太子。宣德十年（一四三五年）正月初十日登基，年僅九歲。年號正統。正統十四年（一四四九年）八月親征塞外，被瓦剌騎兵俘虜。留守北京的其弟郕王朱祁鈺被擁立為皇帝，遙尊他為太上皇。次年八月被釋放回京，在南宮軟禁近八年。景泰八年（一四五七年）正月十七日發動「奪門之變」，重新登基，改年號為「天順」。先後在位近二十二年。死後廟號英宗，謚號「法天立道仁明誠敬昭文憲武至德廣孝睿皇帝」，簡稱「睿皇帝」。葬於北京昌平裕陵。

正統初年，張太皇太后和內閣「三楊」輔政，繼續推行宣德時期各項政策，朝政清明，社會穩定。隨著皇祖母和「三楊」的先後故去，朱祁鎮開始寵信宦官王振，後者廣植朋黨，專權跋扈，開明朝宦官專權的惡例。受王振慫恿，在敵情不明的情況下，朱祁鎮冒險親征瓦剌，在土木堡全軍覆滅，身陷敵營，險釀亡國慘劇。奪門復辟後，殺害北京保衛戰功臣于謙，寵信奪門功臣石亨、曹吉祥等人。在平定石曹之亂後才有所醒悟，採取了諸如廢除人殉、釋放朱允炆次子等善政。

一生最得意之事：奪門之變，重奪政權；最失意之事：土木堡蒙塵被俘。

皇后錢氏，有名號的嬪妃七名。有子九人，女八人。長子朱見深為法定皇儲。

正統十四年（一四四九年）中秋節，塞外土木堡。

數十萬大明將士被困在此已經數日。土木堡地勢高，沒有泉水，南面的河流也被瓦剌騎兵占領。士兵們就地挖井兩丈多深，還是見不到一滴水，口渴難耐，猶如熱鍋上的螞蟻。咒罵聲、埋怨聲不絕於耳。

沒有水喝，嗓子冒煙，筋疲力竭，根本組織不起有效的衝鋒，何談突圍！生還，看來已經沒有什麼希望了。

首次遠征就遭此大難，毫無戰爭經驗的我心急如焚，巴望著太監王振能出個主意，畢竟他一直是我生活中的導師。可此時此刻，他好像也已六神無主，除了慌亂，什麼主意都沒有了。大臣們面面相覷，頻頻搖頭，似乎都在等死。

忽然，有軍士來報：瓦剌丞相也先提出和談。得到消息，我大喜過望，連忙答應，讓王振全權料理。很快地，明軍的使臣帶著我的親筆詔書進入瓦剌大營。

瓦剌大軍撤圍了，讓出了土木堡南面的河水。見此情景，王振趕緊奏請全軍突圍，移營取水。我以為這就是瓦剌所做的議和姿態，索性一聲令下，拔營起寨。飢渴難耐的軍士們，一哄而起，紛紛衝向河邊，爭相飲水，一時間隊形大亂，誰也攔不住。

就在此時，只聞胡笳聲起，瓦剌騎兵突然從四面八方撲來。將士們猝不及防，被殺得人仰馬翻。霎時間，戰場上血肉翻飛，昏天黑地。威武雄壯的大明甲士，瞬間土崩瓦解。

王振早已不知去向，御前侍衛死的死、逃的逃。本想在邊疆耀武揚威，創立蓋世功勳，沒想到

數十萬明軍精銳，覆滅於土木堡之役。

玩火自焚，釀成大明開國以來的最大失敗。想到這裡，我後悔不已。大勢已去，突圍無望，我只得任將士們四散逃命，自己跳下馬來，盤腿席地而坐，束手就擒。

不一會兒，瓦剌士兵衝了上來。一個士兵上前要扒掉我的衣甲。然而，衝到跟前的他，突然愣住了。或許，他發現我的衣甲與眾不同，認為我不是一般人物。於是，我被這夥士兵架著去見瓦剌將領賽刊王。

賽刊王是也先的弟弟，看起來脾氣火爆，極為驕橫。上來就盤問我的姓名、所屬部隊番號、帶兵將領等。我聽罷不悅，反問道：「你是誰？是也先，還是伯顏帖木兒，抑或是賽刊王？」或許是我的口氣太大，讓他感到驚愕。於是，我被帶到也先的大帳，被留在瓦剌大營的明朝使臣辨認出了真實身分。

這一天，一條爆炸性新聞令瓦剌全軍興奮過度，也讓北京驚恐萬狀——大明天子塞外被俘。從養尊處優的皇帝，到屈居異地的階下囚，命運的改變，只在瞬間。到底是誰在捉弄我？王振啊，你在哪裡？你說我該怎麼辦？

一手遮天的太監：王振弄權

父皇英年早逝，讓我成為本朝歲數最小的皇帝。父皇接手的，是個充滿變數的帝國；留給我的，則是萬民歡悅的盛世。皇祖母張太皇太后知書達理，家教甚嚴；楊士奇、楊溥、楊榮等顧命老臣德高望重，兢兢業業。他們內外配合，勉力維持著國家的正常運轉。幾乎不需要我出什麼力，就能把這份家業打理好。

生於深宮、長於內廷的我，只有一個嗜好，那就是跟太監們嬉戲，其中最鐵的哥兒們，當屬王振。他很乖巧，又有學問，能想出各種點子逗我開心，真是太有才了。漸漸地，我發現自己一旦離開他，會倍加寂寞。於是，黃袍加身之後，王振很快就榮膺司禮監提督太監，位居宦官之首。

明英宗奪門復辟後，在北京智化寺為王振建旌忠祠，並塑像立碑。

我一天天地長大，一天天地懂事，而太皇太后和老臣們依舊把持著決策權，幾乎忽視了我的存在。或許我天生就該任他們擺布。然而，王振用實際行動教育了我：打破陳規，重塑自我。

本朝禁止太監插手政務，犯此忌諱，難逃重懲。王振也不例外。但他畢竟是個聰明人，不僅會適應規則，而且會尋機改變規則。

一次，福建按察僉事打死了一個驛丞。驛丞是楊溥的同鄉，僉事是楊士奇的同鄉。楊溥認為僉事殺人，應該償命；楊士奇認為僉事因公殺人，罪不當死。兩位老臣爭執不下，官司打到張太皇太后那裡。就在老太太也一籌莫展之時，伺候在旁的王振冒出一句：「兩位老臣都有袒護同鄉之嫌。殺僉事抵罪，重了；判他因公殺人，又輕了。按《大明律》，不如將他降職。」太皇太后對這個太監精通刑律、不卑不亢的表現大為驚訝。從此，王振不僅博得了太皇太后的信任，而且打破了太監不得干政的傳統。不久，太祖皇帝立於宮門之上的「嚴禁宦官干政」鐵牌，也被王振悄悄地去掉了。

又一次，皇宮設宴招待群臣。席間，我忽然發現王振沒來，便跟左右念叨。有人說，本朝慣例，太監不得出席宴會。有人說，王振正在宮門外叫罵，甚至把自己比成輔佐周成王的周公，這不是大不敬嗎？聽到這些，我並不覺得王振做的有什麼不妥，倒是覺得委屈了他，趕緊讓人打開東華殿的中門，讓王振進來赴宴。這個只對皇上開放的大門，從此他也能自由出入。王振得逞了，群臣面面相覷，唯有遠遠朝他下拜。

張太皇太后、楊士奇和其他老臣們先後故去，繼任的閣僚資歷淺、人望低，朝堂之上，再也沒有敢與王振分庭抗禮的大臣。我對他的建議也言聽計從。沒過幾年，朝堂之上就滿是王振的親信，稍有反對意見的大臣，非死即貶。有時候，我甚至覺得收拾這些剛硬的大臣，是一件很鍛煉信心的趣事。

王振讓我變得不再自卑，王振讓我變得不再窩囊。完成了對朝廷的大清洗後，我覺得應該開創盛世新局面了。沒想到，瓦剌上門挑釁，正好給了我建功立業的天賜良機。

一意孤行的惡果：土木堡蒙羞

本朝的最大威脅，來自北方的蒙古。儘管他們已經分裂，但其中的瓦剌部眼下兵強馬壯，雖說還向本朝稱臣納貢，但索要賞賜更多。他們甚至認為，派的貢使越多，得的賞賜越多。正統十四年（一四四九年），我斷然拒絕給瓦剌使團增加賞賜，理由很簡單：他們進貢的馬匹實在羸弱，他們虛報的使團人數實在太多。我很清楚，這夥人欲望無窮，一旦得不到滿足，就開戰端，搞得邊疆永無寧日。

王振覺得瓦剌丞相也先貪得無厭，我要重溫永樂皇帝遠征漠北的壯舉。兩人一拍即合。倘若瓦剌真敢動武，那就正中我的下懷：御駕親征，保家衛國，哪個大臣敢阻攔！

幾個月後，邊警傳來：大同危急，遼東危急，宣府危急……朝野人心惶惶，只有我和王振興高采烈。兵部接到了我的死命令：調

蒙古騎兵一直威脅著明朝的北部邊疆

集五十萬大軍，兩天後開拔。幾乎所有正部級以上大臣都接到了我的上諭：此次出征，我意已決，大臣們全部扈駕，看我如何制服瓦剌，不得有誤。只有弟弟郕王率領一些中低級官員留守京師。當然，王振自然要在我身邊伺候。

七月十六日，旌旗招展，遮天蔽日。大隊人馬浩浩蕩蕩，從四面八方向京城集結，在我和王振的帶領下出發了。也許時間倉卒，也許號令不一，總之部隊亂哄哄的，讓我覺得這不像遠征，更像巡遊。這一天，一大堆關於後勤混亂、馬匹不足、軍需短缺的奏報擺到了我跟前。一種不祥的預感油然而生。不過轉念一想，這麼多人馬，足以把也先嚇唬走。何況我長這麼大，從未出過宮門。領略一下塞外風光，有啥不可呢？

氣候突變，風雨交加。一些大臣開始發牢騷，說什麼將士們在泥濘中跋涉，苦不堪言；糧草準備不周，大家都在忍饑挨餓。他們建議全軍趕緊撤退。然而，瓦剌軍後撤的消息傳來，我又喜不自勝：原來，打敗蒙古人竟這麼簡單。就這樣，大臣們的建議成了耳旁風，我下令全軍向大同進發。

八月初一日，大同城外，明軍兵將屍橫遍野。這是我從來沒有見過的慘狀。瓦剌騎兵真的那麼厲害嗎？我的心裡開始打鼓。前方守軍戰敗的消息接連傳來，一度趾高氣揚的王振害怕了。禁不住他對於前方敵情的渲染，我下令退兵了。熟悉塞外地形的大同總兵郭登，建議大軍向東從紫荊關回京，而王振卻建議向西，到大同附近的蔚州走走。我知道，王振小時候家裡窮，不得已才當了太監。眼下飛黃騰達了，想在父老鄉親們跟前顯擺一下，也給滿朝文武展示一下蔚州風光。我同意了。可走到半路，他又變了主意：幾十萬大軍這麼一走，要是把家鄉的禾苗踩得一塌糊塗，那父老鄉親們肯定恨死他了。於是，他又連忙下令掉頭向東。我也就糊裡糊塗地坐在車輦裡，跟著東跑西顛。一來一回的折騰，耽誤了寶貴的撤離時間。沒過幾天，瓦剌騎兵便蜂擁而至，斷後的四萬明軍全部陣亡。

經過幾日跋涉，車駕抵達土木堡，距離懷來城只有二十里。如果加速行軍，天黑之前可以進城，憑藉堅固的城牆足可脫險。可王振說，後面的輜重車隊還沒來，倘若丟棄，皇上的飲食起居都會降等。於是，大軍在土木堡等了一整天。縱然有大臣們苦心勸諫，也全無效用。

明朝在北部邊塞設置了遼東、宣府、大同、榆林、寧夏、甘肅、薊州、太原、固原等九個軍事重鎮，統稱「九邊」。

天黑之際，輜重車隊和瓦剌騎兵相繼趕到。明軍再想開拔，已經來不及了。敵人把這座山頭團團圍住，不強攻，只夜襲。雖說明軍兵多將廣，火器先進，也打退了瓦剌的幾波衝鋒，但這裡打不到水，拚殺一天的將士飢渴難耐，鬥志漸漸消退。於是，就出現了瓦剌假意議和，明軍全線潰敗的一幕。

坐在也先的營寨裡，我垂頭喪氣。唯一

掛念的，還是那兒時的玩伴。王振，你還活著嗎？

一觸即破的親情：奪門之變

當俘虜的日子不好過。一國之君，寄人籬下，顏面掃地。階下囚的經歷長見識，我嘗到了難以想見的酸甜苦辣。特別是被瓦剌騎兵裹挾著，眼巴巴地看著他們攻城略地，殺戮百姓，不僅無可奈何，還要被迫喊話勸降。顯然，我成了也先攻打大明的王牌。

也先率軍長驅直入，直抵北京。以為把我作為誘餌，甚至可以取大明而代之。我多麼想回到溫暖舒適的皇宮，多麼想見到自己的寵妃、愛子和大臣們啊。可是，德勝門近在咫尺，我卻不能回去。那種滋味，誰受得了！

瓦剌騎兵將北京城團團圍住。他以為皇帝蒙塵，朝廷一定陷入混亂，不戰而降。沒想到，京城九門緊閉，深溝高壘，守軍整肅，嚴陣以待。他派出使者，帶去書信，要求郕王和留守大臣帶著億萬金帛出城，把我贖回去。可是，使臣帶回了一個讓也先無比惱火的消息：郕王朱祁鈺業已登基，改元景泰，遙尊我為太上皇。留守的兵部侍郎于謙升任尚書，主持京城防務，集結各路援軍二十二萬。王振死在了土木堡的亂軍之中，新皇帝順應民意，誅滅了他的家族和餘黨。這樣，原本奇貨可居的我，一下子成了也先手裡的累贅，不僅毫無用處，還得管吃管住。

瓦剌騎兵在德勝門、彰義門、西直門幾次衝鋒，都被明軍打退，損兵折將。特別是鎮守德勝門的大將石亨，作戰勇猛，威名遠揚，甚至被瓦剌人驚呼為「石爺爺」。也先撈不到半點便宜，又擔心陷入險境，只好撤回塞外。臨走前，還不忘給匹戰馬，把我也押回草原。

與明朝交惡，吃虧的還是瓦剌自身。斷絕了邊境貿易，得不到日用品，瓦剌高層怨聲載道。明軍在長城沿線加強防禦，令瓦剌騎兵無機可乘。與此同時，于謙多次派人前往塞外，表達了將我迎回北京的願望。

內外交困的也先終於同意議和，滿足了于謙的迎駕願望。一年的苦日子結束了，但我卻高興不起來。在回京的路上，我的心裡在打鼓：弟弟會把皇位還給我嗎？倘若不還，他會待我為上賓嗎？當皇帝的時候，我什麼都不懂；一旦失去皇位，我才明白權力是多麼重要。

一番逢場作戲的儀式過後，我沒能重返紫禁城，而是被送到宣武門內的一座偏殿。這裡號稱「南宮」，但房屋狹小，光線昏暗，還比不上百姓人家。囚徒般的氛圍更令我痛不欲生——四門落鎖，與外界隔絕，連餐食都是從牆洞遞送，搞得我每天都吃不著熱飯；身邊的太監都是弟弟的親信，名為伺候，實則監視；宮外的衛兵數量眾多，明為保護，實則看守。我明白：弟弟不會放棄皇位，他不敢殺我，但巴不得我死；尤其擔心我東山再起。於是，在權力面前，手足親情一觸即破，成了糞土。

當初，土木堡慘敗，京城告急，為了穩定人心，弟弟登基，但依舊把我的長子朱見深立為皇儲。如今，他政績卓著，皇位坐穩，便動員親信大臣，建言易儲，將自己的親兒子朱見濟送入了東宮。可是，命比紙薄的新太子朱見濟，無福消受這天賜的好事，一年半後就夭折了。弟弟從此再也沒得兒子，反而落了個不義之名。

景泰八年（一四五七年）正月十六日傍晚，南宮。打算就寢的我，突然看到窗外人影晃動。不多會兒，進來一群人，齊刷刷跪倒在地，口呼：「聖上病危，請陛下復位。」這令我大吃一驚。

原來，弟弟因為打敗瓦剌，志得意滿，漸漸耽於享樂，身子骨也被掏空，就在前不久病倒了。國本未立，大家都很擔心。于謙等大臣主張擁立朱見深為皇儲，大學士王文則力主擁立襄王（朱瞻墡）世子。弟弟當然不願接受朱見深，也對王文的想法猶豫不決。石亨想來想去，覺得無論立誰，自己都占不了便宜，不如劍走偏鋒，把我擡出來。於是，他聯合朝中不太得志的大臣徐有貞、太監曹吉祥等人，就在這天晚上，率領一千精兵，謊稱應對突發事件，騙過守軍，進入南宮。

還沒等我反應過來，他們就把我擡出了南宮。藉著月光，我才看清眾人，並記下了他們的姓名官職。那時的我，心裡緊張、焦慮、興奮、欣喜，百感交集。

「朕是太上皇！」淡淡的五個字，讓石亨等人如入無人之境，輕易地衝進宮門，直抵紫禁城奉天殿。眾人將御座推至中間，我當仁不讓，坐了上去。此時，天色已亮，鐘鼓齊鳴，徐有貞下令打開皇宮各門。

這一天的朝會本來要討論立儲大事，沒想到一夜之間皇帝換了人。徐有貞跑來一邊高喊「上皇復辟了」，一邊催促大臣們前去朝賀。就這樣，大臣們稀里糊塗地齊刷刷跪倒，山呼萬歲，承認了我恢復皇位的既成事實。

奪門之變大功告成。

一場必須的冤案：于謙之死

景泰八年（一四五七年）正月十七日清晨，紫禁城奉先殿鐘鼓齊鳴。

從這一刻起，年號由景泰改為天順。我成了大明王朝迄今為止第一位兩次登基、擁有兩個年號的皇帝。

紫禁城太和殿，前身是奉天殿，明英宗朱祁鎮就在這裡復辟。

從這一刻起，病榻上的弟弟縱有姜子牙、諸葛孔明輔佐，也已經回天乏術。他不得不接受削去帝號，交出皇權，廢為郕王，退居西內永安宮的現實。病症與苦悶的雙重打擊，使他又氣又急，二月十九日就撒手歸西。他為自己營建的陵墓壽陵，被我一紙詔書，下令摧毀。他沒有資格入享太廟，沒有資格與永樂皇帝共用天壽山皇陵區的風水寶地，只能以親王之禮下葬西山。

俗話說，一朝天子一朝臣。要鞏固我來之不易的復辟「成果」，清除景泰舊臣的報復行動必須進行。於是，于謙、王文先後下獄。現在，擺在我面前的一個大問題是：于謙該不該殺。

在石亨、徐有貞開列的報復名單裡，于謙位列第一。然而，如今的我，早已不是那個玩弄於王振股掌間的朱祁鎮。于謙組織了北京保衛戰，有功於社稷；于謙力主迎我還朝，擁立朱見深為皇儲，顯然他沒什麼私心。儘管在瓦剌挾我為質的時候依舊舉兵抵抗，置我的身家性命於不顧，讓我多少有些不滿，但我始終認為：「于謙確有大功。」

石亨一介武夫，沒什麼主意，徐有貞卻冒出一個獨特的想法：「不殺于謙，奪門之事就沒了藉口。」原來，石亨等人擁立我奪門復辟的理由，是藉口于謙、王文勾結太監，迎立襄王世子。沒有聖旨認可，擅自決策立儲大事，那可是死罪。不殺于謙，就等於承認這個理由只是個藉口，子虛烏有，難免授人以柄。如果這個理由站不住腳，復辟這件事就師出無名了。

徐有貞的說法確實在理。為了我，于謙必須死。

據說，當聽到都察院都御史蕭維禎以謀反罪判于謙、王文死刑時，于謙攔住急著爭辯的王文，坦然說道：「這是石亨他們的意思罷了，分辯有什麼用處？」臨死之前，于謙完全洞悉我的想法，他是個聰明人。

有人提出，于謙謀反，查無實據。于謙自己也曾講過：「召藩王非金符不可，符藏內府，豈外廷所能得？」這句話一下子將徐有貞的誣陷徹底粉碎。無言以對的徐有貞只好拋出一句「雖無顯跡，意有之」的模糊話。仔細想想，這與秦檜當初以「莫須有」罪名殺害岳飛的情況是何其相像！因為岳飛要迎回被擄的宋徽宗、宋欽宗，因為岳飛掌握了南宋六成的軍事力量，宋高宗出於保護自身利益和遵守祖訓的考慮，必須殺掉岳飛。如今，于謙不正是和岳飛一樣的人嗎？

正月二十二日，崇文門外，于謙走上刑場，接受了這個他曾經傾注一腔熱血的朝廷給他的最終結局——斬立決。這一天，陰雲密布。

一個叫朵兒的指揮，是曹吉祥的部下，把酒潑在于謙死的地方，慟哭不已。曹吉祥怒不可遏，下令鞭打他。次日，他還是潑酒在地，以表祭奠。都督同知陳逵被于謙的忠義感動，收斂了他的屍體。一年以後，歸葬杭州。

于謙死後，有人建議，于謙的罪應該滅族，他所推薦的大臣都應該處死。我給刑部定了個調子：只殺當事人，不搞株連，于謙全家和他所推薦的大臣才倖免於難。又有人請求將于謙的罪行刻板刊印，向全國公布。一時間，討好我的大小官員，紛紛拿于謙說事。漸漸地，曾經的兵部尚書、朝廷的大功臣于謙，在各種奏疏、文件裡被妖魔化了。

于謙被殺之後，按例應該抄家。抄家的官員到了于謙宅邸，發現正室鎖得嚴嚴實實，以為裡面藏的都是金銀財寶。等打開一看，裡面全是皇上御賜的蟒袍、刀劍。其他的房間，除了生活日用品外，可謂家無餘財，如他的〈石灰吟〉所說，「要留清白在人間」。看到了抄家奏報，我不禁潸然淚下。

據說，土木堡之變後，于謙發誓與瓦剌決一死戰，於是乾脆住在兵部衙門，很少回家。繁重的工作使他染上了痰症。弟弟朱祁鈺曾派太監興安、舒良輪流前往探望。聽說他的衣服、用具過於簡單，下令宮中為他定做。朱祁鈺還親自到萬歲山，砍竹取汁賜給他。大到蟒袍，小到鹹菜，他的生活用品俱為御賜。有人說皇帝太過寵愛于謙，興安等卻說：「他日夜為國分憂，不問家產，如果他去了，讓朝廷到哪裡還能找到這樣的人呢？」後來，這樣的故事傳到我耳朵裡。儘管為了證明奪門之變的合理性，于謙必須死，然而殺掉于謙，還是非常可惜。孫太后聽說于謙被殺，把我叫到宮裡一頓訓斥，又下令在她的宮裡搭設靈堂，哀悼一番。我鼻子一酸，有點後悔了。

于謙死後，石亨推薦陳汝言接任兵部尚書。不到一年，就有不少御史揭發陳汝言貪贓枉法，累計巨萬。看到奏報，我氣得臉色鐵青，召見眾位大臣，狠狠地抱怨道：「于謙在景泰朝受重用，死時沒有多餘的錢財，陳汝言為什麼會有這樣多？」石亨低著頭，沉默不語，說白了，就是沒臉對答。

幾天後，瓦剌騎兵擾邊的警報傳到北京，我愁眉苦臉，一籌莫展。正在旁邊扈駕的恭順侯吳瑾小聲嘀咕了一句：「如果于謙在，一定不會讓敵人這樣。」

聽到這樣的話，我無言以對。

一宗驚世的大案：石曹之亂

天順元年（一四五七年），在石亨、徐有貞、曹吉祥等人的鼎力協助下，我終於離開南宮，回歸紫禁城。他們三人作為功臣，分別加官晉爵。石亨在繼續擔任右都督、太子太師並提督團營的基礎上，晉爵忠國公，位列武將之首；徐有貞受封武功伯兼華蓋殿大學士，掌文淵閣事，名列文官之首；曹吉祥升任司禮監掌印太監，總督三大營（指五軍營、神機營、三千營），位列太監之首，並握有京畿兵權。他們的親信、家人也跟著沾光。他們請封的奪門功臣多達萬人，顯然大部分是冒功者。為了籠絡這些「忠臣」，我也一概照准。

一人得道，雞犬升天，三人比肩而立，開始爭權奪利。徐有貞爭不過石亨和曹吉祥，很快敗下陣來，被我削職為民，流放到雲南。朝中的權臣就剩下石、曹二人了。

石亨是個貪得無厭的傢伙。他的弟、姪等家人冒功封官者五十多人，其部下、朋友等得官者多達四千餘人。他收受賄賂，提拔給他行賄的親信，排擠與他不一心的京官，培植武將黨羽，甚至把全國各地的文職巡撫全部換成武將充任。一時間勢燄熏天、利令智昏，一些企圖升官的人都拜在他的門下。石亨的姪子石彪受封定遠侯，同樣驕橫不已。叔姪兩家據說養著猛士數萬，天下將帥半數出自石家門下，京城官員無不側目。

對於功臣，我一直言聽計從，但越是這樣，他就越跋扈。即使沒有宣召，他也藉故入宮奏事。所言之事，只要我敢說個「不」字，馬上怒氣沖天。在宮外，他到處製造聲勢，鼓吹自己大權獨攬。久而久之，逐漸習慣逆來順受的我有些忍無可忍了。

一天，站在翔鳳樓上觀看市容的我，忽然看到一座富麗堂皇的宅邸，驚問左右：「此誰家府第？」恭順侯吳瑾答曰：「按照規制，這肯定是座王府。」我想了想，搖頭說：「非也！」吳瑾接著問：「倘若不是王府，誰敢如此造次？僭越府邸規格？」我微微一笑，點了點頭。吳瑾似乎心領神會，不再作聲。原來，這就是石亨的新宅邸。因此，當石亨奏請為他的祖墓立碑，請工部委託有關部門督造，翰林學士書寫碑文時，我擔心他再次幹出僭越的事，乾脆以永樂以來朝廷從無給功臣立碑的先例為藉口，讓他自行去建。

曹吉祥雖然掌印，且兵權在握，可他不認得字。因此，他極力籠絡內閣大學士們，極力主張大事須經內閣，以避免司禮監那些識字的太監跟他爭權，也多少限制一下石亨的囂張氣燄。聽說，凡是給曹吉祥行賄的官員，都會受到舉薦，即使不勝任也沒關係。這一點，我早就看出來了，但考慮到他是奪門功臣之一，表面上還是遷就一下，暗地裡讓內閣大學士李賢等人對其稍加約束。這樣，曹吉祥控制內閣的計畫不僅沒有得逞，還結怨於內閣。

面對監察御史和翰林學士們的彈劾，曹吉祥和石亨表現得高度團結，不惜反覆告狀，直到把這些人關進監獄，或者貶官地方，搞得朝野上下人人自危；而當涉及霸占民田等經濟利益，以及提拔官員等政治利益的時候，兩人又互相攻訐，搞得朝堂上下烏煙瘴氣。有人寫匿名信狀告曹吉祥，這位曹太監居然奏請我出榜懸賞，捉拿寫信之人。面對這樣的情境，我深以為憂。

一天，我向李賢詢問「奪門」一事。李賢說：「『奪門』一說不妥。其實這件事就是迎接皇上大駕登基稱帝。皇位本來就是您固有的，『奪』反而意在指皇位本來不屬於您。難道您要把『奪門』作為子孫的榜樣大書特書嗎？試想，倘若當時萬一失敗，他們這些人將把您置於何地？而且當時郕王已經病入膏肓，由於他的兒子早夭，一旦他歸天，群臣自然會請您復位，何必如此多事呢？正是因為皇位本來就是您的，他們那些人怎能藉此索要升遷賞賜呢？」聽罷這番話，我若有所思。這以後，我開始疏遠曹吉祥，並下令今後各類奏章中不得使用「奪門」二字。四千多位冒「奪門」之功而得官的傢伙，也被我逐一裁撤。

石亨的倒行逆施首先遭到了報應。天順三年（一四五九年）秋，石亨之姪石彪圖謀鎮守大同，攛掇人上書「保奏」他，被我識破；同時，石彪私造違禁的繡蟒龍衣、寢床等事也被查出。於是，石彪被抄家，石亨被我勒令「養病」，其朋黨也遭到了一次清洗。第二年正月，錦衣衛指揮使逯杲奏陳：石亨心懷叵測，與其姪孫石後收受賄賂，結黨營私，肆行無忌，並與術士製造妖言，蓄養無賴，窺伺朝廷動靜，圖謀不軌。按照朝廷的一般慣例，圖謀不軌者一律下詔獄。可能是大臣們恨透了石亨的專權，紛紛上書奏請重懲。於是，石亨以謀反罪判處斬立決，抄沒家產。二月，石亨畏罪，未及行刑，即病死獄中。石彪、石後皆被斬決。

石亨的死訊，對曹吉祥來說無異於當頭一棒。「奪門」三大功臣只剩下他還供職於朝廷，不禁惶恐不安。或許他覺得，與其這樣等死，不如早日謀反。曹吉祥的養子曹欽，時任都督同知、昭武伯，也擔心乃父有朝一日會失去眼前的榮華富貴和熏天權勢。於是，父子二人經常以重金收買軍官，為自己賣命。

曹欽對昭武伯的爵位不太感興趣，對當皇上興趣更大。他曾詢問門客馮益：「歷史上有沒有宦官子弟最終當了天子的先例？」「有啊，您的本家曹操就是啊！」馮益趕忙拍馬屁。曹欽聽後非常得意。天順五年（一四六一年）六月，曹欽對手下奴才動用私刑，被監察御史彈劾。我讓錦衣衛指揮使逯杲調查此事，並發布敕令將此事通告群臣。逯杲的厲害，曹欽當然領教過。他大驚失色：「上次降敕便逮捕了石將軍，現在又這樣，太危險了。」於是，他下定決心謀反。

甘州、涼州告急，懷寧伯孫鏜奉命西征。就在西征大軍即將開拔之際，也就是七月庚子日（初二日）的黎明時分，京城出事了。

庚子日的前一天深夜，孫鏜和吳瑾在朝房值班。而曹欽正聚齊一幫軍官喝酒。一個叫馬亮的軍官，偷偷溜出，把曹吉祥準備發動叛亂，由曹欽率軍入宮，曹吉祥率領京營禁軍接應的計畫和盤托出，告訴了吳瑾。

就在我打算就寢的時候，有太監奏事，說孫鏜受吳瑾所託，有要事陳奏。由於事情機密，奏疏是從長安右門的門縫塞進來的。我連忙穿好衣服，打開奏疏一看，大吃一驚。原來，奏疏上講的正是曹吉祥發動叛變的計畫。於是，我立即讓身邊太監將曹吉祥綁起來，並下令封閉皇城和京城九門。

曹欽把軍官們聚在一起，其實是以喝酒為名，準備發動叛亂的。然而，他突然發現馬亮不見了，覺得事情不妙。於是，他一不做，二不休，連夜趕往逯杲家，將他殺害。又跑到紫禁城東朝房外，拿著逯杲的腦袋，向李賢聲稱現在他所做的一切，都是這個傢伙逼的。他要求李賢替他上書申辯，又怕李賢不聽，揮刀將其砍傷。

此時此刻，叛軍開始攻打東、西朝房，但始終攻不進去。紫禁城的禁軍和太監們，拆掉河邊的牆石來填塞大門，總算是堵住了嗷嗷叫的叛軍。孫鏜匆忙之間，讓自己的兩個兒子調動西征官兵來攻打曹欽。見形勢不妙，曹欽帶兵轉攻東安門，並在路上殺掉了吳瑾。叛軍放火燒門，守軍在門內加柴，讓火更猛，令叛軍無法入內。就這樣，折騰了一宿。

明朝的禁軍，專門負責皇帝的宿衛。曹欽造反時，曹吉祥原擬以京營禁軍作內應。

天漸漸亮了。孫鏜的西征官兵越聚越多，曹欽的手下越來越少。他不得不放棄攻打城門，退回家裡抵抗了一陣。在傾盆暴雨中，孫鏜率軍衝進曹家。曹欽投井而死，曹欽全家人皆死於孫鏜的屠刀之下。曹氏父子的叛亂就此平定。

曾經的功臣曹吉祥，最終不免一死，而且是被碎屍於市。他幾十年來攢的不義之財，連同家產一併充入內府。

石亨、曹吉祥的最大失誤，就是用靜止的眼光看人，以為我依舊是王振的傀儡，可以任他們擺布。他們的算盤打錯了。敵營和南宮歲月磨煉的意志，讓我變得更成熟，更有心計，更有主見。石亨和曹吉祥的悲劇告誡所有的大臣：有時候，樂極也會生悲。所以，不要自負過頭，更不能居功自傲，目空一切。

再說說徐有貞。石曹之亂終於給了他時來運轉的機會，以前的罪名都被豁免了，可以離開雲南，回到南直隸吳縣的老家安度晚年了。可徐有貞還不死心，盼望著有朝一日東山再起，得到我的重用。他夜觀天象，自稱將星在吳，於是每天都揮鞭起舞，等候佳音。然而，他等來的卻是吳地將軍韓雍因出征兩廣而立功受封。聽到這個消息，徐有貞有些洩氣地喃喃自語：「想不到天象在這小子身上應驗了！天哪！」從此，他不再琢磨當官，而是浪跡山水之間，留下不少詩篇，樂得逍遙自在。

直到徐有貞陰溝翻船，石亨、曹吉祥東窗事發，我才得悉他們力主殺掉于謙的真正原因：

徐有貞原名徐珵，在土木堡之變、北京告急時，他根據星象變化，別出心裁地建議都城南遷，遭到群臣的譏笑，從此名聲大壞，導致多年未能晉升。懊喪之餘，轉而收買于謙的門生，求于謙在朱祁鈺跟前美言幾句，給他謀求一個國子監祭酒的位子。可朱祁鈺一看到推薦的名單是徐珵，非常鄙夷：「就是那個建議南遷的徐珵嗎？此人心術不正，任國子監祭酒之職豈不敗壞了諸生的心術！」後來，徐珵實在沒法混了，才被迫改名徐有貞。然而，他無從知曉朱祁鈺的評論，只是覺得長期得不到升遷，肯定是于謙從中作梗。於是，對于謙恨之入骨。

石亨是北京保衛戰的得力功臣，一直受于謙調度，戰後也得到封賞。為了答謝于謙的知遇之恩，他向朱祁鈺請求封賞于謙之子于冕。作風清高的于謙當即斥之為徇私，令石亨頗為不快。就這樣，他跟于謙反目成仇。曹吉祥與于謙倒是沒有太多恩怨，但也覺得于謙是他通向權力之巔的絆腳石、攔路虎，亟欲除之。

三個人想到了一塊兒，徐有貞是主謀。這已經毫無疑問了。

查清了事情的原委，我越發覺得冤枉了于謙。但是，殺于謙是我的旨意，作為皇帝，我不能出爾反爾。還于謙清白的任務，還是留給太子朱見深去做吧。

一些遲到的善政：從釋放政治犯到廢除「人殉」

父皇偏愛北京，儘管應天依然是京師，但作為「行在」的北京早已是實際意義的首都。正統六年（一四四一年）十一月初一日，我正式下令去掉北京各個衙門的「行在」二字，恢復了北京的首都地位；而南京各衙門則加上了「南京」字樣。父皇的一樁心願得以了斷。

在這座充滿爭議的北方都市中，我經歷了人生的大起大落，大喜大悲，從皇宮大內到異域囚籠，從南宮小屋到奪門登基，一幕幕刀光劍影的場景不斷地在我眼前浮現。

身旁的太監換了人，王振早已死於亂軍之中，雖然我在智化寺給他塑雕像、立牌坊、刻碑立傳大加紀念，但終歸沒人陪我玩了；臺階下的文官班列裡，于謙早已死在崇文門法場之上，朝廷少了保家衛國的柱石，瓦剌也少了心腹之患；弟弟朱祁鈺死在了永安宮，朱姓同輩裡，再也沒有誰對我的皇位構成威脅了；石亨、曹吉祥也已經身首異處，如果不小心再丟了皇位，不可能有人再發動第二次奪門之變，幫我復辟了。就在我困守南宮的幾年，塞外發生政局突變，也先死去，瓦剌內訌，這個草原強敵從此一蹶不振，邊關也恢復了宣德時代的平靜。一切都似乎陷入了寂靜，冷漠的寂靜。

孤獨的我再也沒有了驚心動魄的經歷，而是繼續著死氣沉沉的程序：清晨朝會、午後吃飯、晚上睡覺。或許我應該做些善事，給下輩子積點德。於是，關押了五十五年的建文帝次子朱文圭，從監獄裡放了出來。看著這位五十七歲的老人，由於長期囚禁，不識牛馬，不知人事，即使恢復自由，也無力自理起居的狀態，當過囚徒的我，頗有同病相憐之感。

直到最近，從結髮妻子錢皇后的口中得知，我的親生母親非但不是剛剛故去的孫太后，反而是被她害死的。不過，孫太后沒有加害於我，而是把我當成親生兒子一樣看待。唉，人世間最離奇和最悲慘的故事，竟然出現在皇家。這讓我如何恨，如何愛？除了追封真正的生母——那位可憐的宮女，恢復被父皇廢掉的胡皇后的名譽，以此來降低孫太后的身價，我還能做些什麼？

這是一個野蠻的王朝。皇帝駕崩，嬪妃宮女要跟著陪葬，不管有沒有親眼見過這位名義上的丈夫。最慘的莫過於永樂駕崩：三十多名宮女吃完飯以後，被帶上殿堂，哭聲震天。殿堂內置小木床，宮女們立在床上，梁上結有繩套，太監們把她們的頭放在圈套中，然後撤掉小床，讓她們吊死。這樣野蠻的人殉制度直到天順朝才正式終結。在我即將離開這個世界的時候，或許，讓別人多享受一些活著的快樂，比什麼樣的大仁大義都要強得多……

卷七　明代宗（景泰）朱祁鈺回憶錄

明代宗朱祁鈺簡歷

朱祁鈺，生於宣德三年（一四二八年）八月初三日，，卒於天順元年（一四五七年）二月十九日。出生地為北京。朱瞻基次子。宣德十年（一四三五年）二月初九日封為郕王。正統十四年（一四四九年）九月初六日，因兄長被瓦剌俘虜，受群臣擁戴為皇帝。年號景泰。在位八年。景泰八年（一四五七年）正月十七日在病中遭遇奪門之變，失去皇位。二月初一日貶為郕王，遷西內永安宮，不久去世。死後按親王禮葬於北京西山藩王墓地。最初沒有廟號，明英宗朱祁鎮廢其帝號，賜謚號為「戾」，稱「郕戾王」。幾經爭議，明憲宗朱見深將其「景帝」帝號恢復，定謚號為「恭仁康定景皇帝」，簡稱「景皇帝」，但字數較之其他帝王為少。直至南明弘光朝，才給其加廟號「代宗」，謚號增至十七字作「符天建道恭仁康定隆文布武鮮德崇孝景皇帝」，與明朝其他皇帝等同。清朝復稱其謚號為恭仁康定景皇帝。

朱祁鈺臨危受命，重用于謙，成功組織北京保衛戰，避免了趙構南渡的歷史悲劇重演。在位期間，許多遭王振排擠的仁人志士得以各歸其位，吏治較前朝清明。然而，他在處理迎回英宗和皇儲歸屬問題上過於小氣，不僅將英宗軟禁在南宮長達近八年，而且廢黜英宗之子朱見深的儲位，改以己子朱見濟為皇儲，招致各方不滿。而朱見濟的早夭，直接引發他重病不起，為其兄奪門復辟創造了可乘之機。

一生最得意之事：北京保衛戰獲勝；最失意之事：兒子朱見濟早夭。

皇后汪氏，生二女，無子。曾廢黜汪氏，冊立妃杭氏為皇后，但明代只承認汪氏為代宗正妻，不承認杭氏的正室地位。兒子僅朱見濟一人。景泰三年（一四五二年）五月初二日立為皇太子，次年十一月十九日亡。

大明正統十四年（一四四九年）八月，北京紫禁城。

土木堡之變的噩耗，不亞於青天霹靂。孫太后和錢皇后忙著搜羅宮中財物，打算送到塞外，贖回皇上；大臣們好似熱鍋上的螞蟻，有的主張南遷，有的主張死戰。只有兩個人沒有慌：兵部侍郎于謙，以及代掌朝政的我。

天子被擄，無異於恥辱；五十萬將士覆滅，無異於災難。然而，作為皇室成員和京城留守，國家有難，我理當挑起重擔；大軍新敗，我理當力挽狂瀾。這是一個施展抱負的天賜良機。

於是，我先是成為監國，統領百官，操持國政，在于謙的協助下整理戰備，穩定人心，漸漸成了滿朝文武的主心骨；而後接受群臣推戴，祭告天地，南面聽政，取兄長而代之，成為新天子。

坐在奉天殿的龍椅上俯視群臣，君臨天下的感覺甭提多美了。我似乎忘卻了京城西北虎視眈眈的瓦剌騎兵，忘卻了自己幾天前還只是郕王。我只有兩個願望——打敗瓦剌軍，保住北京城；兄長別回來，讓我過足皇帝癮。

宮牆外的皇子

宣德元年（一四二六年）八月，山東樂安州的漢王府。

府邸依舊，主人卻押進了囚車。而一直伺候在旁的侍女吳氏，不僅保住了性命，還坐進了皇上安排的專車。這是怎麼回事呢？

原來，宣宗皇帝的叔叔漢王朱高煦，打算樹旗謀反，尚未成事，便被鎮壓。侍女吳氏，身材嬌小，面容白皙，平日裡只是小心伺候，從未得到漢王的恩寵。如今，王爺落難，她也成了朝廷大軍的戰利品，跟幾名漢王府侍女一道，被宮裡的太監陳符獻給了宣宗皇帝。也許吳氏溫文爾雅的神態和與眾不同的氣質吸引了皇上。她脫穎而出，被留在了御前。

得勝回朝，與吳氏相處一段時間後，宣宗皇帝突然發現，自己再也離不開這位善解人意的南國嬌娃。然而，大臣們覺得讓一個俘虜入宮為妃，恐怕有損皇家聲譽，紛紛上書勸阻。最後，君臣達成了一個折中意見：皇上頒旨，吳氏免罪，但不許入宮，就住在陳符家。其實，陳符家與皇宮也就是一牆之隔，是座寬大的宅院，住起來比皇宮舒服、自由。此後，宣宗皇帝便以微服私訪的名義，常常光顧陳符的大宅子。外人甚至以為陳符得寵，不免對他另眼相看。只有少數大臣明白箇中原委，但誰都心照不宣。吳氏儼然皇上的外室，有陳符的悉心照料，也少了深宮中的幾多煩惱。

兩年後，清脆的啼哭聲打破了陳符宅院往日的寧靜。吳氏生下了一個皇子。宣宗皇帝聞訊，興匆匆地跑來，抱起這個孩子，愛不釋手。吳氏得到了賢妃的封號，但依舊未得進宮。撫養愛子，成了她每天最主要的生活。

宣德十年（一四三五年）正月初三日，宣宗皇帝病危。他的再三請求，使張太后終於同意吳氏和皇子第一次進宮。皇上把這個名叫朱祁鈺的皇子叫到身邊，再次懇求太后接受這個未來的皇弟。太后點了點頭。

皇上駕崩了，皇儲朱祁鎮入主奉天殿。太后履行了諾言，朱祁鈺受封郕王，有了自己的府邸，吳賢妃也被接入王府，過上了平靜的生活。與哥哥朱祁鎮的生母比起來，吳賢妃幸福多了。

吳賢妃，就是我的母親。

朱祁鈺，就是我。

天下是哥哥的。注定了我只是個太平王爺，跟母親共享天倫之樂足矣。然而，塞外土木堡的風雲突變，改變了一切。

受命於危難之際

哥哥沒離開過皇宮，對紫禁城外的一切都充滿好奇。或許在他的意念中，御駕親征和巡遊狩獵是可以畫等號的。結果，臨時拼湊的五十萬大軍被瓦剌騎兵全殲於土木堡。哥哥被擄，生死不明。孫太后和錢皇后送出的贖金，也沒能把皇上換回來。更為關鍵的是，隨軍的一百多個大臣無一生還，朝廷為之一空，許多衙門因為沒了一把手，工作陷於癱瘓。

哥哥臨走時，把他年僅三歲的寶貝兒子朱見深，以及偌大的京城都留給我悉心看護。可如今，他們都沒回來，除了這個尚未記事的孩子，就剩下一班驚魂未定的年輕官員和哭得淚人兒似的后妃宮女。

作為皇上的親弟弟，以及京城留守，我必須肩負起臨朝議政、治理國事的重任。時不我待，責無旁貸。為了迅速平息京城內的各種謠言和傳聞，穩定已經躁動的人心，我只能迅速提拔年輕官員，讓癱瘓的國家機器重新運轉起來。

危難關頭，一位中年書生挺身而出，為社稷存亡鼓與呼。他就是兵部左侍郎于謙。

于謙是誰？

據說這個來自錢塘江畔的書生七歲那年，有個和尚蘭古春驚訝於他的相貌，不禁讚歎：「這是將來可以拯救大難的宰相啊！」十二歲時，他寫下了明志詩〈石灰吟〉，樹立了「要留清白在人間」的做人原則。或許從少年開始，就注定了他一生的傳奇色彩。

永樂十九年（一四二一年），二十四歲的于謙金榜題名，以進士身分步入官場。但他的發跡，還要感謝父皇的那位叔叔朱高煦。宣德元年（一四二六年）八月，父皇御駕親征，平定朱高煦叛亂，于謙隨軍平叛，因功授御史，進入都察院，也終於有機會與皇帝當面對話。

北京保衛戰的第一功臣：于謙

于謙奏對的時候，聲音洪亮，口齒清晰，思路敏捷，語言流暢，一氣呵成，父皇對他很滿意。都察院都御史顧佐對下屬非常嚴厲，唯獨對于謙比較客氣，認為于謙的才幹勝過自己。朱高煦被俘後，于謙奉命當著父皇的面數說朱高煦的罪行，他義正辭嚴，聲色俱厲，朱高煦被數落得擡不起頭，趴在地上發抖不止，自稱罪該萬死。這一場景是父皇最願意看到的。

此後，于謙到地方歷練多年，曾經巡按江西，巡撫山西、河南，昭雪冤案，開倉賑災，加厚河堤，種樹打井，恩威遍布各地。在他的治理下，榆樹夾道，路人不渴，盜案減少，社會穩定。他的官也越做越大，直至兵部左侍郎，領二品官的俸祿，享受正部級待遇。

太監王振把持朝綱，作威作福，百官爭相行賄獻媚。而于謙每次進京奏事，從不帶任何禮品。有人勸他：「您不送金銀財寶，難道不能帶點土產去？」于謙甩了甩袖子，微笑著說：「只有清風。」在他的〈入京〉詩中，有這樣的詩句：「手帕蘑菇與線香，本資民用反為殃。清風兩袖朝天去，免得閭閻話短長。」這首詩遠近傳誦，造就了成語「兩袖清風」。當然，王振聽了很不高興。于謙因此還曾被罷官。直至正統十三年（一四四八年），才被召回北京，再次擔任兵部左侍郎。

于謙沒打過仗，但他深知王振慫恿哥哥的遠征看似強大，實則愚蠢和冒險，便和兵部尚書鄺埜一道極力勸諫，但一意孤行的哥哥哪裡聽得進去！鄺埜跟隨哥哥北上，指揮遠征大軍，于謙留下來主持兵部工作。如今，土木堡之變，大軍覆滅，鄺埜死於非命。于謙沒跟著去，倖免於難。

奉天殿上，我召集大臣們緊急討論戰守之策。翰林院侍講徐珵認為，星象有變，不利於大明，應避敵鋒芒，遷都南京。這時，班列中有人厲聲喊道：「主張南遷者，當斬！」我定睛一看，原來是于謙。

他說：「京師是天下的根本，一動搖國家大計就完了，難道沒有看見宋朝南渡的情況嗎？」是啊，作為宋徽宗未被金國俘虜的唯一皇子，趙構稱帝於當時的南京歸德府（河南商丘），距離故都東京汴梁府（河南開封）並不遠。然而，金兵一追擊，他就慌忙南渡，最後定都臨安（杭州）。本想將臨安當行在，結果一下子成了南宋的首都，維持了百餘年。南宋的皇帝們，從趙構開始，偏安一隅，享受蘇杭的安逸，失去了恢復故土的動力。南宋最終淪為稱臣於金的小朝廷，受盡屈辱，最終為元朝所滅。兩三個世紀前的歷史教訓，至今仍歷歷在目。倘若大明重蹈覆轍，我有何面目去見列祖列宗！想到這裡，我當即拍板，肯定了于謙死守京城的思路，否決了南遷的念頭。

「那麼，朝廷精銳騎兵俱已陷於土木堡，京城士卒不滿十萬，城內人心惶惶，面對瓦剌虎狼之師，如何抵擋？」我關切地問。

「皇上，土木堡一戰雖然損失甚大，但本朝境內尚有百萬兵力，內地各衛所的駐軍並未因戰敗受到衝擊。可以調南北兩京、河南的備操軍，山東和南京沿海的備倭軍，江北和北京所屬各府的運糧軍，馬上開赴京師，妥為部署，戰守皆有依靠，人心亦可穩定。」于謙不慌不忙地把他的想法娓娓道來。看來，這位兵部裡的書生的確是有備而來。

我欣慰地點了點頭，把這件事全權委託于謙辦理。作為兵部碩果僅存的高官，于謙升任兵部尚書，調度京城防務的事就交給他了，所有的城防資源也由他調配。

據說王振在亂軍中被哥哥的護衛樊忠用重錘打死，群臣紛紛遞上奏章，堅決要求將王振誅滅九族。王振的黨羽、錦衣衛指揮馬順當即站出來斥責那些遞上奏章的大臣。戶科給事中王竑看不過，便衝上前去，揪著馬順的脖領子，掄拳頭就打。大臣們也跟著他衝上來，拳頭如雨點一般，馬順和其他幾個王振黨羽頃刻間被群毆而死。我長這麼大，從來沒見過這樣的陣勢，嚇得想逃跑。

就在這時，又是于謙站了出來，推開眾人，走上臺階，伸手扶住我，那意思是不讓我離開位子。我看了看他，又看了看殿堂下面的錦衣衛士卒，這些人看到自己的主子被人毆死，紛紛摩拳擦掌。我明白了：于謙擔心我一旦甩袖離去，錦衣衛的人會上來報復大臣。廟堂之上將釀成一場血案。于謙在我的座位旁轉過身來，衝著臺階下的大臣們說：「剛才郕王跟我說了，馬順等人罪該萬死，今天的事，不追究百官。」大家這才安靜下來。我再定睛觀瞧，發現于謙剛才衝過人群，跑來扶我的時候，袍袖都被扯爛了。

據說這一天退朝之後，吏部尚書王直握著于謙的手感歎道：「國家正在倚賴你呢，今天雖然一百個王直又有什麼用！」于謙在朝野上下的威望如日中天。

國不可一日無君。況且瓦剌騎兵正以哥哥為人質，向大明武力訛詐，要土地，要財寶。孫太后寧願讓朱見深即位，自己至少可以當個太皇太后。然而，危急關頭，三歲孩童哪堪重任。朝廷選擇了我，歷史造就了我。國家需要新皇帝，我必須走上前臺。就這樣，正統十四年（一四四九年）九月初六日，我坐上了金鑾殿，改次年為景泰元年，遙尊哥哥為太上皇。瓦剌人手中的這張牌，頓時貶值了九成九。

這一幕，是孫太后最不願看到的。我的登基，讓她的太后衣缽頓時黯然。但形勢所迫，她必須承認現實。只是，我不得不答應她唯一的條件：讓朱見深照舊當皇儲。顯然，孫太后一肚子牢騷。

起初，我害怕擔責任，一再推辭。于謙當著滿朝文武的面大聲說：「我們勸進，完全是為國家的利益考慮，沒有任何私心！」我這才同意登基。

受命於危難之際，我該如何應付這場大明開國以來最嚴重的危機呢？

登基大典結束後，我就讓太監宣于謙入宮議事。

同仇敵愾，保衛北京

「在這危急存亡的關頭，既然選擇留下來保衛京城，那麼如何保衛呢？」我急切地想知道答案，我希望于謙能給出一顆，甚至一百顆定心丸。

「敵寇扣住了太上皇，得意一時，小瞧我朝，一定會乘勝南下，長驅直入。臣奏請皇上下令各邊境的守臣竭力防守，阻遏敵軍前進步伐，為京城完成部署爭取時間。京營官兵的軍械快用完了，需要馬上招募民兵，由工部加緊趕造器械盔甲，請皇上傳旨辦理。臣建議派都督孫鏜、衛穎、張軏、張儀、雷通分兵據守九門，將全軍駐紮在城門外。都御史楊善、給事中王竑協助軍隊將城外近郊的居民遷到城內。通州糧倉的存糧比較多，官軍可以自行支取，最好全部取走，不留給敵人。建議提拔石亨、楊洪、柳溥等人擔任將帥。請皇上放心，戰守之事由我負責，如果

土木堡之變前後鎮守宣府的都督楊洪，于謙在其畫像上親筆寫下了贊詞。

打不贏，請治我的罪！」于謙聲淚俱下，聲音激昂。他的情緒感染了我，他的建議我全部批准，他給我吃了一顆定心丸。

王振已死，根據于謙和群臣的建議，我決定將王振之姪王山斬首，王振及其黨羽被誅滅九族，無論老幼，一律斬首，馬順的屍體也被拖到街上示眾。王振的家產被沒收，光金銀就有六十多庫。這些天，老百姓們燃放鞭炮，飲酒慶祝，像過年一樣。看來，重用王振的十幾年無比荒唐，收拾王振的決定無比英明。

不到兩個月，京城駐軍一改往日老弱病殘的模樣，不僅迅速聚集了二十二萬精兵，而且攻戰武器也補充到位。這一切，多虧于謙的居中調度。他從南京儲備的軍用物資中拿出三分之二調往北京，通過安置土木堡逃兵、出榜招募義勇、徵調漕運官軍和鄰省駐軍等方式，將全國的人力、物力資源集中於首都。這段日子裡，京城到處洋溢著整軍備戰的氣氛，連百姓也摩拳擦掌，躍躍欲試。這是大明開國以來難得一見的軍民精誠團結的場面。于謙果然不負眾望。

十月，京郊傳來警報：瓦剌丞相也先挾持太上皇朱祁鎮攻破紫荊關，進窺北京。我立即召集眾將商議戰守。石亨建議，將城外大軍撤入城內，堅壁清野，固守堅城，令敵軍久攻不下，勞累衰竭。于謙覺得這樣做是向敵人示弱，其結果只能使敵人更加輕視我們。眾將最後商定，二十二萬大軍列陣城外九門：都督陶瑾在安定門，廣寧伯劉安在東直門，武進伯（大同總兵官朱冕，已戰歿）之子朱瑛在朝陽門，都督劉聚在西直門，鎮遠侯顧興祖在阜成門，都指揮李端在正陽門，都督劉得新在崇文門，都指揮湯節在宣武門，而于謙將兵部事宜交給侍郎吳寧督辦，自己與總兵官石亨率領副

德勝門箭樓：于謙率明軍在此門外大敗瓦剌軍，贏得北京保衛戰的關鍵勝利。

總兵范廣、武興在德勝門外列陣。九門全部關閉。戰前，于謙向全軍宣布了兩條軍紀：臨陣，將領不顧部隊先行退卻者，斬將領；軍士不顧將領先行退卻者，後隊斬前隊。或許于謙深信，只有置之死地，全軍才會服從命令，決一死戰。

也先以為俘虜了哥哥，便奇貨可居，以為挾持著這樣尊貴的人質，又消滅了明軍精銳，攻克北京只是時間早晚問題。沒想到的是，北京城外，明軍旌旗蔽日，嚴陣以待，在氣勢上他已經先輸一著。叛降瓦剌的太監喜寧，在攻打北京的一路之上，請也先誘騙明朝大臣迎接哥哥，勒索黃金和絲織品數以萬計。然而，待他們打到北京附近才得知，北京已經有了新皇帝，他手中的「奇貨」成了沒用的累贅，頓時氣餒。此時，喜寧還在使用談判伎倆，引誘于謙、王直、胡濙等朝廷重臣出城談判，我當即予以拒絕。

德勝門外，瓦剌騎兵前來打探虛實。沒想到，明軍先頭部隊一觸即潰。瓦剌首領也先洋洋得意，令旗一揮，主力騎兵衝殺過來。就在他們殺得起勁的時候，突然從其側後的空房子裡吐出無數的火舌和箭鏃。瓦剌軍中了埋伏，損失慘重，也先的弟弟孛羅、平章卯那孩都被擊斃。瓦剌人做夢都沒想到，這支伏兵，就是本朝裝備火銃火砲的王牌特種部隊、全軍的總預備隊——神機營。接著，瓦剌軍在彰義門、西直門也遭重創。瓦剌騎兵想從城北的土城（元大都北牆）突入城北，居住在這裡的老百姓爬到屋頂，呼喊著用磚石投擲敵人，喧聲震天。明軍援兵趕到，將敵軍擊潰。

戰鬥持續了五天，瓦剌軍傷亡數萬。孤軍深入的也先發現，談判伎倆玩不轉，打仗又接連受挫，占領北京怕是已不可能。又聽說各地勤王大軍星夜兼程，正朝京城開來，擔心腹背受敵，斷了歸路，趕緊擁著太上皇經良鄉向西倉皇逃走。于謙調動各路大軍一直追到居庸關。

北京保衛戰以我們的勝利和敵人的失敗而告終。大明建國以來最嚴重的危機挺過去了。我知道，這裡面于謙自然是首功，所以，我加封他太子少保、總督軍務。于謙堅決推辭，我堅決不准。無奈之下，他只好接受冊封。

于謙並未因一時的勝利而得意忘形。在他的指揮下，真定、保定、涿州、易州等北京周邊府縣紛紛加強防務，山西的軍務也得到整頓。同時，對於一路退卻的瓦剌軍，于謙下令邊塞沿線軍民大膽襲擊敵人，對於搶回被擄人口、牲畜以及擊斃敵軍者，一律給予封賞。也先這一趟，吃了大虧。打這兒以後，瓦剌一蹶不振。兩個月來，京城由人心惶惶到人人求戰，現在則人心大快，沉浸在一片歡樂的氣氛中。皇宮裡張燈結彩，大擺筵宴，慶祝這歷史性的勝利。

土木堡慘敗，讓我意識到整頓武備的重要性。在于謙的主持下，京城的防務制度被改組優化，選拔十五萬精兵，分為十個營，各有都督統領。十營統一訓練，統一會操，將兵互知，號令熟悉，臨戰也不更換將領，這就是「團營制度」。京營的戰鬥力大大加強。于謙還派兵收復了獨石、馬營、龍門等八處邊關要隘，分別派兵守備。此外，宣府、居庸關的防禦力量也得到了強化。轉年，也先還想再次破關南下，可打了幾仗，占不到任何便宜，只好作罷。

北京保衛戰的勝利，不僅令于謙的聲望大增，在百官和百姓的口碑裡，作為最高決策者的我，人氣指數也在不斷飆升。大家甚至忘卻了塞外還有一個前任皇帝被遙尊太上皇，忍受著當異域囚徒的恥辱。從此，沒人覺得我是代理皇帝，只當我是正經皇帝。所有人都接受了一個事實：北京保衛戰的次年，所有的文獻一律不再寫「正統十五年」，而是寫「景泰元年」。

迎兄還朝，再造盛世

也先在北京城下吃了大虧之後，儘管元氣大傷，但還希望捲土重來。雖然手裡的「奇貨」貶值了，但朱祁鎮畢竟貴為太上皇。於是，瓦剌多次派人前來議和。于謙認為，以前他們派人議和，軍隊就在後面跟著；後來我們派人去議和，他們又不讓見太上皇。顯然，不要指望跟也先講和。況且也先跟我們的仇恨不共戴天，從道理上也不該跟他們講和。萬一議和了，我們要滿足他無止境的索要，允則給我們背上很重的負擔，不允又會肇生戰端。因此，現在的形勢，萬萬不能講和。倘若哪位邊關武將主張議和，那就是恐懼畏縮的表現，有可能惑亂軍心，按律當斬。主和的邊將受到于謙的嚴厲譴責，邊關再無言和之人，大家同仇敵愾，堅決抵抗到底。

也先漸漸發覺，跟大明為敵，得不償失。正常的邊貿被阻斷，這對於物資奇缺的瓦剌頗為不利，其朝野上下怨聲載道，只好頻繁派使者進京求和。景泰元年（一四五〇年）七月，也就是土木堡之變周年前夕，右都御史楊善、工部侍郎趙榮出使瓦剌，也先乘機提出將太上皇放回。

說實話，臨時皇帝轉正以後，我越來越上癮，越來越喜歡這個寶座。我打心眼裡不願意哥哥回來。雖說遙尊他為太上皇是形勢需要，但如果他回來，肯定一百個不樂意，搞不好要跟我爭皇位，我還得騰地方。畢竟我已經當了皇帝，即使騰出位子，兄弟兩人在權力面前的誤會恐怕這輩子也無法消解，說不定我會成為他下一步收拾的對象。與其讓他收拾我，不如乾脆不讓他回來。可是，大臣王直等人正在商量著派使臣去迎接太上皇回京。出於面子上的考慮，我又不好把自己的想法向大夥講明，免得落得個自私自利、不顧手足親情的罵名。於是，我不高興地嘟囔了一句：「朕本來不想登大位，當初可是你們把我推上來的。」言外之意，如今你們再把前任皇帝請回來，那我這個現任皇帝往哪兒放？你們這不是坑我嗎？于謙見狀，從容地勸我：「皇上的帝位已經明確，不會再有什麼更改，只是從情理上講，太上皇不宜久居塞外，還是應該趕緊接回來才是。萬一他真有什麼陰謀，我就有話說了。」我堅信于謙有的是辦法，於是決定聽他的，派使臣去迎接哥哥。

等待哥哥的並沒有豪華盛大的歡迎儀式，而僅僅是「以一轎二馬迎於居庸關，至安定門易法駕」。這令所有官員大跌眼鏡的寒酸規格，就是我批准的。堂堂太上皇，就這樣悄無聲息地從塞外進了京城。當天是中秋節。

東安門內，兄弟相見，抱頭痛哭。他的眼淚似乎是真的，似乎在訴說著塞外帳幕裡的委屈；我的眼淚亦真亦假，同情他的淒苦遭遇，可憐他的憔悴面容，又多少有些逢場作戲，演給群臣看。

眼淚終歸是眼淚，紫禁城是我的，哥哥只能屈尊南宮。不少大臣想去朝見拜謁，都被我喝止了。

南宮裡的哥哥形同囚徒，紫禁城裡的我也寢食難安。太上皇的名號，畢竟是我強加給哥哥的，他一直沒有明確表示心甘情願地接受。東宮畢竟不是我兒子的地盤，天下終歸還要交給哥哥的後人，我心裡能好受嗎？這樣一來，我還是一個代理皇帝，為他人做嫁衣裳。孫太后果然老練，當初她同意我登基的唯一條件，就是讓朱見深當皇儲。這步棋好狠！

太上皇的歸來，標誌著大明與瓦剌正式講和，瓦剌又請求朝貢。這是一個貪得無厭的部族，記得正統初年，貢使不過百人，就在土木堡之變的前一年，貢使增至三千人。他們牽來幾千匹馬，索要的賞賜卻總是沒夠。如今，又派三千人入朝，這不明擺著是想撈到戰場上撈不到的便宜。于謙建議，朝廷派大軍列隊居庸關，以備不測；在京城陳兵巨萬，設宴款待，以求震懾。同時，請求敕令大同、宣府、永平、山海、遼東各路總兵官增修城牆準備防禦。我都一概照准。

瓦剌進貢，常常攜帶以前擄去的人口，于謙通過重金酬謝使者的方式，前後贖回了幾百人。不過，對於于謙提出的像永樂朝那樣出擊瓦剌、根除邊患的想法，我沒有同意。有太上皇在京城，我哪兒都不敢去。

北京保衛戰之後，于謙主持兵部還進行了幾項改革：

鑒於永樂朝安置在京畿的眾多蒙古降眾，在土木堡之變後很多人都成了也先的內應，于謙在用兵西南時挑選這些蒙古降眾中的精銳騎兵，從厚資助他們前往助戰，再將他們的妻子兒女遷往西南。這樣，不僅增強了征伐西南各路大軍的戰鬥力，而且把這些北部邊關的隱患輕易地化解了。

北京保衛戰前後，福建、浙江分別發生鄧茂七、葉宗留起義，他們擁有部眾，自封王號。湖廣、貴州、廣西、廣東的少數民族也時有叛亂。然而，這些事沒有給我帶來太多麻煩，因為有于謙在。兵部在于謙的調度下，井然有序地安排部隊的徵集調遣。在戰事緊急的時候，才思敏捷的于謙甚至可以直接口述奏請和下命令，各種資料如數家珍，倒背如流，令人驚歎。他號令嚴明，即使是一張字條傳至萬里，前方將士也會嚴格遵守和執行。這些起義和叛亂很快就被平定。

我對于謙幾乎是言聽計從。只要于謙勸諫，我一定悔改。只要是打算任用官員，我一定先徵求于謙的意見。于謙是性情中人，淳樸敦厚，說話實事求是，從不隱瞞，也不回避嫌疑怨恨，這倒是招來很多人的不滿。特別是那些被他斥為不稱職或是不被朝廷重用的官員，都對他滿腹牢騷。北京保衛戰剛剛結束，都御史羅通就彈劾于謙在功勞簿上登記不實，還有御史說于謙專權太過，身為兵部尚書，卻干預六部事務，好像他就可以代表內閣。我每個月都會收到彈劾于謙的奏章，但都給攔了下來。我能夠坐穩皇位，離不開于謙的輔佐，我必須力排眾議保護他。

我見于謙的住房破舊，就賞給他一座西華門的府邸。而于謙則推辭說：「國家多難，臣怎敢自己安居？」可于謙越是推辭，我越是不准。於是他乾脆把我先前所賞賜的璽書、袍服、銀錠之類，全部封好，寫上說明，存放在這座豪華宅邸裡。也就每年去看看罷了。

在于謙的輔佐下，已經呈現亂象的大明王朝，在景泰朝開始趨於穩定，有再現盛世的徵象。銅胎掐絲琺瑯，作為一種興起於元朝的瓷銅結合的獨特工藝品，在景泰朝最為興盛，故名「景泰藍」。這或許是我留給帝國後世最具特色的美好回憶吧。

都是孩子惹的禍

天下歸心，皇位穩固。可太上皇陰魂不散——他的兒子朱見深依舊是太子。這令我頗感彆扭。我想換換儲君，把自己的兒子朱見濟扶上去。沒想到，正宮娘娘汪皇后太過循規蹈矩，竟然不予支持。我跟朝臣們多次暗示，也無人回應。只有幾個太監弄懂了我的心思。其中有個叫興安的太監出了個主意，讓我先設法把群臣的嘴堵住。我會心地點了點頭。

第二天，都御史楊善、王文，大學士陳循、高穀，以及幾個侍郎，幾乎不約而同地收到了我的賞銀。他們自感無功受祿，誠惶誠恐，不知所措。興安等幾個太監上下攛掇，點破天機。王文、陳循等人若有所思，紛紛贊同易儲，但仍舊無人敢帶頭倡言。就在局面僵持不下之際，我忽然收到了一封不尋常的奏疏。

這份奏疏詳細論證了易儲的合理性和可行性。寫奏疏的都指揮使黃玹曾為了謀得土官知府之銜，殺掉其弟黃堈全家。寫這份奏疏，就是為了碰碰運氣，興許能換得一個免死的機會。不管他動機如何，這份奏疏的出爐打破了易儲問題的沉寂。我趕緊下令將這份奏疏傳示群臣，並給遠在廣西的寫奏疏之人赦免死罪，加官晉爵。

事已至此，大臣們，特別是那些收了我賞銀的高官們，一個個在主張易儲的奏疏上簽了自己的名。于謙本想藉口自己是戎馬武夫，躲開宮闈之事，可看到幾乎所有的大臣都聯署了名字，自己也只好隨大流。

於是，就在我即位的第三年，朱見深被降為沂王，朱見濟成為太子。

我如願以償，讓自己的兒子當上了皇儲。可是，汪皇后卻高興不起來。雖說朱見濟是杭妃所生，但她跟杭妃並沒什麼過節。顯然，汪皇后是腦子一根筋，太在乎孫太后當初立朱見深為儲君的詔書了。她一再告誡我：「您得到皇位，已屬萬幸，儲位本來就是朱見深的，這一點天下都知道，您怎能如此輕率地說換就換呢？」

我被激怒了。於是汪氏主動請辭中宮，遷往別宮。杭妃升為皇后。如此也好，太子正位，太子生母統馭六宮。一切都是那麼其樂融融。我興奮無比，不僅批准了巨額撥款，滿足太監興安大建寺廟的要求，而且忘記了總理朝政是做皇帝的天職，整日躲在深宮裡跟侍女們嬉戲。

有時候，得意忘形就會樂極生悲。我好不容易才把朱見濟送進東宮，可他那麼不爭氣，沒到兩年便染疾夭折。此前我的一切努力，都隨著他的辭世而灰飛煙滅。

我就這麼一個兒子，死了。東宮空了，那些朱見深的粉絲們，又開始為恢復這位皇姪的儲君地位而奔走呼號。甚至有些御史還建議恢復汪氏的皇后身分。我被激怒了。寫奏疏的人進了監獄。

我還年輕，我堅信自己會有第二個、第三個兒子。即使我不能生育，寧可傳位給別的姪子，也不能給朱見深。道理很簡單：一旦這小子上臺，天知道他會怎麼報復我！更讓我不安的是，孫太后屢次到南宮看望哥哥。我擔心他東山再起，便下令太監們在一夜之間砍光了南宮所有的樹，把哥哥嚇得只好認栽：東宮易儲的事，他不得不同意。

景泰七年（一四五六年）二月，杭皇后死了。喪子喪妻之痛讓我再也無心處理朝政，整日泡在女人堆裡尋求慰藉。然而，這樣的安樂畢竟短暫。就在這一年冬天，我忽然重病纏身，臥床不起。更可怕的是，這一年多，宮裡竟沒添一個男丁。

中秋節本是合家團圓的日子，我卻躺在病床上，看著大臣們起草的「請擇元良」的立儲奏疏，使勁搖頭。我清楚，立沂王，還是立其他皇姪，大臣們意見並不統一。

景泰八年（一四五七年）正月十七日清晨，我正準備強打精神前去早朝，確定立儲大事，忽聽奉天殿鐘鼓齊鳴。我大吃一驚，忙問左右人：「是于謙嗎？」在我的心目中，唯有他是本朝的擎天柱。有他在，縱然我如何不理朝政，國家也會安享太平。

然而，一個萬萬沒有想到的故事在幾個小時前剛剛發生：石亨、徐有貞等大臣，把哥哥從南宮接出，擡上了奉天殿，重新登基稱帝。文武百官糊裡糊塗地接受了前任皇帝的復辟。上皇變成了皇上，我被他們罷免了。

倘若我能當機立斷，確定立儲大事，讓百官滿意，石亨等人斷不敢擡出哥哥，演出奪門之變。倘若我不那麼費盡心機，改立皇儲，恐怕至少現在我還擁有一個完整而和睦的家庭。

當皇帝，對我來說，是不是一個巨大的錯誤呢？重用于謙，對他來說，是不是一場美麗的災難呢？

八年前，我硬是剝奪了遠隔千里之外的兄長的皇位；八年後，兄長用一場政變剝奪了我的皇位，甚至是我的一切。

一切都結束了。

對此，我只說了一句：「好！好！」

卷八　明憲宗（成化）朱見深回憶錄

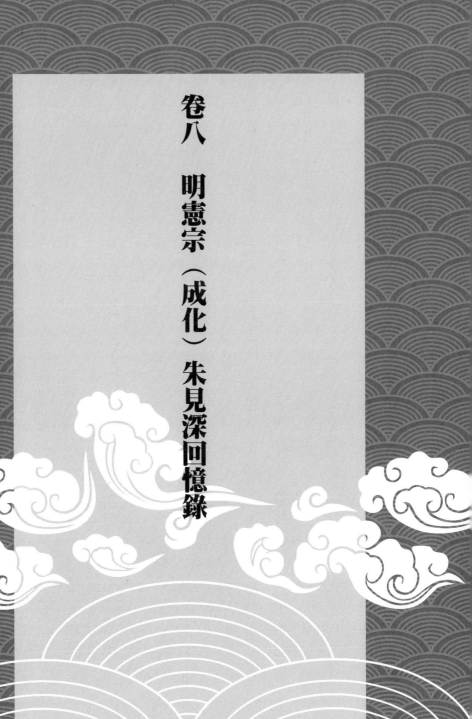

明憲宗朱見深簡歷

朱見深，生於正統十二年（一四四七年）十一月初二日，卒於成化二十三年（一四八七年）八月二十二日。出生地為北京。朱祁鎮長子。原名見濬。正統十四年（一四四九年）八月二十二日，因英宗被瓦剌俘虜，孫太后命立為皇太子。景泰三年（一四五二年）五月初二日廢為沂王。天順元年（一四五七年）三月初六日復立為皇太子，改名「見深」。天順八年（一四六四年）正月二十二日即位。年號成化。在位二十三年。死後廟號憲宗，謚號「繼天凝道誠明仁敬崇文肅武宏德聖孝純皇帝」，簡稱「純皇帝」。葬於北京昌平茂陵。

朱見深在位前期，為于謙平反昭雪，並恢復朱祁鈺帝號，就地安置荊襄流民，史稱他「恢恢然有人君之度」。繪製《一團和氣圖》，倡導朝廷上下團結，避免冤案再生。然而，其寵幸貴妃萬氏、重用宦官汪直、梁芳；圈占皇莊，加劇土地兼并；濫封傳奉官，搞亂吏治；開設西廠，實行特務政治。其口吃的毛病也影響了與大臣的面對面交流，只能靠身邊人代為傳話，從而給后妃、宦官干預朝政大開方便之門。明清史專家孟森認為，成化時期朝政極其穢亂，只因祖宗積下的財富甚多，還不至於擾民，故而尚能稱作太平。

一生最得意之事：寵愛萬貴妃；一生最失意之事：萬貴妃先他而死。

皇后吳氏（被廢）、王氏（王鍾英）。有名號的嬪妃十餘人，以萬貴妃最為得寵。膝下育有十四子、五女。其中長、次子先後夭折。成年長子（序齒第三）朱祐樘為法定皇儲。成年次子（序齒第四）朱祐杬為興獻王（世宗朱厚熜之父）。

成化元年（一四六五年），新君臨朝，萬象更新。

三朝元老李賢領銜內閣，三跪九叩，向我朝拜。這日，他奏報的是廣西的一場戰役。大藤峽瑤民造反，迅即被副都御史項忠平定。大批起事瑤民被趕出深山，請朝廷發落。於是，幼童全部押送入宮，作為太監和宮女。

幾年之後，同是大藤峽俘虜的太監汪直和宮女紀氏，成了這個帝國非同小可的人物。

散朝之後，我沒去皇后的寢宮。事實上，這樁父母包辦的婚姻，我並不滿意。我眼睛一瞇，太監們心領神會：車駕前往萬貴妃的昭德宮。

成化朝的故事，就從這五個人一一說起……

賢臣輔佐，推行善政

土木蒙塵，天子被擄，皇位易主，我也被迫離開東宮，在沂王府度過了懵懂的童年，遠離政治漩渦，遠離宮闈政變。十一歲那年，父親重登大寶，我也重返東宮。只不過，這場變故，沾滿了鮮血。也正因此，我厭惡政治的爾虞我詐，厭惡名利場的血雨腥風。比起當太子，讀聖賢書，我更喜歡整日與宮女們一起廝混。父皇說我缺少男子漢的陽剛之氣，比前輩差得遠，甚至不如當過階下囚的他。我不否認。他甚至擔心，如果皇位傳給我，天下將會怎樣。

據說父皇臨危之際，曾經打算易儲，就把大學士李賢召來問話。李賢老成持重，認為易儲事關

《明憲宗調禽圖》軸（局部），此圖表現朱見深在御苑中賞鳥的閒情逸致。

國本，請皇上三思。父皇也覺得此時易儲，風險甚大，但實在不願把天下交給一個說話結巴、乳臭未乾的奶油小生，於是不甘心地反問了一句：「然則必傳位太子乎？」

顯然，他渴望用反問句說服李賢，沒想到卻得到了這樣的回答：「宗社幸甚。」聰明的李賢四兩撥千斤，巧妙地把反問句改成了雙重否定的語氣：「不傳位給太子不行。」父皇無奈，只得勉強起身，召我入宮。

我雖愚鈍，也深知自己儲位岌岌可危的現狀，聞父皇宣召，惴惴不安，提心吊膽。剛進殿跪下，感覺有人在扯我的衣襟。偷眼一看，李賢正在使眼色。我心領神會，趕緊跪伏在父皇面前，抱著他的腳不住地痛哭。我的眼淚中，不僅有對父親即將離世的感傷，而且有自己的悔恨和恐懼，更飽含對李賢的無比感激。此時此刻，父皇也潸然淚下，或許他先前還要斥責我幾句，這下全嚥了回去。

父皇駕崩，我接管天下，順理成章。至此，大局已定。

李賢榮膺華蓋殿大學士，總攬內政。

他是個好人，對我知無不言，言無不盡。記得即位之初，天災頻仍，日月無光，冰雹如斗。他

內閣首輔李賢，憑一句話就搞定朱見深的皇位。

藉機進言，希望我「敬以修身，正以御下，剛以斷事，明以察微」，只要「持之不怠」，天災自然消失。還說「天時未和，由陰氣太盛」，宮女過多，建議釋放部分宮女回家。我同意了。最老的宮女，是宣德年間入宮的，如今已經年過半百。大規模放還宮女和父皇遺詔廢除殉葬，功德蓋萬世。

成化初年，是個群賢畢至的時代。李賢主持內閣，游刃有餘，獎勵人才，匡正朝綱；彭時嚴謹持重，氣度恢宏；商輅才識過人，潔身自好；岳正率直耿介，不畏權貴。特別是商輅，是大明首位鄉試、會試、殿試連中三元者。在他們的支持下，我為蒙冤而死的于謙平反，肯定了他為大明的貢獻。他保衛了京城，也就保衛了當時年幼的我的身家性命。我為景泰皇帝恢復了名譽，上尊號，定廟號，把他的牌位請回了大明皇帝的太廟。覆核死刑，我總是考慮再三，能寬宥就寬宥。終成化一朝，獲罪被殺的大臣，只有兩個，而且都是人人唾罵的奸佞。比起先帝，我似乎更柔弱，更寬厚，身上全無開國皇帝的陽剛之氣。

與父皇比起來，我缺乏激情，不愛冒險，熱中於安靜、謹慎、太平的生活。成化三年（一四六七年）十二月，一個名叫黎淳的官員舊事重提，奏請我調查當初景泰皇帝朱祁鈺將我從東宮趕走，廢為沂王的事。我想了想，在奏疏上批了幾個字：「景泰事已往，朕不介意，且非臣下所當言。」

皇叔自私，乃人之常情，可以理解。畢竟，他的兒子朱見濟在東宮待了沒幾年就死了，後來父皇復位，我不是繼續當著太子嗎？這一系列風波非但沒有讓我損失什麼，還收穫了殘酷政治鬥爭的洗禮，我有什麼好抱怨的！疏不間親，何況是皇叔！人都死了，何必去報復呢？

于謙是冤死的，這在父皇平定曹石之亂後已經基本弄清楚了。可是，父皇不願出爾反爾，為自己斬殺的忠臣平反。父皇的這樁不敢明言的遺願，就落到了我的肩上。成化二年（一四六六年）八月，于謙的兒子于冕獲得赦免，上書申述冤情。我親自審理，為于謙平反昭雪，恢復名譽和兵部尚書職銜。在祭文中，我這樣寫道：「當國家之多難，保社稷以無虞，惟公道之獨持，為權奸所並嫉。在先帝已知其枉，而朕心實憐其忠。」祭文在全國廣為傳頌。未幾，于謙在北京東城西裱褙胡同的故宅，被我傳旨改為「忠節祠」。

藉平反于謙案的那股勁，我在朝野內外提倡上下一心，精誠團結。為此，我繪了一幅畫，名叫《一團和氣圖》，其構思堪稱獨具匠心，巧妙有趣，把我的良苦用心全部體現了出來。這幅圖乍一看，像是畫了一個圓球，又好似一個瞇眼微笑的人。仔細看去，則會發現是三個人抱成一團，乍看起來的一張面孔，其實是三張面孔組成的。《一團和氣圖》的創意，其實是有典故的。東晉時期，禪宗法師慧遠在廬山修行三十多年，從不下山，也不進城，即使送客，也不越過虎溪。一天，儒生陶淵明和道士陸修靜遠道而來，與慧遠攀談良久，相聚甚歡。後來，慧遠送他倆下山，到虎溪時，雖然不時傳來老虎的呼號聲，但因為談得太投入，竟沒發覺。直到越過虎溪，三人才發覺，旋即會心地哈哈大笑起來。就在這不經意間，慧遠破了不過虎溪的執念，笑聲傳遞了他們難以言傳的喜悅。這就是「虎溪三笑」的典故，也是宋代學者力圖調和儒、道、佛三家學說的體現。在我看來，儒、道、佛雖信仰不同，流派各異，但可以「合三人以為一，達一心而無二，忘彼此之是非，藹一團之和氣」。「一團和氣」的意念，正是來源於此。

儘管我善於用繪畫表達內心世界，卻難於用言語說出來，因為父皇在賜給我肉體與靈魂的同時，還賜給我一副相當不伶俐的口齒。說話時結結巴巴，口吃非常嚴重。為了遮醜，每次臨朝議事，只要准奏，我只說一個「是」字；如果不准奏，乾脆不吭聲。時間長了，大臣們也能心領神會，但這畢竟給君臣面對面交流設置了障礙。久而久之，我對臨朝理政也就厭倦了，讓那些口齒伶俐的寵臣和太監去傳旨好了。不管怎麼說，大明人才濟濟，我也算是從善如流、熱中和諧。

然而，人才濟濟並不代表天下太平，從善如流未必能革除天下弊政，熱中和諧未見得能構建天下和諧。就在我對成化朝的未來躊躇滿志之際，流民揭竿而起，荊襄地區頓時陷入戰亂。

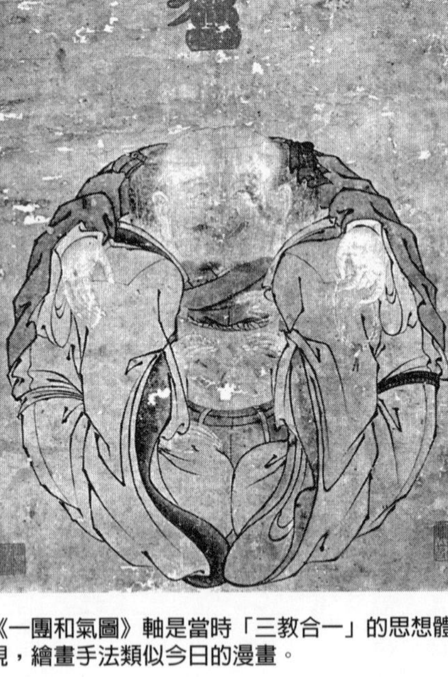

《一團和氣圖》軸是當時「三教合一」的思想體現，繪畫手法類似今日的漫畫。

流民、皇莊、墮淚碑

成化六年（一四七〇年）十月的一天，乾清宮。

一貫柔弱的我大發雷霆，握著奏疏的手一個勁兒地顫抖。階下群臣，面面相覷，默然一片，唯有頓首。這是一份令人恐懼的奏疏。千里之外的鄖陽，正在掀起一場大規模流民暴動，把大明王朝弄得地動山搖。

原來，這個地處湖廣、河南、陝西三省交界處的山區，林木茂密，資源豐富，向來成為流浪飢民採掘果腹、逃避徭役的目的地。這些年來，災荒不斷，聚集在這裡的流民越來越多。他們本可以安心在此謀生，可官府卻想方設法地將他們趕出，以便徵收賦稅，防止聚眾騷亂。先帝在位時，有人建議派個清官加以招撫，可父皇沒當一回事，三個省的長官又互相推卸治理責任，導致亂子越鬧越大。成化元年（一四六五年）四月，流民領袖劉千斤與石和尚率眾揭竿而起，回應者數萬，很快控制了襄陽、鄧州一帶。官軍耗時一年多，才將這場

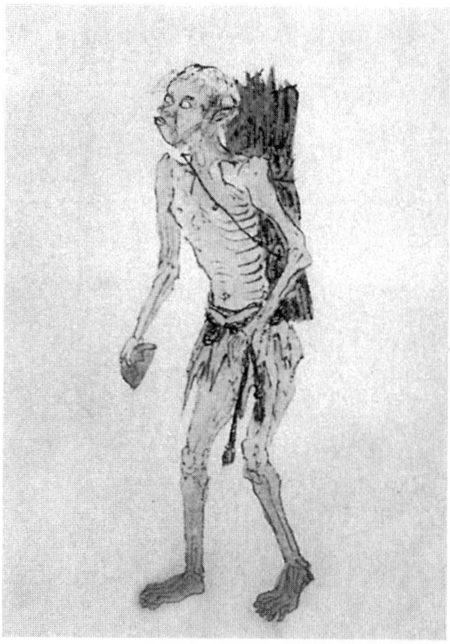

周臣《乞食圖》冊頁（局部），此圖刻畫明代中葉以後流民的悲慘境地。

起義鎮壓下去。沒過幾年，暴動再起。領頭的叫李鬍子，自稱太平王，聚眾百萬，連克州縣。官軍屢次清剿，皆無勝績。

看著前方失利的奏報，我不厭其煩。除了訓斥州縣官無能之外，別無良方。就在這時，我想到了一個人——右都御史項忠。

他是個英雄。土木堡之變，父皇蒙塵，不少官員或死或擄，他也被瓦剌士兵裹挾著押往塞外。敵人看他身體還算結實，就讓他餵馬。他假意順從，騙得敵人放鬆警惕，乘敵不備，挾兩匹馬逃出瓦剌大營，一路往南飛奔。馬跑累了，他乾脆棄馬步行，走了七天七夜，竟奇跡般地返回京城。其忠誠、機智和勇氣，令幼年的我無比欽佩。

他是個好官。天順初年，項忠履任陝西按察使，於饑荒時節開倉賑濟，深受百姓愛戴。甚至有不少人自發聯名上書，請他留任陝西當巡撫。羌人造反，他沒有武力彈壓，而是設計招撫；西安城內水鹹不能飲用，他派人鑿開龍首渠，引水入城；八百里秦川旱災連年，他下令疏濬鄭國渠、白渠，灌溉涇陽、三原、醴泉、高陵、臨潼等五個縣七萬多頃耕地。聽說老百姓自發建生祠（為活人修建的祠堂），感念項忠的治水之功。

如今，國家有難，他的智勇雙全和撫民有方，正是我所需要的。項忠受命披掛上陣，總督軍務，二十五萬官軍分八路齊集荊襄。

成化七年（一四七一年），項忠抵達襄陽，諸將建議迅速進山征剿，項忠卻不以為然，堅持招撫為先，分化瓦解義軍。他派兵駐守各路險要，出榜安民，號召流民離開義軍，自行出山。凡主動出山者，一律既往不咎。於是，義軍中的老幼婦孺紛紛出山，以圖保命，前後多達四十萬眾。

李鬍子勢單力孤，先是堅守山寨不出，而後且戰且退，一直撤到竹山縣境內。天時不利，山洪暴發，溪水大漲。義軍渡河之時，遭到官軍伏兵截擊，李鬍子被俘，全軍覆滅。項忠移師竹山，又招降了五十多萬流民。至此，荊襄流民起義被徹底平定。不過，朝廷為此耗費了幾十年的積蓄，一下子變成了窮光蛋。

項忠擔心暴動再起，下令驅逐流民，拒不服從者殺無赦。即使是那些住在這裡已歷數代，不曾參加義軍的流民，也被無一例外地驅逐遣返。官軍所過，死者無數，枕藉山谷。遣返的流民因饑餓和瘟疫而倒斃途中的，不下數十萬。

項忠的暴行，我本一無所知。暴動消弭，我長吁了一口氣，下令樹起「平荊襄碑」以示紀念。可當地人都管它叫「墮淚碑」，以示對殘酷殺戮的不滿。後來，有人彈劾，暴行昭然。我不僅沒有治項忠的罪，反而提拔他當兵部尚書。別人只當我姑息縱容有餘，剛正嚴明不足。我卻有自己的苦衷。

誠然，項忠濫殺。可流民之所以產生，皇帝的責任不可推卸。

土地兼并，是小農經濟不能回避的問題，也是歷朝歷代最擔心的難題。如果說「富者田連阡陌，貧者無立錐之地」是一個王朝步入盛年的普遍現象，那麼皇帝帶頭兼并土地，卻是本朝的獨創。

皇帝以及皇家圈占的土地，稱為「皇莊」或「宮莊」。皇莊的出現，應不晚於洪熙、宣德年間。仁宗皇帝朱高熾就有仁壽宮莊、清寧未央宮莊，英宗皇帝朱祁鎮為皇子們設立了東宮莊田、德王

《明憲宗元宵行樂圖》卷（局部），此圖展現宮廷歡度年節，奢靡鋪張的情景。

莊田、秀王莊田等。從成化朝開始，「皇莊」的擴張速度明顯加快。登基之初，我下詔沒收宦官曹吉祥在順義的田地，設為「皇莊」，這是皇家圈地稱為「皇莊」之始。很快地，我的皇莊就遍布順義、寶坻、豐潤、新城、雄縣等處。

俗話說，「普天之下，莫非王土」。天下都是我的，何必再親自出面圈地呢？

大明帝國的財政從來都是兩本帳。一本是官帳，即戶部每年的財政收入；一本是私帳，即我的私房錢。戶部的錢，用起來總還是要有點正當名目，並且接受百官監督，儘管我權力無限，但還是顧及面子，有些不便；私房錢誰都管不了，我可以肆意亂花，胡作非為。此外，皇莊並非只為皇帝設立，還包括后妃、皇太子及在京諸王的莊田。要養活這麼一大家子，不置辦點田產哪行啊！

或許有人會說，大明皇帝對錢財的追求已經

到了無以復加的變態程度。這一點我承認，而且我就是「榜樣」。要滿足宮裡奢靡的生活，當然不能完全指望正賦，我必須想方設法搜括各種錢財。

皇莊其實是衙門的變種。在皇莊裡，土地所有權與行政權、司法權是結合的。這些皇家私房錢產地，我會想當然地交給家奴——太監們去打理。據一些大臣反映，有些太監比較缺德，經常帶著家丁和校尉，「占土地，斂財物，汙婦女」，無所不為。有大臣曾問：「天子以四海為家，何必與小民爭利？」對於這些，我一概充耳不聞。我的眼裡只認錢。

皇莊的擴張和土地兼并的氾濫，導致農民失去土地的速度加快。當他們失去了賴以生存的依靠後，只能到處流浪，逃荒要飯。湖廣、河南、廣東的在冊耕地越來越少，其主要原因就是皇莊圈占了許多，它們不納稅，而且源源不斷地供應皇帝私房錢。天子帶頭，上行下效，親王、大臣、勳貴、外戚、宦官也大肆圈占，這正是荊襄流民問題愈演愈烈的重要原因。儘管朝廷後來加強了對荊襄的管轄，設置鄖陽府，使民入籍，開墾荒地，繳納賦稅，州縣官也做出詢問民間疾苦的姿態，緩和了當地的緊張氣氛。然而，全國性的土地問題無法根治，隱患猶存。

可恨可愛的萬貴妃

從紫禁城到沂王府，從東宮到奉天殿，陪伴我最久的，不是父皇，不是母后，而是一個名叫萬貞兒的宮女。三歲那年，孫太后就把她派來照顧我。從那時起，她與我幾乎形影不離。

曾幾何時，我把她當作大姊姊。這個大我十七歲的山東姑娘，身材豐滿，伶俐機智，善解人意。她能用自己特有的溫柔，驅散政治鬥爭給我帶來的種種煩惱。在我布滿陰霾的童年歲月，她的存在，就是一縷陽光，一絲溫暖。我發覺，自己越來越離不開她。儘管父皇想棒打鴛鴦，可我倆青梅竹馬的情誼似乎更深了。突然有一天，她不再是我的姊姊，而是我最鍾愛的媳婦。登基那年，我甚至要立她為皇后。

大臣們紛紛要求我收回成命，理由就是萬貞兒出身卑微，而且歲數大我一倍。無奈之下，我只得立她為妃。父母指定的吳皇后，我並不喜歡，這樣的包辦婚姻只維持了一個月。新婚燕爾，萬貞兒跟我繼續眉來眼去，令吳皇后醋意大發，以六宮之主的身分杖責她。我一怒之下，將吳皇后廢黜，當然，廢后的藉口冠冕堂皇——吳皇后「舉動輕佻，禮度率略」。繼立的王皇后，備受冷落，只是個擺設。而她也頗為識趣，明哲保身，不去爭寵，這倒成全了萬貞兒成為實際意義的後宮主宰。

萬貞兒並非傾國傾城，只是「貌雄聲巨，類男子」。但是，我喜歡她。母親有時問我：「她哪兒長得漂亮，值得你這麼寵幸？」我淡淡地說：「只有在她的拍撫之下，我才會安心入睡。我並不追求她的相貌。」我傾注在她身上的，既有男女之歡，更有晚輩對長輩的依戀。

萬貞兒之美的確有她的獨到之處。我每次出巡的時候，她總是身著戎裝，或縱馬前驅，或佩刀侍立。相比於六宮粉黛的柔姿弱態，身著戎裝的萬氏給了我一種從未領教過的新鮮感和冷俊美。有人說，明朝皇帝個個好色，而且嗜好非常古怪。這一點，我承認。我不愛紅裝愛武裝，不愛少女愛熟女。這也算是一種怪嗜好吧。

王皇后識大體，不爭寵，於是萬貴妃成了後宮之主。

成化二年（一四六六年）正月十九日，萬貞兒生下了我的第一個兒子。我欣喜若狂，馬上冊封她為貴妃，親自派人到泰山祭祀，感謝上天的保佑，願這個孩子福壽永康。可是，我高興得太早了。孩子不滿周歲就夭折了。

年近不惑的萬貴妃，心情一落千丈。自此以後，她再也沒能生育，得到的寵幸也伴隨著歲月的流逝而日漸減少。然而，每當我來到別的嬪妃宮中，她總是一身戎裝，頭前開路，搞得嬪妃們膽戰心驚，搞得我也覺得大煞風景。

成化四年（一四六八年）秋，夜空掠過幾顆彗星。依照慣例，大臣們認為這是不祥之兆。於是，他們紛紛上書，奏請我「溥恩澤」，也就是擴大寵幸的範圍，多和其他嬪妃燕好，以廣後嗣。畢竟，除了萬貞兒為我生下一個夭折的小兒外，我還沒有子嗣。雖說我不著急，可謹守禮法的大臣們慌了神，生怕國本不立，社稷有憂。我雖然滿口答應，可還是專寵萬貞兒一人。

即使如此，據說萬貴妃還是特別擔心別的嬪妃分去自己的寵幸，便勾結太監嚴加防範，只要發現嬪妃宮女懷孕，就逼迫她們服藥墮胎。這一切，我至今才知道。

轉眼間，我已經二十九歲了，膝下依然無子。想起先帝們活過四十歲的寥寥無幾，在內侍給我梳頭時，我不禁對鏡感歎：「老之將至而無子啊！」

「恕臣死罪，萬歲已有子了！」

我非常驚訝，扭頭一看，原來是太監張敏。

我連忙追問孩子的下落。太監懷恩走了過來，小聲說道：「皇子在西內偷偷養著，今年已經六歲了，不敢讓外邊知道。」

我當然明白，懷恩所顧忌的就是萬貴妃。可是，此時此刻，在我心目中，兒子更重要。我要求馬上見到自己的骨肉。

在西內焦急等候的我，忽然看見一個身著紅袍的小孩，胎髮很長，垂至地面，疾步快跑，投入我的懷中。我激動得熱淚盈眶，反覆端詳，越看越喜歡：「是我兒子！像我！」

原來，七年前的一天，我曾經到內藏看書，偶然見到看管書房的宮女，美貌絕倫，對答得體，一朝雨露，竟珠胎暗結。這個宮女，就是大藤峽的俘虜紀氏。

紀氏懷孕，當然瞞不過耳目眾多的萬貴妃。同樣是墮胎藥伺候，可藥力卻沒能奏效。在宮婢和太監們的保護下，孩子偷偷降生在安樂堂，被當成女孩兒一天天地養大。

這是一個不眠之夜。紀氏遷居永壽宮，正式冊封為淑妃。可愛的小皇子，禮部議名朱祐樘。這年十一月，他成為皇儲。

幾個月後，紀氏突然自縊，張敏吞金自殺。這成了一樁無法揭開謎底的懸案。

我清楚，這一切都跟萬貞兒脫不了干係。因為在我認子之後，她日夜哭泣，不無抱怨地嘟囔：「奴才們竟敢騙我！」顯然，萬貞兒下了毒手，將他們逼死了。

可是，我無力追究，也不想追究。

朱祐樘的儲位並不穩固，萬貴妃總是在我跟前說他的壞話。起初，我不太相信。畢竟，朱祐樘嚴謹好學，知書達理，從善如流，無懈可擊。然而，她的一再催迫，使我動搖了。易儲詔書都寫好了，還沒來得及公布，就傳來了泰山連續地震的報告。欽天監的官員說，泰山地震，昭示老天爺因應在東宮太子身上。素來相信天人感應的我，趕緊把詔書燒了，也就算承認朱祐樘是我的合法繼承人，他的儲君大位不會變了。

有了太子，我自感萬事大吉，於是躲進深宮，紙醉金迷，跟道士、和尚廝混，潛心鑽研房中術，樂此不疲，身體越來越虛，跟大臣的見面機會越來越少。

就在土木堡之變前一年舉行的科舉考試中，一個來自四川眉州的讀書人考上了進士，二十多年之後，又當上了成化朝的內閣大學士。他叫萬安。

成化七年（一四七一年），大學士萬安、彭時、商輅奉旨入朝。彭時和商輅向我提出，京官俸祿不宜削減。我剛剛點頭同意，萬安立即跪倒叩頭，高呼萬歲。彭時、商輅見狀，也只能連忙趴下叩頭，高呼萬歲。本來，彭時和商輅可能準備了好些事情需要奏請我來解決。可按照慣例，大臣奏事之後，跪下叩頭，高呼萬歲，就意味著奏事完畢。他們三人徐徐退出大殿，一場精心安排的議政會議就這樣戛然而止。更重要的是，從此，我就基本上不再召見大臣了。

坊間傳說，這位學問不深，但精於巴結權貴，特別對房中術有研究、有著述的萬閣老，就因為這記響亮的叩頭，以及那聲清脆的「萬歲萬萬歲」，被人們稱為「萬歲閣老」。

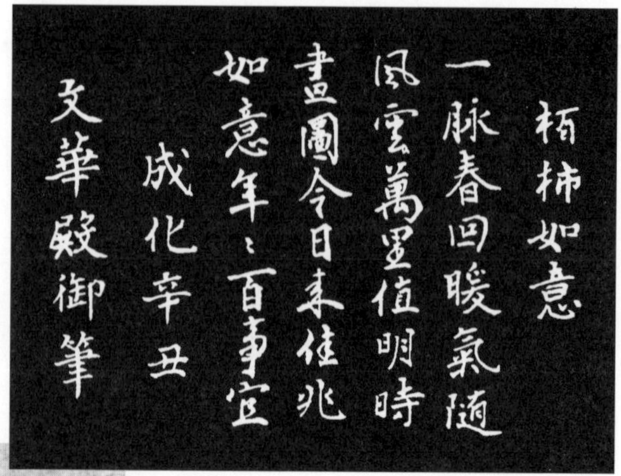
柏柿如意
一脉春回暖氣隨
風雲萬里值明時
畫圖今日來佳兆
如意年年百事宜
成化辛丑
文華殿御筆

明憲宗繪《歲朝佳兆圖》軸及行楷題《柏柿如意》詩帖

我不理朝政，國家誰來掌舵？

逞強宮廷的太監汪直

成化十六年（一四八〇年）的一天，紫禁城臨時搭建的戲樓子。

今天，我心情格外好。無案牘之勞形，無公務之打攪，帶了幾個近臣看演出。

宮廷裡蓄養了一些俳優，他們的職責就是為我表演個性化的原創節目。出於對藝術的尊重，我允許他們諷刺現實，包括我在內都可以作為諷刺對象。其中有個小太監叫阿醜，據說演得惟妙惟肖。

大家坐定，表演開始。

阿醜踉踉蹌蹌地走上臺來，手裡提著個酒壺，邊喝邊罵，在發酒瘋。

這時，跑上來一個官員打扮的傢伙，慌慌張張地告訴他：「皇上來了！」

言外之意，醜態該收收了。

可沒想到，阿醜根本不加理睬，繼續邊喝邊胡說八道。

官員打扮的傢伙受不了了，乾脆叫了一聲：「汪太監來了，還不起來！」

阿醜的罵聲立刻停止，擡頭看了「官員」一眼，迅即爬了起來，刷地一下，溜了。邊跑邊說：

「皇上算老幾！這年頭老百姓只知有汪太監，不知有天子！」

阿醜的動作滑稽幽默，令我捧腹。然而，開懷之餘，他說的那句臺詞讓我的心「咯噔」一下子，身子骨不寒而慄。身為國家的老大，知名度還不如一個奴才。

汪太監是誰？他怎麼會有這麼大的本事？

這個汪太監，本名汪直，來自廣西瑤族部落。那場成化初年的大藤峽之戰，使他當了俘虜，被迫走出深山，來到京城，被迫接受閹割，充當宦官。他最早被分到萬貞兒的昭德宮當差。汪直是個機靈鬼，左右逢源，四處討好，深得萬貞兒的喜愛。愛屋及烏的我，自然對汪直充滿好感。沒過多久，他就升為七品官，到御馬監當太監，管理御馬和各國進貢的馬匹。

作為天下之主，我希望自己長生不老，以便永久地享用榮華富貴，吃喝玩樂，因而倍加崇信道教。有個道士名叫李子龍，有點本領，我很敬佩。不過這傢伙心眼不夠厚道，曾用妖術迷惑了宮廷侍衛，屢次得到登上萬歲山、眺望皇宮的機會。還好，錦衣衛的特務們把他抓個正著。於是，這個妖道就被扣上圖謀不軌的嫌疑，開刀問斬了。

李子龍事件沒有波及皇宮，但給我震動很大。畢竟，他的做法已經威脅到皇帝日常生活的安全。

萬歲山（景山）是皇宮大內的鎮山，可以俯瞰紫禁城，一覽無遺。

為了杜絕此類事情再次發生，我決定從錦衣衛裡選拔一批武藝高強、智謀過人的特務，集中於靈濟宮，組建西緝事廠，用於刺探外事，因與東廠相對，簡稱西廠。

萬貞兒在枕邊哼唧好幾天了。我拗不過，於是就把汪直派去提督西廠。

汪直有很多優點。

其一就是聽話。

成化十二年（一四七六年），出於對李子龍事件的心有餘悸，我給了汪直一道密旨，讓他喬裝改扮成老百姓的模樣，到坊間進行偵探工作。他不辱使命，行動詭祕，上自朝中大臣，下至平民百姓，從國事議論，到街談巷議，搜集了大量情報，定期向我密報。他的聽話博得了我更多的信任。這也是我考慮由他提督西廠的重要原因。

其二就是寬容。

在我身邊受寵，難免驕橫。到各地巡視，倘若地方官府招待得不好，汪直就會直截了當地問：「你頭上的烏紗帽是誰家的？」這句問話，常常讓那些地方官下不來臺，也給他帶來了一些詼諧的色彩。有個知縣在聽到這句問話後，是這樣回答的：「我的烏紗帽是花了白銀三錢，在鐵匠胡同買的。」按說，這是句頂嘴的話，可驕橫的汪直或許樂暈了，沒責怪那個知縣。

汪直到江南巡視，聽說紹興楊繼宗是個品行不錯的官員，就前往拜會。見面寒暄之後，汪直張嘴就來了一句：「人們都說楊繼宗奇醜無比，但沒想到你比我猜測的更醜！」他拿人家的短處說事，本來就是開玩笑。不過，楊繼宗是讀書人，哪受得了這般「侮辱」。於是他冷冷地說：「我雖醜

紹興硬漢楊繼宗，讓權閹汪直碰了一鼻子灰。

陋，但還不至於損傷父母給我的身體。」楊繼宗用自己肢體的完整性，來諷刺汪直是一個閹過的太監。誰知汪直不僅沒有生氣，反而藉向朝廷推舉賢能之機，將楊繼宗推薦了出來。給出的評語是「天下不愛錢者，唯楊繼宗一人耳」。

不過，汪直的忍耐度和寬容度都是有限的。在他提督西廠以後，這一點越來越明顯了。

成化十三年（一四七七年）正月三十日，西廠正式成立。汪直就任提督。很快地，汪直的西廠羅織了一批冤獄。先是楊泰楊曄父子案，而後又是「捕妖言」運動。曾有人上書揭發西廠濫殺無辜，弄虛作假，騙取賞賜，但我不予理睬。我相信：亂世當用重典。我要想生活得更安全，就必須讓那些潛在的壞分子生活得不安全。在我的默許下，汪直又在四五月間羅織了幾樁大案，不少三四品官員或入獄，或丟官。

汪直開始變得不可一世起來。他每次出行，前呼後擁，排場盛大。有他在路上走，其他行人，無論官民，都要下馬回避，主動讓路，否則至少要遭受一頓暴打，甚至被揍死。就連朝廷大員，也要忍讓三分，即使有急事也要改道回避，唯恐被抓進西廠，遍嘗酷刑。鎮壓荊襄流民起義功勳卓著的兵部尚書項忠，就是在趕赴早朝的路上，沒有給汪直讓道，遭到汪太監的當場大罵，以及西廠狗腿子的圍攻和凌辱。

五月的一天，我收到了一份聯名奏疏。是大學士商輅和一些朝中大臣具名呈遞的，歷數汪直十一條大罪，強烈要求叫停西廠。我拒絕了。商輅等人又進宮面君，據理力爭，太監懷恩、兵部尚書項忠一齊回應。迫於朝野上下的壓力，我不得不下詔叫停西廠。從設立到廢除，西廠只維持了四個月。汪直被我申斥了幾句，而後調回御馬監。

西廠被撤，我是迫不得已而為之。汪直依舊受寵，我不僅依舊不願召見大臣，而且對商輅、項忠等人非常不滿。更重要的是，沒有西廠的日子，我的不安全感又油然而生。恰巧，御史戴縉主動上書，吹捧汪直，大談保留西廠的必要性。這份奏疏一下子說到了我的心坎上。於是，西廠恢復，汪直繼續擔任提督。西廠從廢到立，也就一個月的光景。戴縉也因此升了官。

商輅是大明首位連中三元者，堪稱文曲星再世。在他領銜要求下，西廠暫時解散。

緊接著，項忠等人獲罪罷官，幾十名朝廷高官也被免職，商輅受到排擠，不得不自請辭職，回家養老。汪直的一些親信鷹犬進入六部擔任尚書、侍郎。各種各樣大案要案的奏報又成批地被太監們抱到我的御案上。看著這些案子一件件地被西廠破獲，我既感到天下混亂，又覺得有西廠保障，我活得很安全。更令我欣慰的是，項忠、商輅離開朝廷，使得給我提意見、找麻煩的奏章幾乎消失了。彈劾汪直的奏章更是變得無影無蹤。

汪直喜歡面子。同樣是與海西女真打交道，兵部侍郎馬文升剿撫並用，連連告捷，威名遠揚。汪直到前方招撫，擅自更改策略，獨斷專行，險釀大禍。每次都要讓馬文升彎腰去擦屁股，收拾殘局，啥便宜也占不著，而汪直提上褲子，撣撣身上的土，站起來就去領功了。終於有一天，吃盡了啞巴虧的馬文升，一不小心得罪了汪直。於是，馬侍郎丟了官，進了監獄，以前送給汪直的那些功勞統統不算數了。

汪直喜歡銀子。陳鉞巡撫遼東，勞而無功，遭人檢舉，卻安然無恙。原來，他抱住汪直這棵大樹，平日裡錦衣玉食，小心服侍，一出事捨得行賄，敢於扯謊。只要錢給到了位，自己再混蛋，別人再舉報，也動他不得。

汪直喜歡打仗。但他從不敢與敵軍正面交手，只是耍下三濫的手段。海西有部落歸順，他竟將其襲殺，對外號稱大捷，抱著幾顆腦袋到我這裡邀功。敵人前來報復，燒殺搶掠，邊將不敢出戰，他也隱瞞真相。

這些事，大臣們不止一次地彈劾，我都一清二楚，但無動於衷。

汪直的肆意非為，不僅得罪了大臣，而且得罪了太監。西廠作威作福，架空了東廠。東廠的太監們幾乎無事可做。這讓一個人大為光火，他就是尚銘，東廠總管太監。無事，既撈不到油水，又沒有政績，眼巴巴地看著汪直步步高升，自己越發不舒服。於是，就導演了阿醜的那齣戲，想讓我有點觸目驚心之感。

果然，效果不錯。

成化十八年（一四八二年）三月初四日，重建數年的西廠再次解散。汪直的黨羽一個個被調往邊陲，名為駐守，實則架空。

次年六月，我不得不接受大臣們的勸諫，將汪直調離北京。汪直的歸宿，是南京御馬監。不過，對他來說，南京可不是個好地方，那裡是總兵許寧的地盤，而許寧是汪直的仇人。

項忠官復原職，馬文升重回遼東鎮守，尚銘繼續利用東廠斂財。天下似乎又恢復了往日的太平秩序。

汪直的一頁掀過去了，但天子越來越懶，太監干政也就自然而然了。需要說明的是，西廠的解散，萬安的奏請起了大作用。應該說，「萬歲閣老」是滑頭了點兒，但還不算壞。

成化二十三年（一四八七年）春，大霧彌漫，慾得難受。正月初九日我到南郊祭天地，第二天在奉天殿慶成宴罷，宮裡傳來了萬貴妃暴病而亡的噩耗。萬貞兒的去世，讓我有種莫名的恐懼與孤獨。我對著萬貞兒曾經照過的鏡子喃喃自語道：「萬侍長去了，我亦將去矣！」

幾個月後，南京御馬監的汪直默默地死去了。

大家都走了，我的心靈也沒了寄託。

突然有一天，我覺得活著，當皇帝，其實是那樣地沒勁……

卷九　明孝宗（弘治）朱祐樘回憶錄

明孝宗朱祐樘簡歷

朱祐樘，生於成化六年（一四七〇年）七月初三日，卒於弘治十八年（一五〇五年）五月初七日。出生地為北京。朱見深第三子。成化十一年（一四七五年）十一月初八日立為皇太子。成化二十三年（一四八七年）九月初六日即位。年號弘治。在位十八年。死後廟號孝宗，謚號「建天明道純誠中正聖文神武至仁大德敬皇帝」，簡稱「敬皇帝」。葬於北京昌平泰陵。

由於幼年遭受萬貴妃迫害，朱祐樘對宮廷政治的黑暗現實有深刻認識。即位後勵精圖治，努力扭轉成化年間的各種弊政。驅逐奸佞，裁汰傳奉官，革除妖僧，提拔劉健、李東陽、謝遷等名臣，提倡直言進諫。在明朝皇帝中，他算是生活節儉、疏遠女色、勤於政務的典範。史稱「恭儉有制、勤政愛民」。此外，他多次蠲免災區錢糧，下令有關部門慎重處理刑事案件。弘治年間，沒有出現宦官、權臣、外戚專權的情況，前朝政治腐敗的局面得到一定改觀，出現「中興」氣象。明末學者朱國楨認為，「三代以下，稱賢主者，漢文帝、宋仁宗與我明之孝宗皇帝」，評價很高。

一生最得意之事：革新朝政，收穫「弘治中興」美譽；一生最失意之事：受制於張皇后的強悍，沒能娶妻納妾，膝下只有獨子。

皇后張氏一人，沒有嬪妃。他是中國歷史上唯一執行一夫一妻制的皇帝。生二子、一女，長女次子均早夭。獨子朱厚照為法定皇儲。

成化二十三年（一四八七年）八月二十一日，京城大內。

剛滿四十歲的父皇突然病倒了。那些標榜能長生不老的仙丹，把他坑了。臥榻之上的他，痛哭流涕。顯然，他不想過早地辭世。他擺了擺手，讓大臣們都退下，偌大的乾清宮只剩下我和他。

父皇勉力起身，我連忙攙扶。他的嘴裡，顫巍巍地念著八個字：「敬天法祖，勤政愛民。」父皇希望我不要學他，貪財好色，不務正業，而要把國家治理好。我抹著眼淚，點了點頭。

撫摸著我頭頂尖的一塊斑禿，他默然了。或許，我童年的遭遇令他內疚，令他難為情。然而，一切都過去了。等待他的，是另一個世界；等待我的，則是歷史性的時刻。

第二天，父皇撒手人寰。半個月後，我登上皇位，大赦天下，改年號為弘治。一個宏大的治國計畫，正在我的腦海中醞釀。

沖刷汙垢，殷殷望治

父皇留下了一個爛攤子——宦官干政、大臣委靡、僧道作祟、外戚肆虐。總的說來，問題的根源在於用人不當。這一切，我看在眼裡，急在心中。上臺伊始，我便大刀闊斧，先從人事變革開始。

靠著進獻「符籙」，標榜「驅鬼召神」和「治病延年」來換取父皇寵信的禮部侍郎李孜省，其裝神弄鬼的護身符在皇權的威嚴面前驟然失效，成為一堆腐肉的他，先是充軍勞動改造，而後在監獄痛苦地死去；靠著巴結萬貴妃，賣官鬻爵，貪贓枉法的太監梁芳，不僅丟了官，政治生涯走到了盡頭，而且鋃鐺入獄，人生也在南京走完了全程。他們的黨羽同樣沒能逃脫懲罰，要麼充軍發配，要麼下崗回家。

寢宮裡，偶然翻閱奏疏，我發現一個精緻的小盒子，內裝一疊手抄本，字跡極為工整。開卷一看，令人震驚。原來，這些手抄本是介紹房中術的小冊子，還配有不堪入目的詳細圖解。篇尾堂而皇之地寫著「臣安進」。

我終於明白了為什麼首輔大學士萬安能官運亨通。這種事，對於一個在任二十多年、年逾古稀的老臣，簡直是恥辱！

太監懷恩帶著這本萬氏作品，把我的批示厲聲念給萬安聽：「這可是一個大臣做得出來的？」換作別人，早就無地自容，自求辭職了，可萬閣老竟沒有半點羞惡之心，只是一個勁兒地發抖、磕頭，嘴裡不住地嘟囔著「臣有罪，臣悔過」，沒有半點自請告老的意思，似乎只是在應付懷恩，應付我。真是「面如千層鐵甲，心似九曲黃河」。本來，我想給他留點面子，可看他這樣無恥，只有窮追猛打了。

醜聞很快就滿城風雨，彈劾的奏章紛至沓來。萬安的故事越來越多。

——彭時和商輅覲見父皇的那次戛然而止的議政會議之後，大學士尹直也想進宮，向父皇當面彙報公務，萬安趕緊阻攔道：「當初彭公奏請皇上召見，一句話不對勁，就立即叩頭稱萬歲，多讓人笑話呀！還不如把自己的公務做好，奏疏寫好，做到知無不言，讓太監們挑選給皇上，比當面議政不要好得多嗎?」那幕醜劇,反倒被歸咎於彭時,並成了「萬歲閣老」阻止其他大臣面見皇帝的擋箭牌。於是,尹直也成了內閣裡的一個混子,跟萬安一樣尸位素餐。

——萬安的老家在四川眉州,萬貴妃的老家在山東諸城,兩地相距數千里。然而,萬安費盡心思地找尋跟萬貴妃的宗親關係。算來算去,居然成了萬貴妃的姪輩。而萬貴妃呢?出身卑微,權力慾很強,頗想在朝堂上找個重臣引為奧援,裝點門面。於是,兩人一拍即合,各取所需。別忘了,「姪子」萬安的歲數可比「姑媽」萬貴妃大多了。為了拉攏萬安,錦衣衛指揮萬通的老婆王氏,也就是萬貴妃的弟媳婦,竟然把自己的妹子送給萬安當小老婆。從此,萬安跟萬貴妃親上加親,同時,可以利用王氏出入宮廷的便利,探聽宮中虛實。有萬貴妃撐腰,他的大學士之位穩如泰山。

萬貴妃是我的仇人。仇人的盟友更是仇人。萬安肯定明白這一點。在我收到的奏疏中,有不少人請求查辦與萬貴妃曾有結交的官員。萬安第一個跳出來申辯:「皇上,我和萬貴妃早就不來往了!」小人嘴臉,昭然若揭。不過,萬安畢竟學問粗淺,軟弱無能,萬貴妃雖然攀上了這棵大樹,也沒能對朝堂之上的國家大事產生過太多影響。這或許是連萬安本人都沒想到的積極結果吧。

我把萬安召進大殿,當著眾位愛卿的面,讓太監懷恩把彈劾他的奏章一封封念給他聽。如果換了我,早就巴不得找個地縫鑽進去了。可他還是絲毫不提辭職退休的事,只顧叩頭,叩得奉天殿的地板都在顫抖。

我的手指也開始顫抖了,那是氣的。懷恩看著我緊鎖的雙眉,瞪得溜圓的雙眼,似乎領悟了什麼。他突然放下尚未念完的奏疏,衝上前去,一把拽下萬安的牙牌,也就是皇宮大內臨時出入證,狠狠地摔在地上。

牙牌摔碎了。

我大喊了一聲：「給我滾！」

這或許是萬安這輩子第一次見識到皇上龍顏震怒的樣子，也是他最後一次聽到皇上的聲音。

萬安真的滾蛋了。

平心而論，他沒幹多少壞事。

但是，當大學士輔佐朝政，他顯然不稱職。

從這個意義上說，他就是前朝和本朝的汙垢。

要想振興朝綱，汙垢必須沖刷，因此，萬安必須滾。

下一個要收拾的，照理說，就該是禍亂後宮的萬貴妃，以及她的龐大家族。

可是，我卻輕易地放過了她。

這是為什麼呢？

後宮恐懼症之一：活在萬貴妃的陰影中

散朝回宮，對著鏡子，我不住地歎息：還不到而立之年，不僅華髮早生，而且面容疲倦，力不從心。可以感覺到，也許是國務繁忙使然，也許是心理壓力太大，我的身體越來越虛弱，未老先衰。

老太監懷恩一邊給我梳頭，一邊安慰我。這是我朝宦官隊伍裡少有的好人。趕走萬安的決策過程中，他的作用非同小可。更重要的是，他救過我的命。母親紀氏受到父皇臨幸懷孕之後，就被萬貴妃視為眼中釘。她處心積慮地折磨作為宮女的母親，甚至逼她吃墮胎藥。母親孕期飲食得不到調理，整日擔驚受怕。我雖然命大，祕密降生，卻造成先天不足。六歲以前，我在懷恩的保護下東躲西藏，唯恐萬貴妃發現。我對懷恩感激不盡，但是萬貴妃凶神惡煞的形象，給我幼小的心靈留下了永久的陰影。

入主東宮，並不意味著萬事大吉。母親和太監張敏的突然自殺，令我惶恐不安。雖然沒有留下太多的證據，但我堅信他們是被萬貴妃逼死的。而這個心狠的婆娘還在不斷地耍花招，把魔爪伸向幼小的我。

周太后庇護幼孫朱祐樘，免遭萬貴妃毒手。

周太后——父皇的生母，也就是我的祖母——主動向父皇提出：「你還是把孩子交給我來照看吧！」母命難違，父皇只好同意。從此，奶奶就開始客串媽媽的角色，我搬到了她住的仁壽宮。這裡安全多了。可萬貴妃還是不肯善罷甘休。

一天，仁壽宮來了一個不速之客——萬貴妃派來的太監，請我去品嘗她新近烹製的佳肴。貴妃有請，不去不好；如果去了，那個婆娘在菜裡下毒，我這條小命不就完蛋了嗎？祖母周太后趕緊把我拉過來，小聲叮囑說：「孫兒，到了她那裡，千萬不能貪嘴，千萬不要吃她給的東西。饞嘴的話，奶奶回頭讓人給你做好吃的。」

來到萬貴妃的昭德宮，按照祖母的叮囑，除了見禮，我一言不發。擺在桌上的佳肴熱氣騰騰，可我看都不看一眼。

「太子殿下，吃點吧，可好吃了。」萬貴妃開始勸吃。

「不好意思，我已經吃飽了，謝謝！」我皮笑肉不笑地敷衍了幾句。

「那喝點湯吧。」萬貴妃微笑的表情裡，似乎暗含著一種不可捉摸的意思，或許是殺氣，或許是嫉妒。

「怕有毒！」說完這三個字，我面無表情，默不作聲。

這句話讓萬貴妃有些下不來臺。不出我所料，她隨後就開始撒潑：「你這個小孩子才幾歲啊，就敢說出這種放肆的話來！長大了還不吃了我?!」

我沒有接她的話茬，只是問了一句：「萬娘娘，還有什麼節目嗎？如果沒有的話，兒臣公務繁忙，不便停留，暫且告辭了。」說完，沒等萬貴妃反應過來，我扭頭就走，逃離了虎口。

事情並沒有就此完結。

萬貴妃有兩個親信太監梁芳和韋興。成化二十一年（一四八五年）的一天，他們讓父皇臭罵了一頓。原因是父皇閒來無事，跑到內庫參觀，發現他自己攢的七窖金子不翼而飛，大為光火。他深知，皇宮圍牆高，看守嚴，東西肯定丟不了，很有可能是能夠隨意出入宮禁的內部人士幹的。父皇衝著梁芳和韋興吼道：「糜費帑藏，實由汝二人！」話裡話外透著一種不滿的口氣。

「我不追究你們，可後人會責怪你們的。」父皇拋下這麼一句話，揚長而去。只留下這兩個跪在地上瑟瑟發抖的狗腿子。

據說他們回到昭德宮，把事情的經過添油加醋地向萬貴妃一一彙報，甚至把父皇突然視察內庫和發脾氣的責任都堆到我頭上，強烈建議萬貴妃斬草除根，勸說父皇將我廢黜，另立邵妃的兒子朱祐杬當皇儲。這樣的話當然很合萬貴妃的胃口。於是，禁不住枕邊風的一再吹拂，成化二十一年（一四八五年）三月，父皇準備傳詔，東宮即將易主。老太監懷恩苦苦勸阻，最後竟被發配到鳳陽看守皇陵了。

人為刀俎，我為魚肉。對於這樣的局面，我無能為力。

就在這個節骨眼上，泰山發生地震。又過了幾個月，甘肅的一個村子被泥石流淹沒了，全村老幼全部身亡。接踵而至的災異令父皇找不著北。他趕緊下令有關部門進行調查，分析原因。

欽天監呈上一份奏報，對這樣的天象做出了有利於我的解讀：老天爺認為太子天下歸心，不該廢黜。如能保留太子大位，災異自然消退。這就是所謂天人感應。

迷信的父皇聽信了欽天監的鬼話，我得救了。缺德的萬貴妃精心設計的一樁皇儲更迭風波，就在父皇即將拍板的一瞬間，流產了。

萬貴妃大病一場，據宮裡內線密報：萬貴妃的病是被我氣的。

就在父皇去世的前幾個月，萬貴妃死了。我覺得，她是帶著遺憾離去的。第一，生前沒有當上皇后；第二，死前沒再給父皇生個兒子，並為其弄到皇儲的寶座。

從險些墮胎的嬰兒，到不敢剪掉胎毛的幼兒，從幾乎被廢的太子，到南面稱孤的君王，十八年來，我經歷了人生的大起大落。如今，我把最大的仇敵——萬貴妃——熬死了。如今，我終於熬成正果，成為君臨天下的主宰。而這一切，母親紀氏無福看到，好宦官張敏無福看到，還有那麼多早逝的好人也無福看到……

從收拾李孜省、梁芳到大學士萬安，朝臣們似乎都嗅出了新君刷新政治，改正父皇錯誤，做一個中興帝王的政治風向。這種風向，相信多數人是歡迎的，當然也有反感和害怕的。萬貴妃的弟弟萬通就是一個。

誰都知道萬貴妃對我犯下的滔天罪行。拿萬通凌遲處死，把萬氏家族滿門抄斬，萬貴妃屍首拉出來挫骨揚灰，是可以預見的最佳下場。事實上，據錦衣衛密報，萬通這些天正在收拾金銀細軟，派人祕密往外地搬運家產，一副引頸就戮的樣子。不過，據說他對凌遲酷刑膽戰心驚，只願天子賜給一條白綾，或者一杯泡在白酒裡的追魂散，賞個全屍。

過了些天，他的確接了聖旨，沒有來得及搬走的家產都被抄了，官職丟了，人也進了班房。可是，預料之中的最後一餐遲遲沒有端來。又過了個把月，他居然出獄了。等待他的，是趕出京城，在偏僻的山村裡落魄地了卻餘生。不過，好歹保住了自己和全家人的小命。

或許連他自己都鬧不清楚：到底是皇上拿他玩貓捉老鼠的遊戲呢，還是朝中再次變天，有人保他逃離死神魔掌呢？

在乾清宮的御案上，擺著幾十份大臣們的奏疏，字裡行間摩拳擦掌，恨不得對萬通食其肉，寢其皮，恨不得把萬貴妃一家滿門抄斬，恨不得取消萬貴妃的冗長封號，將她的名聲打入十八層地獄，永世不得翻身。

「這事到此為止吧，眾位愛卿不必再議了。」這是我對於萬氏家族及其命運的最後裁決。

倘若我是一位種地的百姓，倘若我是一位遊走的俠客，倘若我是一位復員的戰士，此仇不報，更待何時！然而，我是皇帝。萬貴妃之所以混蛋，是因為她不懂事；而我之所以選擇寬恕，是因為懂事，因為慈悲，因為對後宮長期以來的恐懼與回避。

當懷恩從鳳陽的墳地裡坐著御賜的八擡大轎回到京城時，我親自在乾清宮召見了他，還親自宣布他官復原職。看著他受寵若驚、渾身顫抖的樣子，我落淚了。看著我如淚人兒般的哭泣，他也哭了。沒有這個善良的老太監，我怎能活到今天！他曾經犧牲了自己，保護了我。我必須加倍報答他。

順便提幾句：懷恩帶著我東躲西藏的六年裡，有幾個月是在吳皇后的冷宮裡度過的。這位因得罪萬貴妃而被廢黜的皇后，忍受著遺棄之苦，把所有的悲痛與不滿都轉化為慈愛，讓我度過了生命中最危險、最脆弱的幾個月。儘管她早已人老珠黃，儘管她早已失去了當皇后時的意氣風發，但我還是將她搬出冷宮，定期請安，好生供養，助她安享晚年。看到她，恍如看到了我的生母紀氏。也許她當初幫著懷恩養育和保護我的動機，只是為了培植一個收拾萬貴妃、為她報仇的對立面，可不管怎麼說，她對我的滴水之恩，我必須報答。

大明王朝已經走過了暴力和復仇的年代。時代呼喚仁義，國家需要和諧，社會提倡以德報怨。而這些，本應該從我做起。

可是，事情都是有兩面性的。仁厚的另一面就是懦弱。在我的心中，對於後宮始終存有一種莫名的恐懼。而這種恐懼，或許正是支撐我仁厚性格的基礎。

後宮恐懼症，我永遠無法擺脫的夢魘。

後宮恐懼症之二：全國最大的「妻管嚴」

成化二十三年（一四八七年）二月初六日，我結婚了。結髮妻子姓張。當我登基的時候，張氏順理成章地當上了皇后，主宰了我的後院——東西六宮和坤寧宮。

大明王朝選淑女的規矩是混亂多變的。當上皇后的前提條件，除了長得漂亮之外，幾乎無他。不看家庭出身，不看國籍省籍，甚至不看是否二婚。張皇后的父親張巒來自北直隸的興濟，也就是北宋關押犯人的河北滄州。原先只是一個秀才，靠鄉貢的名義才進入國子監——帝國最高學府讀書。張皇后就生在這樣一個監生家庭，也算是個層次不高的書香門第吧。

這是個不簡單的姑娘。據說有天晚上，張巒的夫人金氏突然夢見，一輪明月竟然跑到自己肚子裡了。她就這樣懷了孕，生下了張氏。或許很多人都覺得這不過是擡高身價的慣用炒作伎倆，但張氏依然憑藉這樣一個傳奇故事出了名。

這是個幸運的姑娘。生活在萬貴妃的陰影裡，身為太子妃，張氏的日子跟我一樣難受。不過，她沒有像歷代很多太子妃那樣，在熬成婆婆前功虧一簣，而是堅持到萬貴妃嚥氣，堅持到我接管父皇之江山的那一刻。

這是個令人憐愛的姑娘。她容貌端莊，身材姣好，讓我舒心；她讀過書，家教不錯，寫詩作畫，聽琴跳舞，談古論今，樣樣皆通，給每天都被繁重政務壓得喘不過氣的我，帶來了些許清新的氣息。

按照老規矩，張皇后的一家人跟著雞犬升天。岳父張巒晉封壽寧伯、侯，死後追贈昌國公，大舅子張鶴齡襲封為壽寧侯，二舅子張延齡封為建昌伯。張皇后的老家興濟興建了一座工程浩大的家廟，足足建了好幾年。算起來，我對張家也是仁至義盡了吧。可從我上臺那天起，張家就給我找了無數的麻煩。

最大的麻煩還是這位讓我愛得如癡如醉的老婆張皇后。比起萬貴妃，她厚道多了，不算霸道，但她實在是胃口太大，把書裡學來的那點智慧，全都拿來做胡攪蠻纏的事，為張家不斷地謀取私利，從莊田到銀子，從爵位到特權，一個都不能少，搞得我不勝其擾。岳父大人還算安生，最不像話的就是張皇后的這兩個弟弟——張鶴齡、張延齡。

兩位國舅爺掌管著「注籍宮禁」的大權。也就是說，誰想到皇宮裡當差，必須首先過他們的關。這是個肥差。進宮當差，也就是當太監，既管吃管住，又拿著俸祿，時不時還能出入要害部門，掌握一些特權，運氣好還能成為王振、汪直那樣的人物，比起汗流浹背的種地，比起辛苦奔波的販運，不知要舒服多少倍。所付出的代價，無非就是忍受閹割之苦，與「洞房花燭夜」說拜拜而已。這可是全國男性公民最心馳神往的工作啊！很多人擠破頭想吃這碗飯。於是，張家每個月都能收到數額可觀的紅包。然而，這樣的美差他們還不滿足。

張氏兄弟一面向我開口要封地，一面放出打手，到處搶奪民田，賺取銀兩，致使民眾流離失所，民怨沸騰，朝廷議論紛紛。他們雇傭大批僕從，在京畿地區開設店鋪，邀截商人貨物，侵奪民利，甚至不惜大打出手。張鶴齡竟然乘我退朝休息之際，一個人跑到大殿，坐在皇帝寶座上耀武揚威。更可惡的是，他的僭越行為被宦官何鼎發現後，非但不知悔改，反而串通張皇后，把何鼎抓到錦衣衛弄死了。

張氏兄弟的不法行為早已引起公憤，我也派過幾個大臣前去調查取證。每次打算收拾張鶴齡、張延齡的時候，張皇后總要站出來求情。搞到最後，非但懲治之事不了了之，還得答應給這兩個內弟增加封地。我實在拗不過這位「有文化、有教養」的老婆。試想，如果白天把這兩個倒楣蛋都收拾了，到了晚上，張皇后還不得把我收拾了？白天我要了他們的命，晚上張皇后就得要我睡不成覺。

更令我頭痛的是，張皇后不僅在經濟利益上得寸進尺，為張家到處斂財，而且還在情感上霸占我。她在我的心中占有舉足輕重的地位，我愛她，我願意專寵她。然而，我又有些怕她，既怕失去她，又怕她給我添新亂。我從來沒想過要冊封新的妃嬪，把她從我的感情世界中攆出去。十幾年來

張皇后獨占了明孝宗的感情世界

，她延續了我對於萬貴妃的恐懼，長期壟斷了我的情感生活。我和張氏，成為明朝皇室一夫一妻的模範。

我和張皇后雖然兒女不多，但還是生下了兩子一女。不過遺憾的是，次子朱厚煒很早就夭折了。剩下唯一的兒子，名叫朱厚照。他當仁不讓地成為這個帝國的接班人。

也許有人會問，作為富有四海的天子，迎娶三宮六院，廣種子嗣，在大明帝國不僅是合法的，也是合理的啊。多幾個嬪妃，就多幾個子嗣，接班人也可以多幾種選擇嘛。然而，一夫多妻制在我身上真的行不通。深受儒家思想熏陶的我，性格溫和到對男女之事興趣不大的地步，也就是所謂的「性冷淡」。遭受萬貴妃迫害的童年記憶，令我對皇后以外的後宮嬪妃有些畏懼，特別擔心在弘治朝重演妃嬪爭風吃醋大打出手的宮闈鬥爭。

弘治元年（一四八八年）二月，曾有大臣建議我預選淑女，可我早已決定為父皇守喪三年，在這三年裡「不鳴鐘鼓，不受朝賀，朔望宮中素服」，更別提娶小老婆了。因此，選淑女以備嬪妃之選的事就擱置了。

更重要的是，「驕妒」的張皇后拒絕一切競爭對手進入後宮。由於她管得太嚴，我根本捕捉不到任何寵幸他人的機會，哪怕是個宮女，哪怕一頓飯的工夫。她身上的魅力和吸引力，以及她強有力的約束，令我在大臣們廣納嬪妃、多生皇子的建議面前興趣索然。對於子嗣過少的問題，我給大臣們的答覆只有一句：「這是我的家事，你們就不用擔心了。」

回到乾清宮，我又一頭扎進奏疏堆裡。或許，繁忙的國務活動和「案牘之勞形」，可以讓我擺脫後宮瑣事的糾纏，哪怕僅僅是片刻……

勵精圖治換來的假「中興」

弘治元年（一四八八年）三月的一天。

寅時，天還沒亮，外面涼意襲人，我已經叫太監端洗臉水了。

卯時，坐在寢宮裡吃早餐。今天的早餐很豐盛，一百多個菜。此時，天剛剛放亮。

辰時，鐘鼓齊鳴，我端坐在奉天殿上，聽大臣們奏事。這是一天中最重要的政治活動——早朝。大臣們雖然來得很齊，但不少人都還在用手掩口，其實是掩飾打呵欠時的醜態。顯然，他們都還沒睡醒。

今天早朝的議題之一，就是吏部尚書王恕提出的建議：早朝時間太短，很多事情說不完，建議取消午休，恢復午朝。這是一項觸犯皇帝基本人權的建議。然而，我竟然同意了，而且就從今天起實行。大家議論紛紛，但沒人敢反對。

朝會持續了半個時辰。

散朝以後，我又把幾個內閣大學士留下來，在文華殿議政，就當前的國內形勢，特別是吏治改革的舉措，讓大家發表看法。君臣之間的討論持續了一個時辰。

轉眼到了午時，該吃飯了。又是一百多個菜，可我無心戀棧，隨便吃了一些又趕緊起駕，前往左順門，主持午朝。太監和宮女們很興奮，他們又可以對御膳分而食之了。御膳房的師傅們叫苦不迭，以前只做皇上和皇后的飯，現在還要做大臣們的午餐，工作量多了一倍，俸祿卻一文錢沒漲。

下午，我邀請了兩個大臣來做講座，專門講給我聽。今天的話題是討論《論語》。張皇后也特地跑來聽聽，這是我默許的。由於這樣的講座每天都有，我管它叫「日講」。

明天，將有一個大型的研討會在宮裡舉行，不少大臣會來發表見解。我準備洗耳恭聽，長長見識，不發表看法。這被稱為「經筵」。

這些官方儀式都結束後，已經接近傍晚。我回到寢宮，吃了幾樣點心，喝了一杯茶，便開始批閱奏疏。這才是一天中最忙碌的時候。夜深人靜的時候，也是我工作效率最高的時候。雖然我不會熬夜，但也會忙到很晚。

這就是我的一天，普普通通的一天。

有人會問，貴為天子的你，為什麼要把一天的生活安排得如同流水線一樣枯燥乏味？

答案很簡單。我要結束父皇統治下那段暗無天日的生活，我要建立起屬於自己的、帶有弘治特色的盛世，讓天下就像我的年號一樣大治。為此，我必須付出百分之百的努力和心勁，我必須一刻不停地工作。

我這份工作非常累心。不僅要把奏疏上說的事批好，而且還要忍受言官們的指責。別人幹多了都會得到賞賜，而我別說加班費了，就連基本的午休權都被剝奪了。這是我的天下，我不操心，誰操心？

萬貴妃的墮胎藥不僅在我的腦袋上留下印記，而且使得我的身體狀況一直欠佳。即位沒幾年，也就二十多歲的光景，腦袋就謝頂了，皺紋多了起來，活像看門的老太監。看著王恕、馬文升等官員精神矍鑠，能吃能玩，一身是病的我，除了羨慕，還是羨慕。他們可以休病假，而我只能拚命幹活。

為什麼我能有如此的恆心，成為一個勤政的好皇帝呢？這得益於我扎實的教育背景。

增和
水滴銅龍鳴漏箭 春生丹陛艷仙桃
光浮御氣龍顏近 殿擁祥雲鳳闕高
紫綬班聯排玉筍 黃麻詔草染霜毫
重雲雨露承恩寵 烏帽深慙鬢二毛

明解增和千家詩註二卷
宋名賢 謝疊山 註
春景 奉和賈至舍人早朝大明宮
杜子美
五夜漏聲催曉箭 九重春色醉仙桃
旌旗日暖龍蛇動 宮殿風微燕雀高
朝罷香煙攜滿袖 詩成珠玉在揮毫
欲知世掌絲綸美 池上于今有鳳毛
釋義 五夜。漢魏以來名。夜有五。起於甲夜。止於戊。故謂五夜。箭。漏箭

明朝內府彩繪插圖本《千家詩註》，這是當時皇太子的教科書之一。

六歲那年，我結束了安樂堂的隱居生活，當上了太子。九歲那年，父皇送我出閣讀書。授業的老師都是有學問的大臣，比如得到理學大師薛瑄真傳的劉健、景泰五年的狀元彭華、十歲就被稱為「神童」的程敏政。我每天都要很早起床，到文華後殿上課聽讀，除了刮風、雨雪和暑熱天氣外，不能休假。老師們給我講讀的內容，主要是四書五經、《資治通鑒》和一些官修史書。他們的講授都有一定的規律，一般是上午讀書，下午講授。除了讀書，我還要在老師的指導下練字，春夏秋季每天寫一百個字，冬季每天寫五十個字。可以說，這是天下最正規的教育，整整持續了九年。這樣的教育背景，讓我越發熟悉治國的道理，懂得治理好國家的艱辛；這樣的教育經歷，讓我越發習慣於晚睡早起，讀書習字。

即位以後，我都做了些什麼呢？

選任官員是刷新朝政的根本大計。

我向吏部提出了「置亮弼之輔，召敢言之臣，求方正之士，絕嬖幸之門」的指導方針。各部堂官以及地方巡撫、鎮守、三司、知府等官員的職務、姓名、履歷、年齡、品行，我都用榜文張貼在文華殿的牆壁上，每天揣摩，每季度更新。

自從得罪了汪直，被關進監獄以後，馬文升似乎就從這個世界消失了。可我早就聽說他的能耐，於是放他出來，調他回兵部擔任尚書。這位年逾花甲的老將軍，上任伊始，就讓三十多個貪贓枉法的軍官丟了烏紗。兵部被他折騰得天翻地覆。飯碗被砸，這些大老粗肯定不幹了。於是，有些人竟準備夜襲馬宅，用弓箭射死馬文升。馬尚書畢竟有過戍邊經歷，機智地躲過了這場暗殺行動。可這些人還不死心，把匿名信射進了長安門。當我看到這封滿篇詆毀馬尚書的書信時，怒從心起，命令錦衣衛全城戒嚴，給馬文升也配備了保鏢，這幫下崗貪官才算消停。

御史王恕，是父皇最痛恨的言官。每次上朝都喋喋不休。就在我即位的前一年，父皇竟在南京兵部侍郎馬顯的退休請示奏報上寫了這麼一段批示：「王恕老了，讓他也退休吧！」馬顯退休，關

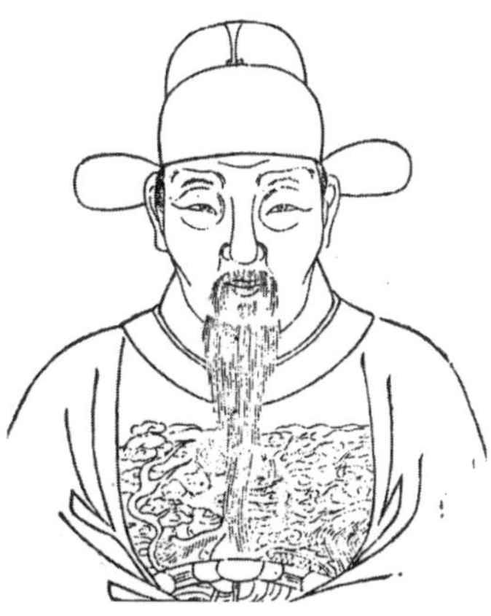

馬文升先後輔佐明代宗、英宗（天順）、憲宗、孝宗、武宗，故有「五朝元老」之稱。

王恕什麼事。然而，聖命難違，王恕只能走。如今，我把王恕請了回來，讓他擔任吏部尚書。王恕不辱使命，雖然年逾古稀，但幹起活來風風火火，非常賣力。上任沒幾天就開始逐一考核官員，搞得人人自危；上任幾個月，就給我推薦了一批有識之士，官場為之一清。其中，就有劉健、李東陽、謝遷。

劉健是我的老師，我們很早就有深厚的師生情誼。他的學問博大精深，據說當年在翰林院，整日閉門讀書，不去交游，即使被人稱為「木頭」，也毫不在意，這令我欽佩不已。因此，儘管他已經先後擔任文淵閣大學士、武英殿大學士、華蓋殿大學士，位列內閣首輔，但每次召見，我還是尊稱他為「先生」。

劉健是個急性子，敢於仗義執言，以天下為己任。他最大的長處是善於決斷，能夠分析事件的走向，並做出預判。他的上書建言，諸如推薦良將守衛京城、防禦蒙古侵擾，縮減宮廷費用、土木工程，裁減冗官保證軍餉供應，減輕百姓稅費負擔等，我基本上都能採納。他每次覲見，我都屏退左右跟他密談，這是別人從未享受過的政治待遇。

劉健心胸開闊，不記私仇。監生江瑢彈劾他阻塞言路。為了給老師出氣，我把江瑢關進了監獄。而劉健非但沒有說江瑢的壞話，反而為他辯護，把他救了出來。劉健的為人，令滿朝文武都伸大拇指。

李東陽四歲就被鄉里視為神童，能寫徑尺大字。其父李淳帶他進京面見景泰帝，他人小腿短，跨不過門檻。見此情景，景泰帝便出了個上聯：「神童腳短。」李東陽立刻用稚嫩的聲音答出了下聯：「天子門高。」景泰帝龍顏大悅，將他抱坐在膝蓋上，見李淳還在旁邊站著，又出上聯：「子坐父立，禮乎？」李東陽的下聯脫口而出：「嫂溺叔援，權也。」

又一次，李東陽和程敏政一起，作為神童接受召見。皇帝正在吃螃蟹，便以此出了上聯：「螃蟹渾身甲冑。」程敏政應聲答曰：「鳳凰遍體文章。」李東陽則不緊不慢地對曰：「蜘蛛滿腹經綸。」顯然，李東陽的答對更精采。皇帝拍案叫絕：「這個孩子將來肯定會當宰相！」

果然，考中進士後，李東陽仕途一帆風順，從翰林院編修開始扶搖直上，直至禮部尚書兼文淵閣大學士。他雖說是個慢性子，可思慮縝密，善於謀略。更重要的是，他有一腔憂國憂民之情，在其詩作裡就展現得淋漓盡致。弘治十七年（一五〇四年）閏四月初一日，李東陽奉命到曲阜孔廟祭祀。在四十七天的行程中，他一路查訪地方民情，了解民間疾苦。在為登泰山而作的長詩〈望嶽〉中，有「半空翻碧浪，平陸走蒼龍。紫愛沾嵐濕，青憐潑黛濃」等歌頌壯觀景色的詩句，更發出了「歲早當憂國，民勞恐病農」的感歎。

李東陽以詩歌見長，善於抒情、寫景、描繪民間風俗，文學造詣很高。許多文人都聚攏在他周圍，得到他的提攜，從而使他成為弘治朝文學界的一面旗幟。由於他是湖廣長沙府茶陵人，因而他領軍的文學流派，被稱為「茶陵派」。

李東陽早年學趙孟頫，中年刻苦師法顏真卿，得其精髓後又自成一家，其大草書被人譽為「玲

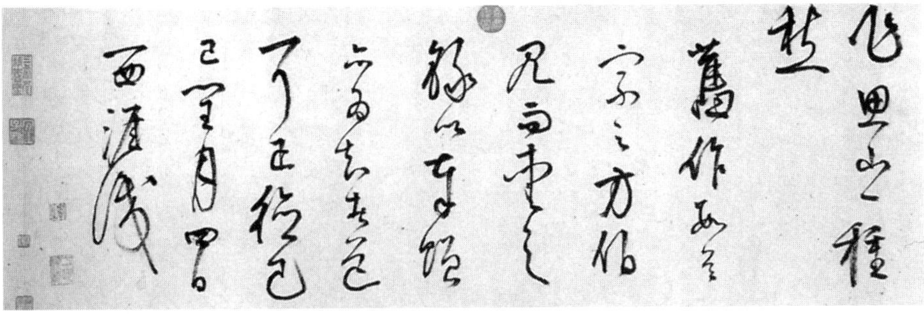

李東陽行草自書詩卷（局部）

瓏飛動，不可按抑，而純雅之色，如精金美玉，毫無怒張蹈厲之態，蓋天資清澈，全不帶渣滓以出」，堪稱「中古絕技」。

謝遷的性格光明磊落。據說，還在他秉燭夜讀的書生歲月裡，一天晚上，鄰家小妹趁父母外出探親，徑自來到思慕已久的謝遷的書房，百般挑逗親近。一開始，謝遷以禮相待，後來發現越來越不對勁，就嚴厲斥責其不知羞恥，拒絕做淫亂缺德之事。少女如夢初醒，連忙道歉懺悔，惶恐而去。此後他高中狀元，官運亨通，擔任太子太保、東閣大學士，或許也是坐懷不亂的一種回報吧。

謝遷是個書蟲，讀書多，能言善辯，號稱本朝第一大侃。

他們三位在我的正確領導下通力合作，大展拳腳，與人多有升黜，與事多有匡正，號稱一時賢相。民間流傳著這樣的說法：「李公謀，劉公斷，謝公尤侃侃。」君臣合作，相得益彰。他們用不懈的努力為帝國贏得了尊嚴，也為自己贏得了榮譽。由他們主持的《大明會典》編纂完成之際，劉健、李東陽、謝遷賞穿蟒衣，這也是大明王朝內閣大學士首次受賜蟒衣。

童年的痛苦，使我深知生活的艱難。儘管從未走出過紫禁城，我還是希望皇宮外的百姓，日子不那麼苦，每年能過幾天好日子。

遇到天災，我立即下令免除災區錢糧，撥出專款和糧食，在專人的監督下前去救濟。困擾中原腹地的黃河水患，因劉大夏主持的一系列水利工程而緩解。黃河與江南的水利建設，紓緩了當地百姓的失業問題。受災的區域越來越小，朝廷的歲入越來越多。弘治九年（一四九六年），朝廷徵收的稅糧，比前一年增加了一百多萬石，總量已接近洪武年間的水平。

更令我欣慰的是，弘治時代群賢畢集，文曲星不斷閃亮登場。

與李東陽齊名的文壇巨匠李夢陽，儘管官職不過戶部郎中，卻有一手好文章。不過，他看不上自己擅長的八股文，而更願意倡導文學上的復古運動，就像唐代中葉的古文運動那樣，追求「天然去雕飾」。

唐寅詩文書畫俱精，惜因科考遭冤，從此與官場無緣。

來自江蘇吳縣的唐寅（字伯虎），與祝允明（號枝山）、文徵明、徐禎卿合稱「江南四大才子」。唐伯虎玩世不恭的個性，或許源於其自詡的庚寅年寅月寅日寅時的生辰八字，故而名之「寅」。可惜的是，唐伯虎過於自負，在科考中出言放肆，惹禍上身，背上了行賄洩題的罪名。雖然最後被平反，但永世不得提拔，只能在浙江充任小吏而已。

既有政績，又有文采，一幅「朝序清寧，民物康阜」的社會圖景。在我的調教下，弘治朝似乎真的要重振大明，實現中興了。然而，事實真的如此嗎？

「中興」其實是個假象，儘管這是用君臣勵精圖治換來的。從大臣們的奏疏中，不難發現很多社會隱患根本沒法根治。

再勤儉，再節約，皇家的開銷還是越來越大，皇莊規模必須擴張，數量必須增加。朱姓子孫越來越多，全國各地到處是藩王，到處是封地。私人土地越來越少，自耕農越來越少。土地兼并，從朝廷這個層面就無法剎車，何況地方！失去土地的流民有增無減。要不是我基本奉行輕徭薄賦的政策，恐怕大規模農民起義早就爆發了。

邊疆並不太平。瓦剌是垮了，可其東面的韃靼崛起了。韃靼的領袖把禿猛可自稱「達延汗」（即「大元之汗」），統一各部，擊敗瓦剌，成為蒙古草原的統治者。他不斷派兵騷擾長城內外，讓我深以為憂。弘治一朝，邊疆治理沒有太多的建樹，但于謙的軍事遺產，確保邊關不丟，京師不亂。

內外危機，讓我心神不寧。想想後宮還有那位索要無度的張皇后，我真的很頭疼。弘治八年（一四九五年）以後，身體狀況欠佳的我，開始經常向大臣們請病假，朝會也無法正常堅持。生活不再像以前那樣清醒，而是變得日益混濁。我甚至覺得自己應該逃避。於是，在我的几案和床頭，多了不少黃老之書。

過了些日子，太監李廣引薦了一些齋醮的道人，說他們有特異功能，可以用一些符籙禱祀幫我延年益壽。病急亂投醫的我信以為真，就立即請他們入宮並封官。這些道人奉李廣為「教主真人」。張皇后和我對李廣的權威深信不疑，滿足他的一切要求，甚至為他斥巨資修建廟宇和私宅，批准他推薦的官員清單，允許他圈占京郊田地。有不少大臣彈劾李廣建房違制，收受賄賂，截留鹽利，為非作歹。可我全不理睬。

弘治十一年（一四九八年）秋冬之交，宮裡出了兩件大事：二歲大的長女太康公主夭折，曾經保護過我的周太皇太后所居住的清寧宮著火。對此，有人認為「天道茫昧，變不足畏」，「天下太平，患不足慮」。有人認為朝廷應痛加反思，革除弊政，以收人心，以回天意。李廣則主張這些突變都是齋醮不力，應當加緊禱告，以消弭災異。女兒夭折，祖母受驚，除了悲痛與恐懼，還能怎樣呢？

十幾天後，敬畏天意的我，下詔反省，要求群臣查找弊政。就在這個節骨眼上，李廣飲鴆自殺了。據說，周太皇太后認為，李廣在萬歲山建亭子，是清寧宮著火的主要原因。沒見過什麼世面的李廣，聽說此事，嚇得膽戰心驚，坐臥不寧，以為死期已到，就趕緊自行了斷了。

李廣死了，舉朝歡慶，我卻在欷歔之餘，不免納悶。在親筆題寫祭文的同時，我派人到李廣宅邸搜檢，看能不能找出「教主真人」的得道天書。結果，天書沒找到，卻在這所壯麗的宅院裡發現了許多珍禽異獸、古玩珍寶。甚至在李廣的密室裡，還發現了一本怪書，上面寫的都是朝中官員、皇親國戚的名字，他們名下還注明送來黃米若干、白米若干。當差的不解其中奧祕，以為是煉丹原料，便匆匆回宮呈送給我。我也覺得一個太監家裡不可能吃得了這麼多糧食，就找來大臣們問話。答案令我吃驚：黃米就是黃金，白米就是白銀。這竟是一本行賄受賄的記錄冊，是李廣查對哪些人追隨自己，哪些人怠慢自己的依據。

那天晚上，我發了脾氣，落了淚。然而，惻隱之心讓我在發洩完畢之後，絕口不提李廣的事，就當這個人從來沒有存在過。

老婆只有一個，兒子也只有一個活了下來。作為皇儲的唯一候選人，朱厚照顯然不夠格。他太貪玩，太調皮了。從小不愛讀書，只知嬉戲。我生怕大明江山壞在他的手裡。我希望自己多活幾年，好把他的壞毛病矯正過來。然而，老天爺似乎不遂人願。

也許，這才是「假中興」的弘治時代面臨的最大危機。

卷十　明武宗（正德）朱厚照回憶錄

明武宗朱厚照簡歷

朱厚照，生於弘治四年（一四九一年）九月二十四日，卒於正德十六年（一五二一年）三月十四日。出生地為北京。朱祐樘嫡長子（獨子）。弘治五年（一四九二年）三月初八日立為皇太子。弘治十八年（一五〇五年）五月十八日即位。年號正德。在位十六年。死後廟號武宗，謚號「承天達道英肅睿哲昭德顯功弘文思孝毅皇帝」，簡稱「毅皇帝」。葬於北京昌平康陵。

歷史上對朱厚照一生的評價，罕有積極肯定的詞語，無不與貪杯、好色、尚兵、無賴、荒誕不經聯繫在一起，為世人所詬病。他也成為無道昏君的典型代表。在位前期寵信宦官劉瑾，後期重用佞臣江彬，吏治敗壞，朝政日非。他甚至對外棄用皇帝稱號和自己的本名，而冠以「威武大將軍朱壽」的怪誕旗號。他發明的「豹房」成為君主淫樂場所的代名詞。不過，他的這些荒誕言行，也被一些學者認為是「個性解放」的表現。在位期間，騷擾內地的韃靼騎兵被擊敗，寧王朱宸濠的叛亂被平定，國內政局沒有發生大的動蕩。

一生最得意之事：自封總兵，甩開朝臣，親征塞北，遊龍戲鳳；最失意之事：膝下無子。

皇后夏氏，嬪妃數人，其中以劉美人最為得寵。無兒無女。

正德十五年（一五二〇年）九月十五日，淮安清江浦。

打著御駕親征寧王朱宸濠叛亂的名義，我再次搞怪地脫下龍袍，穿上甲冑，荒誕地打著總兵官的旗幟，浩浩蕩蕩，一路遊玩。在這個湖汊縱橫、魚翔淺底的水鄉勝地，我興致盎然，突然想在層巒疊翠之間，享受一把漁人之樂。

於是，我帶著兩個小太監泛舟運河之西的積水池，手裡拎著魚竿和漁網。幾百個侍衛都被我留在岸上待命。怕驚動魚兒，我不許他們乘船護駕。

不遠處，群魚游動，銀鱗閃閃，熠熠生輝，我欣喜若狂。可就在我站起來準備甩網捕魚的剎那間，一陣微風襲來，船身晃動，我沒站穩，連人帶網摔了出去。「撲通」一聲，漁網罩著我一起落了水。

深秋時節的水，冰涼刺骨。落水的那一刻，我彷彿成了冰棍。腦子一片空白，興奮勁兒無影無蹤，「咕咚咕咚」喝了幾口水，而後向湖底沉去……

伴隨著一陣劇烈的咳嗽，一口汙水吐了出來，我醒了。此時此刻，我正躺在岸邊的行營裡，雖然換了新衣，但仍如落湯雞般，渾身淋漓，不住地打噴嚏。顯然，是船上的小太監和岸上的侍衛們慌忙跳入水中，七手八腳把我撈了出來。太監們見我蘇醒，趕緊跪下請罪，呈上熱湯暖身。我只感到頭重腳輕，體力不支，壓根就沒有緩過勁來。

遊玩被迫中止，車駕掉頭返京。一路之上，我昏昏沉沉，腦子裡只想著豹房——也許那裡才是我最佳的安樂窩……

爲造龍袍，結怨朝臣

我的名字叫「厚照」。按照我朝制度，「厚」是輩分詞，「照」即「熙」，由於「厚」字輩必須以五行中的「火」作為取名的要素，這才以「火」作偏旁，父皇藉這個字，希望「四海雖廣，兆民雖眾，無不在於（我的）照臨之下」。

我出生在弘治四年（一四九一年）九月廿四日申時。用干支表示為辛亥年甲戌月丁酉日申時。因此，我的生辰八字是辛亥、甲戌、丁酉、庚申。如果按照時、日、月、年的順序解讀，就會發現其與地支中的「申、酉、戌、亥」巧合，在命理上稱為「貫如連珠」，主大富大貴，跟太祖皇帝的生辰八字極為相似。據說母后是夢見白龍入腹，才懷上了我。按照一些大臣的提法，白者主西方，為兵象。幼年的我，恰恰生而好動，貪玩騎射。基於這樣的情況，父皇一心想把我培養成像太祖皇帝那樣文武兼備的曠世聖君，故而對我的貪玩優容多於限制。

父皇傾力於讓我接受正統的儒家宮廷教育。八歲那年，他就讓我出閣讀書，為我配備豪華的教師班子。每天有數名德才兼備的官員授課，還有十多名翰林院的年輕官員伴讀。劉健、李東陽、謝遷等當朝元老也曾多次授課。

我的記憶力天生就好，前一天講官講授的內容，第二天我便能合上書本，流暢背誦。幾個月，我就把宮廷裡的繁文縟節弄得一清二楚。當父皇來視察時，我便嫻熟地率領官員們趨走迎送，動作比大臣們做得還標準。

不過，對於那些孔孟之道，我是不以為意的。背書對我來說，純粹是為了應付老師的檢查，特別是父皇的抽查。閒暇無事的時候，我倒是對外來宗教、樂曲音律、阿拉伯文和梵文頗有興趣。在那些尊崇聖賢之道的老師們眼中，我是個絕頂聰明，但不務正業的孩子。

父皇似乎也看到了這一點，儘管沒有過多地管束我，但還是在彌留之際對大學士劉健、謝遷、李東陽委以重任：「先生輩輔導良苦。東宮聰明，但年尚幼，好逸樂，先生輩常勸之讀書，輔為賢主。」三位老臣頓足捶胸，含淚點頭。

父皇是帶著微笑離去的。遭受萬貴妃迫害的童年，讓他落下了病根。這是他英年早逝的重要原因。他走得太早了。

父皇這輩子，沒享過福，卻受了不少罪。因此，他希望我的童年是幸福的，是自由的，是不受壓抑和束縛的。他做到了。我的逍遙與安逸，是父皇用自己的抑鬱換來的。

父皇這輩子，以德報怨，大愛無疆。他用無私的寬恕面對惡毒的迫害，用責任心詮釋了一個優秀帝王的內涵。他是一個光明磊落的皇帝。

父皇這輩子，用勤政給我留下了一筆美妙的遺產：天下承平，四海晏然。

新帝登基，改元正德，天下大赦。

十幾年來，有件事給我留下了深刻印象。那是個幽靜的夜晚，父皇忽然來了興致，帶著我溜出宮去，微服私訪，感受普通人家的父子天倫之樂，也讓他從皇宮的牢籠中求得片刻解脫。路過六科廊，也就是六科給事中的辦公小樓，我好奇地走到門口，大聲地問：「父皇，這是什麼地方？」

「噓……孩子，小聲點，這是六科給事中的地盤，現在裡面肯定有人值班。要是驚動了他們，咱爺倆就玩完了！」父皇趕緊用手捂住我的嘴，小聲說道。

「怕什麼？六科給事中不是您的臣下嗎？」我不解地問，但音量明顯調小。

「倘若你驚動了他們，明天一早，就會有大批彈劾的奏章送到我跟前！」

父皇的話似乎說得很重。我似懂非懂地點了點頭。這就是我對言官的第一印象——糟糕透頂。我與言官之間，注定將是一種不和諧的關係。

起初，對於父皇指定的那幾位顧命大臣，我還是很尊重的。其中的劉健、李東陽、謝遷，還是我的老師。然而，父皇對他們的言聽計從，讓他們越發習慣於用伺候父皇的那一套來伺候我，奏事的時候咄咄逼人，似乎就把我看作一個橡皮圖章，唯有「允」與「不允」而已，根本不留討價還價的空間。對此，我很反感。我已經循父皇成例，按時早朝，但他們不依不饒，非得多次奏請我開那個連父皇後來都不想參加的經筵。架不住他們的壓力，我只能勉強照辦。但是，胸中的怒火越燒越旺。

正德元年（一五〇六年）九月初二日，奉命到江南督造龍袍的太監崔杲以籌措經費為由，向戶部提出撥付長蘆往年支剩鹽一萬二千引。戶部尚書韓文以祖制規定鹽引收入只能作軍餉，不能挪用為由加以拒絕。同時提出，督造龍袍是皇家開銷，不應由作為國家財政管理者的戶部支付。崔杲不容分說，就向我奏報了這個情況。

弘治、正德之交的顧命三大臣：劉健（左上）、謝遷（右上）、李東陽（下）。

我很清楚，很多祖制早就成了擺設。「普天之下，莫非王土」。國庫的錢，就是我的錢，我造個龍袍，為什麼不可以支取呢？這個韓文，居然拿祖制壓人，真是不知道馬王爺長了幾隻眼！

韓文的駁斥，很快就演化為大臣們的輪番上奏。眾口一詞，都是請求我收回成命，斷了用鹽引給造龍袍埋單的主意。面對紛至沓來的奏疏，我一律留中不理。大臣們剛剛唱罷，六科給事中和都察院監察御史等言官又開始了新一輪狂轟濫炸。想起跟著父皇夜遊六科廊的往事，我就對這些言官來氣。於是，言官們看到了一副與先帝完全不同的強硬姿態：「鹽引的事我已有旨，誰要再敢上奏搗亂，必嚴懲不貸！」然而，言官沒有退縮，內閣更是公開表示，倘若皇上執意批准用鹽引採購龍袍，他們將拒絕起草特批鹽引敕書。

這一僵持局面讓夾在中間的戶部頗為難堪。韓文只好提出一個折中意見：崔杲不是要一萬兩千個鹽引嗎？戶部批給一半行不行？這個奏疏報到乾清宮，我更加憤怒了：既然你戶部能給，那就說明我的堅持是沒錯的，大臣們的勸阻就是無理取鬧。另外，皇家大事，豈容討價還價！

過了幾天，我召見了劉健、李東陽和謝遷，問起鹽引的事：「三位愛卿，既然戶部能給一半，為什麼不全給？」

「皇上，龍袍是由太監督造，我們擔心有些太監會把鹽引私自夾帶出去，賣了謀利。」李東陽解釋道。

「既然你們害怕太監私自販賣，就應該嚴加監督；倘若他們真敢私自販賣，可以讓刑部、錦衣衛來問罪啊。這跟給不給鹽引是兩回事啊！」我更加不解。

「皇上，問題還是從源頭杜絕比較好。一旦出事，調查起來難度大，成本高，曠日持久。倘若乾脆不給，不就什麼麻煩都沒有了嗎？」李東陽進一步解釋道。

儘管李東陽仍舊強詞奪理，可聰慧的我已經聽出了弦外之音：無論是言官還是閣臣，甚至是戶部尚書韓文，都是通過科舉考試一步步升上來的，位高權重，看不起太監，覺得他們只會把事辦砸。這是典型的身分歧視、職業歧視。想到這裡，我撅著嘴，憋出一句：「難道天下的壞事都是太監做的嗎？」

問題沒有解決。召見不歡而散。

幾天後，我收到了一份聯名奏疏，加急的。這三位閣臣請求辭職。我剛剛接管天下，他們就要撂挑子，這哪行啊！思慮再三，我只能放下架子，向他們妥協。一道手諭從乾清宮傳出：「看了先生們的奏疏，我心頓悟，鹽引就給一半吧。」

大臣們再次全勝的得意神情我無從看到。偌大的乾清宮，只有我在啜泣。曾經想振作皇權威嚴，卻遇到了胳膊擰不過大腿的困局，以後面對這些老臣，我該怎麼辦？忽然，我覺得自己很孤獨。而滿朝文武幾乎都成了令我憎惡的仇人。

這時，一個身影趨步近前，低聲說道：

「皇上勿哭，奴才今天研製成功了一項新遊戲。皇上不妨試試，散散心？」

聽了這話，我立即破涕為笑，隨著他離開乾清宮，前往御花園。

說話的人，正是太監劉瑾。

他是何許人也？

一個坐皇帝，一個立皇帝

劉瑾本姓談，陝西興平人，六歲那年就被太監劉順收養，乾脆改姓劉。後來淨身進宮，在大太監李廣的推薦下，分配到東宮伺候時為太子的我。

劉瑾的表現，在太監裡的確非常突出。每天，他都花樣翻新地教我玩樂。偶爾還偷偷領我化裝出宮，逛京城的街市。尤其是第一次逛街去的「香雨樓」，面容姣好的侍女，柔情似水的小曲，美不勝收的裸體畫，讓十幾歲的我陽關萌動，春心蕩漾。從此，只要是劉瑾的主意，只要跟玩有關，我言聽計從。至於讀書，還是靠邊站吧。漸漸地，劉瑾就成了我的心腹太監。在他的身邊，聚著馬永成、高鳳、羅祥、魏彬、谷大用，張永、丘聚七個太監，加上他，合稱「八虎」。

父皇駕崩，萬里江山我做主。登基詔書裡減免賦稅、廣開言路、裁撤冗官的說法，只是出自大臣們的潤色，根本不是我的肺腑之言。我討厭繁文縟節，討厭清規戒律，討厭大臣們的規勸。作為皇帝，我渴望無拘無束，渴望無限放縱。不久，經筵講席叫停了。此後每天就是先睡懶覺，再聽奏報，而後就回宮作樂去了。

我很佩服劉瑾的創造力。日上三竿，大睡初醒，我發現後宮裡出現了一條街市。挑擔的，擔水的，耍猴的，演戲的，人來人往，熙熙攘攘，煞是好玩。於是，我遊走在各家店鋪之間，跟買賣人討價還價；在飯館裡飲酒看戲，不亦樂乎；在妓館裡調笑狎弄，甚至大醉不醒，睡在裡面。原來，這是劉瑾精心設計的，把京城街市的繁華搬進皇宮，讓太監宮女扮演各種角色，讓我過一把公子哥兒的癮。這一來，我變得流連忘返，幾天都不上朝了。就這樣，早朝也名存實亡了。

一天，司禮監掌印太監王岳呈上一份來自韓文和不少大臣的聯名密奏，彈劾以劉瑾為首的「八虎」。奏疏中說，這八個太監用各種遊戲蠱惑皇上不理朝政，犯下重罪，應當「明正典刑」。措辭嚴厲，氣勢如虹，根本沒有商量的餘地。這是我從未見過的陣勢。拿到奏疏時，我正在吃飯，嚇得吐了一地，抱頭痛哭。

我派人去內閣跟大臣們商量，看看能不能尋求妥協，把「八虎」的命保住，只是發配南京閒住了事。可劉健等人態度強硬，非處死不可。「八虎」畢竟是我孩提時代朝夕相處的夥伴，一旦處死，我於心何忍！君臣之間再次陷入僵局。

就在這天晚上，劉瑾帶著其他七個太監一起跑到乾清宮，跪倒在我的腿前，痛哭流涕，請我出面保下他們的性命。明明是密奏，他們怎麼會知道？莫非有人洩密不成？正在尋思中，突然劉瑾近前一步，跪倒磕頭：「皇上，奴才得到可靠消息，司禮監掌印太監王岳打算與大臣們聯合起來，繞過您直接將我們逮捕處死，先斬後奏，而後迫使您接受既成事實。看在奴等伺候您多年的分兒上，您就救救我們吧！除了乾清宮，我們已經沒有安身之地了！」

聽到這裡，我大驚失色。誰給王岳這麼大的權力，竟敢越過我去殺我的近臣！

劉瑾繼續說，王岳在內廷太監中的地位比他們「八虎」都要高。按說，引誘皇上縱情玩樂，他做得不比「八虎」少。為什麼閣臣不彈劾他？顯然，這是一次有預謀的政變，目的就是想把皇上牢牢攥在閣臣和王岳手中。

聽到這裡，我的心理防線崩潰了。天生好動的我，怎會甘當傀儡！想起鹽引事件中閣臣們咄咄逼人的架勢，我就火往上竄。要是由著他們處死這些近臣，以後誰陪我玩，以後誰會聽我的，我這個皇帝以後還怎麼當！什麼禮賢下士，什麼從善如流，現在都是瞎扯！自由，對我來說才是第一位的。

在劉瑾的建議下，我當即傳旨，逮捕王岳，直接發配，連夜起程。任用劉瑾為司禮監掌印太監，提督團營，丘聚提督東廠，谷大用提督西廠，張永兼管京營事務。劉健等人聯合內廷太監收拾「八虎」的計畫就輕易地瓦解了。而這一切，睡夢中的閣臣們還一無所知。

我動手比王岳大概早了一兩個時辰，局面就發生了逆轉。而次日清晨上早朝的大臣們，或許還在等待「八虎」身首異處的消息。結果，龍椅上沒有出現我的身影，倒是劉瑾站在龍椅前，向群臣宣讀聖旨：王岳已經在流放的路上，「八虎」宣告無罪，不予處置。群臣議論紛紛。劉健、李東陽、謝遷等三位顧命大臣當即提出辭職。我堅信，這是他們慣用的撒手鐧，可能也是最後一招。

他們沒有想到的是，此時的我堅信，老臣不僅無用，反而礙事，倒是劉瑾等人可堪大用。既然老臣們提出辭職，那就乾脆照准，不給他們討價還價的機會！

劉健、謝遷獲准辭職，當即回家；李東陽的辭職申請被駁回，留任原職。

年逾七旬的劉健，的確老了，而且太霸道，退休理所應當。謝遷雖然才五十多歲，根本不到退休年齡。他和吏部尚書焦芳不和，正是焦芳把他們的密謀透露給「八虎」，才有了昨夜的轉機。因此，他的離去，焦芳最高興。

一年以後，同情劉健的五十多名大臣和太監以「內外結黨，傷害善類」的罪名被勒令退休或罷官。韓文最慘，不僅被罷官，而且追加罰米一千五百石。不知道這相當於戶部尚書十年俸祿的罰款，韓大尚書怎麼才能湊得出來。

吏部尚書焦芳進入內閣，與劉瑾內外合作。據我所知，很快地，劉瑾的黨羽就遍及朝野。不少人只能靠行賄自保和升遷。

為什麼留下李東陽？

他是一位詩人、書法家、藝術天才，在文化界影響力很大。他不到六十歲，年富力強，脾氣也不像劉健那麼急，他的提醒和建議，更容易讓我接受。更重要的是，朝臣們需要一個經驗豐富的大臣當領袖，我也需要一個強人制約以「八虎」為代表的不斷膨脹的宦官集團。

不管怎麼說，父皇留下來的弘治內閣分崩離析了。我刻意營

焦芳出賣同僚，甘為「八虎」作倀。

造了一個內外制衡的政治格局。這樣一來，沒有人敢挑戰我的權威，沒有人敢干擾我的自由。

每當我玩得開心時，劉瑾都會捧來一大堆奏章請我閱示。我看了看，便會不耐煩地揮揮手：「我用你是幹什麼的？這點小事還來煩我！」一來二去，批奏疏的事幾乎就由劉瑾代勞了。

太監並不都是缺德的；即使缺德的太監，辦的事也不見得每件都缺德。劉瑾就是如此。

在他的建議下，朝廷推出了一系列懲貪措施。比如對不守規矩的大臣除了正常的刑罰外，還要罰米。即使是太監索賄，劉瑾也毫不留情地向刑部揭發問罪。在他的提議下，朝廷進行了一系列權力制約改革。比如南直隸、兩廣、浙江等富裕省分的官員不僅不能由本省人員擔任，還不能由鄰省人員擔任，漕運御史不能由江南人擔任，以避免裙帶關係和親戚朋友受賄。設置內行廠，限制東廠、西廠的權力。在他的奏請下，朝廷採取了一系列財政經濟政策，比如將派戶部官員到各地盤查庫存錢糧，作為加強對地方財政約束的經常性措施；禁止商人私自攜帶官鹽，禁止商人使用空白鹽引等。這些改革並非一無是處，有些甚至是先帝想做而沒來得及做的。

明朝官員在為太監們授課。拜內書堂之賜，宦官告別了文盲時代，成為皇上決策的幫手，甚至可代批奏章。

當然，在劉瑾的淫威下，那些不聽話的大臣，運氣好的流放、罰俸，運氣差的，死在詔獄。

這樣的案例比比皆是。

正德三年（一五〇八年）六月的一天，有人在御道上撿到一封匿名文書，一直送達我的書案前。內容是揭發劉瑾的醜陋行徑，並且開列了幾條罪名。本來，我就對那些打小報告的人，比如六科給事中印象不好，於是就讓錦衣衛去查，並且下令所有在京文武大臣，一律在奉天門下罰跪。劉瑾很快就得到了這個消息。怒不可遏的他，發瘋似地跑到奉天門，親自監督罰跪的大臣們。

因劉瑾受黑函攻擊，明武宗下令所有在京文武大臣，一律在奉天門（今太和門）下罰跪。圖為太和門舊照。

在烈日的炙烤下，大臣們跪了一天。只有內閣大學士和各部主官可以隨意走動，翰林院的學官們可以站著。有劉瑾看著，誰也不敢給大臣們送水解渴。幾位享福慣了的官員受不了酷熱，昏厥過去。三百多個大臣被押到錦衣衛接受了一整夜的訊問，但什麼也沒審出來。無奈之下，李東陽向我陳奏，希望網開一面。就在這時，劉瑾也聽說匿名文書可能是宮裡跟他有仇的太監所為，跟大臣們無關。就這樣，劉瑾才給李東陽一個臺階，把大臣們都放了。

事情結束了，儘管劉瑾不過是我那道罰跪聖旨的具體操作者而已，但他擺出的那副不可一世的架子，特別是把三百多個大臣抓進錦衣衛審問一宿的做法，足以激怒所有人。這一夜，很多人做了美味佳肴送進錦衣衛的班房，給那些跪了一天，筋疲力盡，晚上又被錦衣衛輪番審訊搞得頭昏腦脹的大臣們，以示對劉瑾的抗議。而劉瑾仗著我的撐腰，走上了與大臣們公開對抗的不歸路。

更重要的是，他一人獨大，冷落和壓制了「八虎」中的其他七人。由於擔心自己失寵，劉瑾經常在我跟前說他們七個的壞話。最狠的一次，我本想把張永調到南京閒住，聖旨還沒下，劉瑾就要把他趕出皇宮。張永也不示弱，跑到我跟前哭訴。當我把劉瑾找來當面對質時，他掄起拳頭就要揍劉瑾。雖然一場鬥毆很快平息，但我的壓驚酒並不能弭平他們之間的嫌隙。

京城的人們編出歌謠，說京城有兩個皇帝，「一個坐皇帝，一個立皇帝」。

當聽到這樣的歌謠，我沉默良久。很清楚，「立著的皇帝」就是指劉瑾。殊不知，對權勢的崇拜近乎瘋狂的他，已經得罪了除我之外的所有人。如今，人們已經拿他與我相提並論。那麼等待他的將是什麼呢？

收拾權閹，彈指一揮間

正德五年（一五一〇年）四月，雪片般的奏報飛進乾清宮。

奏報上的內容讓我震驚：遠在寧夏的安化王朱寘鐇造反了。安化王造反的藉口更讓我瞠目：閹黨欺壓邊庭兵民，殺劉瑾以清君側。

其實，這與成祖皇帝朱棣的「靖難之役」，又有什麼兩樣？無非是想當皇帝，找個藉口罷了。

我趕緊任命前右都御史楊一清掛帥，太監張永協助，率軍奔赴寧夏。然而，叛亂只維持了十八天，朝廷大軍尚未抵達，安化王就束手就擒了。

在慶功宴上，我喝得酩酊大醉。夜半時分，人將散盡。張永忽然掏出一份奏疏，嚴肅地跪在我跟前，將劉瑾擅權凌下、陰謀不軌、激起兵變的種種情狀娓娓道來。腦子暈暈的我將信將疑。張永長跪不起：「奴才出於對皇上的赤膽忠心，才敢冒死陳奏；倘若稍有遲疑，奴才恐怕再也見不到皇上了。」

「劉瑾這狗奴才想幹什麼？」

「他陰謀奪取天下。」

「天下任他拿去好了。」

「天下歸了他，陛下將處於何地？」

這句話好似冰水撲面，激了我一下。我可以允許劉瑾胡鬧，但不能容忍他篡奪朱家江山啊！我一向待他不薄，想不到他竟然如此沒心肝！

於是，昏昏沉沉的我，立即傳令張永帶禁軍去抓他。

睡夢中的劉瑾被抓了起來。從他的宅院裡抄出金銀細軟、奇珍異玩，光黃金就有上百萬兩，白銀幾千萬兩，相當於朝廷十幾年的財政收入，不知道他從哪裡踅摸這麼些錢！甚至還搜出龍袍蟒衣、金牌玉印、刀槍兵器。特別是兩柄貂毛團扇，扇柄竟然內藏匕首。

在我的盛怒之下，劉瑾下獄，都察院給他定了三十四項罪名。據說劉瑾不肯承認，還傲慢地聲稱：「滿朝公卿，皆出我門，誰敢問我！」眾臣面面相覷，無人答話。只有駙馬蔡震挺身而出：「我是國戚，不出你門，可以問你吧！」蔡震先讓人上去抽了他幾十個耳光，而後舉著龍袍玉印，問他藏此作何。劉瑾啞口無言，威風掃地。

正德五年八月二十五日，劉瑾在午門凌遲處死，黨羽誅滅。據說刑場上，百姓觀者如雲，歡聲雷動，大家對他恨之入骨，不少人拿錢買他的肉吃，或者拿來祭奠被他陷害的亡靈。而這一切，我非常不解：劉瑾是個六十多歲的老人，有權無兵，刑餘之人，沒有後代，幹嘛要造反？劉瑾是個能人，他的改革對國家有益，他代我草擬的硃批寫得靠譜，辦事也講求程序。他專權的幾年，國家雖有小亂，但無大麻煩。這樣的人，大夥何必非要置其於死地？

劉瑾的死，至少說明，無論是誰，除了身體髮膚，他的一切都是我給的。我能給出去，也能收回來。因此，做人要厚道。我只是把劉瑾作為制衡大臣的工具；而他卻私欲膨脹到足以威脅皇權的地步。那麼，等待他的，只有身敗名裂。

劉瑾的死，張永的作用最大。但是，不能忽視楊一清的功勞。正是同去出征的幾天裡，楊一清抓住機會，鼓動與劉瑾結怨的張永，才促成了我在醉夢中收拾劉瑾的一幕。

劉瑾死後，張永、高鳳等太監掌權。相比之下，他們要收斂得多。比起王振、汪直、劉瑾，他們堪稱好太監，甚至是道德模範。

楊一清弭平了安化王之亂，還乘機扳倒了劉瑾。

劉瑾死後，大亂迭起。但不知道這些大亂與劉瑾之死有無直接關聯：

正德六年（一五一一年）春，直隸民變，聚眾數十萬，聲勢浩大，起義軍在劉六、劉七的組織下馳騁七省，所向無敵。奏報到手，我很費解：大明王朝挺太平的，他們為什麼還要造反呢？

雖然搞不清其中的道理，但終日沉湎酒色的我也深知，朱寘鐇的叛亂和劉瑾的謀反，只是肘腋之患，揭竿而起的農民，才是最可怕的。經筵講官的歷史敘述中，我印象最深的，就是農民起義的威力。因此，民變爆發，我的一切享樂統統結束，代之以打開府庫、拿出銀兩、委任將領、派兵鎮壓等一道道聖旨。

景泰年間于謙設置的京營，久疏戰陣，節節敗退，根本指望不上；地方官懦弱無能，丟城失地，任起義軍往來衝殺。京城多次告急，我也提心吊膽，如坐針氈，生怕像英宗皇帝那樣當俘虜。仗打了一年多，官軍逐漸摸透了起義軍的脾氣，針對其流動作戰的特點，以京營扼守京津和關隘，將邊防軍調往內地進行頻繁進攻，令起義軍疲於奔命，補給困難。最終，劉六、劉七之亂被官軍撲滅。我也長吁了一口氣。

農民起義的強大聲勢，讓我不得不收拾起已經荒廢多年的政務，親自打理朝政，表現得勵精圖治，大有父皇遺風。然而，民變撲滅，大功告成，為了獎賞自己，我又開始了新一輪揮霍享樂，研製了不少新花樣。

開間豹房，享樂好些年

劉瑾死了，可他留下的最大遺產——豹房，卻讓我舒服不已。

正德元年（一五〇六年）八月十一日，按照先帝遺詔，我舉行了大婚儀式。與母親張太后一樣，我的新婚妻子夏皇后也是一位民間女子。然而，對於這樁包辦婚姻，我沒啥興趣。即使是後來冊封的兩個嬪妃（賢妃沈氏、德奴吳氏），我也覺得索然無味。

如花似玉的嬪妃，姿色妖嬈的宮女，勾不起我的興趣。很快地，我就厭倦了皇宮裡的清規戒律。即位的第二年，劉瑾就秉承旨意，在西華門外太液池附近，開始興建宮殿數重，兩廂各設密室，排列有序，彼此相連。進入密室，美女、歌妓伺候；來到苑囿，珍禽異獸皆有。特別是夜裡，絃管笙歌，悠揚婉轉；輕盈舞者，婀娜多姿。這就是豹房。

豹房，並非劉瑾首創。至遲從元朝開始，達官貴人們就把虎豹等猛獸豢養起來，以供玩樂。因此，出現了虎房、豹房、象房、鷹房等稱呼。我的豹房共有房屋二百多間，耗銀二十四萬多兩。不過

豹房官軍勇士腰牌正、反面。

，與元朝不同的是，我的豹房原本只是作為我解悶散心的離宮而已。除了迷宮般的密室之外，還建有教軍場、寺廟等，但最初並不豢養猛獸。

來到這裡，我會感受到一種從未有過的自由和放縱，從未有過的無拘無束。我愛上了豹房，開始沒日沒夜地待在這裡，再也不想回宮了。

通宵達旦的歌舞宴樂，豹房密室的翻雲覆雨，令身體強健的我漸漸體力不支。於是，身體不適就成了我不再上朝的理由。山珍海味讓我大飽口福，房中祕術令我大開眼界。不斷翻新的玩法，不斷升級的刺激，令我一次次將享受進行到底。誅殺劉瑾，非但沒有改變我對豹房的鍾愛，反而令我更加流連忘返。

錦衣衛都督同知于永，精通房中祕術，被我召入「豹房」，每日傳授。于永告訴我說，西域女子的美色勝於中原女子數倍。於是，一些祖籍西域的官員就被我召進豹房，強迫他們貢獻自家能歌善舞的女子，連他們的妻女家眷也不放過。「歌舞達晝夜，猶以為不足」，「而擇其美者留之不令出」。

正德十三年（一五一八年）九月在太原巡遊的時候，我在眾多歌妓中，發現其中一女「色姣而善謳」（臉蛋美、歌喉佳），不問身世，直接帶回京城的豹房，「飲食起居必與偕」。她是樂戶劉良之女，太原晉王府樂工楊騰之妻。這只是我眾多搶奪人婦事件的一起而已。劉氏很幸運，雖然沒名分，但在宮裡得了一個尊號——「劉娘娘」。而我和她的這段豔遇，民間編了一齣戲，叫《遊龍戲鳳》。戲名出自劉娘娘招待我時精心推出的一道以嫩母雞和鱔魚為主料的菜，就叫「遊龍戲鳳」

。這道菜後來進入宮廷，成為我大宴群臣的保留項目。

漸漸地，豹房取代了乾清宮，成了我日常居住和處理朝政的主要場所。正因如此，豹房是正德朝大多數時間裡的權力中樞。

正德九年（一五一四年），元宵之夜，乾清宮火光沖天。這已經不是節慶，而是火災！原來，夜幕降臨，燈火通明，禮花綻放，五光十色，交相輝映。突然，禮花落下的碎末，引燃了數以百計的宮燈和欄杆旁堆放的禮花火藥，釀成悲劇。慌亂間，太監撲救不及。

火光沖天的場景，讓我格外興奮，遠遠望去，嘖嘖稱讚：「這豈不是一棚好看的大燄火！」大火燒了一夜，總算滅了，乾清宮化為灰燼。反正我長住豹房，乾清宮呢？重修就是了。戶部堂官不是說國庫沒錢嗎？那好辦，今年天下加徵賦稅一百萬兩白銀！

劉瑾死了，太監錢寧成了我的新夥伴。當年修建豹房，他是策畫者之一；如今修建佛寺，延請僧人為我進獻祕藥和法器，也是他的主意。我酷愛飲酒，他就在豹房各處放置佳釀，擺設杯酌，隨時進奉。我喜好出宮鬼混，他幫我化裝，神不知鬼不覺。當然，錢寧得寵，向大臣們索賄，這些我都有耳聞。天下誰人不愛財？

豹房裡的歌舞升平，參禪打坐，我很快就膩了。於是，邊將們奉旨捉了不少猛虎獅豹養在豹房。閒來無事，我就讓武士跟猛獸搏鬥，自己觀看，圖個稀罕。

一天，我多喝了幾杯，踉踉蹌蹌地衝進場中，想跟猛虎比試比試。誰知膂力不夠，不僅沒把老虎掀翻，反而被牠咬了一口。情急之下，我趕緊喊錢寧來救駕。可這傢伙慌了神，畏縮不前。就在危急時刻，一名勇士飛身衝了進來，三拳兩腳，將老虎趕回籠中關了起來。驚魂甫定的我，站起身來，撣撣身上的土，笑著誇口道：「我一人足以勝牠，哪用得著你！」但心裡卻非常感激這位挺身而出的英雄。從此，錢寧失寵，這位捨命護駕的侍衛成了我的親信。我甚至將他排在我收納的一百多個義子之首，在豹房西側營建窮極奢華的義子府，賞給他住。

他叫江彬。

尋求刺激的出巡與遠征

江彬不僅勇武過人，而且善於見風使舵。他講起早年的征戰經歷，真是滔滔不絕，熱愛舞槍弄棒的我每每聽得如癡如醉。特別是在鎮壓劉六、劉七起義時，時為邊將的他連中三箭，但毫無懼意，拔箭再戰。其驍勇令我欽佩萬分。

江彬長期生活在邊關，一直誇耀邊塞風光如何美麗，邊塞將士如何彪悍，邊塞的美女如何標致。這些令我好奇不已。按照他的建議，我推翻了邊軍和京營不得互調的祖制，將邊關將士調進京城，交由江彬統率。

即位十多年了，身為大明天子，京城以外是什麼樣，我一無所知。對於到外面的世界，領略一下躍馬揚鞭、馳騁千里的感覺，領略一下壯美秀麗的北國風光，領略一下邊防將校的嚴整軍容，我興致盎然。正德十二年（一五一七年）八月的一個夜晚，在江彬的攛掇下，我化裝成武官模樣，帶著江彬偷偷溜出紫禁城，由德勝門向北行進，前往昌平，準備出居庸關到宣府去。秋高氣爽，皓月當空，涼風拂袖，想著邊塞近在咫尺，我很得意。

剛走到沙河，身後煙塵滾滾，三名大學士梁儲、蔣冕、毛紀追了過來，請我回宮。我拒絕了。走到居庸關，巡關御史張欽拒絕放行，理由是塞外局勢不穩，恐有不測。人家的考慮不是沒有道理，也怪我沒有事先知會沿途關隘。無奈之下，我只好悻悻而歸。

十幾天後，我帶著江彬等人又乘夜逃出京城。由於事先知會了沿途關隘，所以一路無阻。我還告訴居庸關守將，不准放過任何追來的朝臣。就這樣，我順利抵達宣府，入住江彬事先營建的行宮——鎮國府，盡享他預先準備的珍玩寶器、美色佳釀。江彬帶著我走街串巷，見到大戶庭院就推門而入，盡情調戲家主妻妾，將其中姿色嬌美者帶回行宮，陪奉枕席。

為什麼把行宮叫「鎮國府」？這不是降格了嗎？原來，我對「天子」這個職業的名稱早就聽膩了，想換換口味，感受一下從未有過的當臣子的滋味。於是，我更名「朱壽」，自封「總督軍務威武大將軍總兵官」，後來又給自己安個爵位叫「鎮國公」。還讓兵部存檔，戶部給餉。

我喜歡宣府。這裡是躲避大臣們喋喋不休的好去處。這裡是禁區，大臣一律不許來；這裡是樂園，被我親切地稱為「家裡」；這裡是我發明新奇玩法的天堂。正德十三年（一五一八年）立春，我在宣府親自設計了一場花樣翻新的迎春儀式。傳統的儀式上，用竹木紮成架子，上面排些吉祥圖案，進獻給我，謂之「進春」。而我發明的儀式，是準備幾十輛馬車，滿載美女與和尚。行進中，美女手中的彩球與和尚的光頭相互撞擊，彩球如落英般四處亂飛，好不熱鬧。

這就是我的傑作。

我喜歡宣府。這裡是抵抗韃靼入寇的前進基地。我早就想效法太祖皇帝，征討蒙古，建立超越成祖皇帝的蓋世奇勳。正德十二年十月，韃靼首領小王子率領五萬鐵騎叩關襲擾，我當即打出「威武大將軍朱壽」的旗號，率領官軍至應州與韃靼騎兵交戰數日。我一馬當先，左衝右突，率領一隊偏師像潮水一般衝進敵陣，與敵人對砍，幫助一度陷入包圍的另一部官軍成功突圍。這幾天，大小百餘戰，殺得血肉翻飛，昏天黑地，最終迫使準備不足的敵軍退兵。小王子本想破關南下，大肆搶掠，沒想到遇上了身為「威武大將軍」的我，該著他虧本倒楣。

正德皇帝出巡山西，途經應州木塔時的題字。

我是瞞著群臣出京的，因而這場戰役也沒能在史官的記錄中如實呈現。在他們的筆下，這一仗殲敵十六人，其中我手刃敵兵一名，而官軍的代價是陣亡五十二人，重傷五百六十三人。但是，他們忽視了一個重要情節：應州大捷後，韃靼「（每）歲犯邊，然不敢深入」。倘若只斬下十六顆腦袋，會有這麼好的效果嗎？這些腐儒，縱然不歡迎我隨意出京，窮兵黷武，也不至於用如此沒有技術含量和起碼常識的伎倆歪曲歷史，醜化我的光輝形象嘛！

連打帶玩，在宣府享受了半年。直到來年開春，我才戀戀不捨地離開塞外，載著無數的美女和有限的戰利品回京。慶功儀式自然少不了。我要炫耀武功，加封「功臣」。

藉口修建太皇太后陵寢，我大張旗鼓，到密雲、河西務巡遊，目的就是尋覓美女，充實豹房。結果聽說百姓們把年輕婦女全都藏了起來，或是亂點鴛鴦譜，隨便嫁了人，讓我好生失望，只能把地方官抓來一頓飽揍。

藉口巡視邊防，我再度「回家」，到大同、宣府、太原遊玩。強奪總兵府邸以為行宮，強搶總兵女兒以為寵妾，強逼有夫之婦從旁伺候。幾個月後，我又攜成群美姬、金銀珠寶、鷹犬虎豹，滿載而歸。

聽說江南美女如雲，我總想見識。可每每提出南巡計畫，大臣們都要諫阻。我一怒之下，將持反對意見的一百零七名大臣推到午門以外，帶枷罰跪，杖責罷官。十一人當場被打死。也許是朝臣們的鮮血暫時淹沒了我對於江南佳麗的嚮往和興致，南巡的事暫時擱置了。

正德十四年（一五一九年）夏，遠在江西的寧王朱宸濠造反了，他勾結失寵的錢寧，打算攻下南京，奪取皇位。

如果是前幾年，我一定膽戰心驚；如今，這倒給了我南巡的藉口。於是，南巡變成了南征。我再度舉起「威武大將軍朱壽」的旗號，御駕親征，前往「平叛」。

聖駕剛剛起程，正在江西督辦軍務的御史王守仁（號陽明），已經率軍平定叛亂，活捉了朱宸濠。這位本朝最著名的思想家奏請叫停「南征」，理由是叛亂雖平，尚有奸細威脅聖駕安全。然而，我還是吩咐大軍繼續南下。一路吃喝玩樂，好不自在！

王守仁用兵如神，迅速平定寧王之亂，活捉朱宸濠。

到了揚州，太監們到處搜羅少女、寡婦，搞得人人自危，許多女孩紛紛尋找單身漢隨便嫁掉，甚至不惜拉郎配。然而，還是有不少美女被掠，送進了「威武大將軍府」。南巡再一次滿足了我的占有欲。

次年閏八月初八日，我在南京主持了盛大的獻俘典禮，自欺欺人地先把朱宸濠放了，再指揮軍士們擂鼓助陣，把他重新抓獲，帶上枷鎖。獻俘典禮滿足了我的虛榮心和征服慾。留給朱宸濠和錢寧的，只有死路一條。

沒想到，樂極生悲，垂釣落水，竟讓我留下了病根。長期的折騰，讓我時時暈厥。躺在豹房柔軟的龍床上，我有些遺憾：時間過得太快了，我還沒玩夠呢！沒有大臣約束的豹房生活，真美妙。然而，我不希望接班人繼續胡鬧，像我一樣荒廢政務。但誰來接班？我心裡沒底。折騰十幾年，閱女無數，膝下依舊無子。

帶著傍徨，帶著遺憾，帶著不安，我默默地合上了雙眼，浮現在眼前的，只有一片空白……

卷十一　明世宗（嘉靖）朱厚熜回憶錄

明世宗朱厚熜簡歷

朱厚熜，生於正德二年（一五〇七年）八月初十日，卒於嘉靖四十五年（一五六六年）十二月十四日。出生地為承天府（安陸，今湖北鍾祥）。興獻王朱祐杬次子，明孝宗朱祐樘堂姪，明武宗朱厚照堂弟。十三歲喪父，以世子理國事。正德十六年（一五二一年）三月初九日襲興王位。四月二十二日，因朱厚照駕崩，膝下無嗣，依照「兄終弟及」祖訓承繼皇統。年號嘉靖。在位四十五年。死後廟號世宗，諡號「欽天履道英毅聖神宣文廣武洪仁大孝肅皇帝」，簡稱「肅皇帝」。葬於北京昌平永陵。

朱厚熜以藩王身分進京繼統，起初遵循張太后及大學士楊廷和安排，廢除正德年間多項弊政，誅殺佞臣錢寧、江彬，刷新朝政。然而，隨後發起「大禮議」，旨在明確皇統地位，樹立威信，並藉機擺脫老臣束縛，實現乾綱獨斷。他迷信道教，終日齋醮，多年不理朝政；喜讀青詞，重用擅寫青詞的大臣。在位期間，內閣權力較之前朝空前膨脹，內閣與宦官勾結一氣。張璁、夏言、嚴嵩、徐階等先後成為首輔，掌朝廷大權。吏治敗壞，土地兼并嚴重，社會危機叢生。東南沿海走私猖獗，倭患頻仍；北部邊防警報不斷，韃靼入寇。嘉靖末年，在徐階主持下進行了些許革新，倭寇被平定，朝政有所改觀。朱厚熜在位時間較久，其功過是非頗多爭議，不能以「昏君」名號一以概之。

一生最得意之事：大禮議，確立了在朝廷的至高權威；最失意之事：睡覺時竟被幾個宮女險些勒死。

皇后陳氏、張氏（被廢）、方氏，有名號的嬪妃十餘人。膝下育有八子、五女。其中長、次子先後夭折。第三子朱載垕為法定皇儲。

嘉靖四十五年（一五六六年）二月的一個夜晚，月朗星稀，乾坤寂靜。

然而我的心卻久久無法平靜。

指著摔在地上的奏疏，我怒不可遏：「趕快把他抓來！不要讓他跑掉！」

「皇上息怒，据老奴所知，此人素有癡名。聽說他上疏之前，自知必會觸怒龍顏，就買了口棺材，訣別妻子，遣散僕人，待罪於朝。他是不會逃走的。」

太監黃錦的一番話，讓我默然無語。過了一會兒，我拾起這份險些撕碎的奏疏，重新看了一遍。眼前已經一片模糊，淚水不住地淌了下來。

我也曾有過勵精圖治的歲月。而今，他卻說「嘉靖者，言家家皆淨而無財用也」。讓我情何以堪！然而，他列舉的事實觸目驚心，他無情的撻伐讓我震撼。他可以自比比干，我卻不是商紂王。他罵得好，我不能殺他！

這位以「正君道，明臣職，求萬世治安」為己任的戶部雲南清吏司主事海瑞，用他特有的犀利言語，讓我陷入了對往事的良久沉思……

當皇帝純屬意外：從安陸興王到嘉靖初政

正德十六年（一五二一年）三月的一天，湖北安陸興王府。

剛剛繼承父王大位的我，屏退旁人，只把侍讀錢定留了下來。

海瑞為政清廉，直言敢諫，與宋代的包拯齊名。

「寡人昨天晚上夢見頭髮全白了，請問先生這意味著什麼徵兆呢？」我把這個絕密信息傳遞給了這位伴我讀書習字的學究。

「王上添白，其吉可知。」錢定的回答耐人尋味。

這讓我想起幾年前，巡按湖廣的監察御史毛伯溫覲見父王，對我說了一句更加奇怪的話：「我現在知道江漢地區上空星辰明亮的原因了。」

或許，很多人都已洞悉當前京城皇宮裡的形勢，我也不例外。

父王朱祐杬是成化皇帝朱見深的第四子，而當今聖上的父親——孝宗朱祐樘（年號弘治）是朱見深的第三子。由於朱見深的前兩個兒子先後夭折，在沒有嫡長子的情況下，朱祐樘就成了皇儲，並當上了天子；父親只能屈居藩王，被封到安陸過閒雲野鶴的安逸生活。

朱厚照是朱祐樘唯一的兒子，也是當仁不讓的皇儲。然而，即位之後的朱厚照膝下無子。這種情況一旦維持到朱厚照駕崩，那麼根據《皇明祖訓》的說法，皇位繼承將採取「兄終弟及」的方式。距離朱祐樘最近的「弟」，當屬父王；因此，跟朱厚照血統最近的，就是我。

日有所思，夜有所夢。我的確想當皇上，也確實有可能合法問鼎。前提有兩個：當今聖上趕緊死，當今聖上無後。

這兩個條件正在成熟。

去年九月，朱厚照在「御駕遊玩」的路上落水染病。據京城的耳目講，前些天，皇上到京城南郊祭祀天地，當場吐血，儀式被迫中斷。這位愛折騰的皇帝，一命嗚呼看來是遲早的事了。

重要的是，他還沒有兒子。

這年三月二十六日，三個行色匆匆的太監走進興王府的銀安殿。我率領全家跪倒，聆聽聖旨。

這是當今皇上的遺詔。它透露了兩個消息，一驚一喜：驚的是，十二天前，皇上病死在豹房。喜的是，內閣首輔楊廷和與群臣商議，報經張太后（朱厚照生母）批准，決定迎立我為皇儲，進京登基。兩年間，從世子到藩王，再到天子，幸福突然而至，角色瞬間位移。作為當事人，我怎能按捺得住喜悅之情呢？

我從未到過京城，那些老臣宿將能否乖乖地聽命於一個十五歲的外鄉人呢？遺詔寫得那麼好，一定不是病入膏肓的朱厚照所為，莫非是楊廷和執筆？他能對我言聽計從嗎？我從未去過皇宮，那些拉幫結派、詭計多端的太監，以及威嚴莫測的張太后，能夠由著我大展拳腳嗎？不行，既然貴為天子，我就要顯示威嚴。

四月二十二日，也就是我抵達京城的當天正午，紫禁城舉行了隆重的即位大典。當我換好龍袍，束緊腰帶，準備走進奉天殿的時候，忽然發覺這套龍袍過於肥大，長了一截，幾乎拖地。如果走在路上，一不小心絆倒了，既丟人，也不吉利。我幾次俯視龍袍，面露不悅之色。

就在這時，內閣首輔楊廷和趕緊趨近：「此陛下垂衣裳而天下治。」他真是個聰明的老頭，把漢代「垂拱而治」的理念搬到這裡來救場了。一句話說得我「天顏頓怡」。即位典禮圓滿成功。我當著眾位大臣的面宣布，改年號為「嘉靖」，取《尚書・無逸》中「嘉靖殷邦，至於小大，無時或怨」的說法，表現出我追求大局「安和」、皇位「安定」的夙願。

進京路上，我謹記母親蔣氏「此行荷負重任」的提醒，謝絕沿途的饋贈和進獻，吃住從簡，只管趕路。我要從細節做起，塑造追求中興的賢君形象。

臨近京城，聽老百姓傳出歌謠曰：

「拿了江彬，朝廷安穩。」

原來，坤寧宮發生了政變。楊廷和布下天羅地網，把先帝寵臣江彬捕殺了。

這至少為我掃清了實施新政的頭號障礙。

十二月，楊廷和遞上「慎始修德十二事」的奏疏，建議我「敬天戒，法祖訓，隆孝道，保聖躬，務民義，勤學問，慎命令，明賞罰，專委任，納諫諍，親善人，節財用」。洋洋數千言，從立身到修養，再到用人、行政，無不論及。忠君愛國的情意躍然紙上，令我頗為感動。

根據楊廷和的「十二事」，針對堂兄留下的爛攤子而進行的整飭迅速展開。

天子不理朝政的歷史終結了。我常常雞鳴則起，點著蠟燭就上朝了。早朝結束，我會到文華殿讀書習字。中午時分，一度廢棄的午朝恢復，大臣們面見天顏不再費事，我處理政務也更加從容。

正德年間因忠直諫諍或忠於職守而被罷官免職的官員，活著的一律官復原級，或酌情提拔，死

內閣首輔楊廷和犯了做臣子的大忌，鋒芒太露。

去的一律從優撫恤，還好人以清白，讓好人都有好報。

官府冗員大量裁撤，積案大幅減少，效率大為提升。通過查抄江彬、錢寧等佞臣的家產，國庫得以充實。我還一改堂兄奢靡無度的做法，提倡節儉，罷免額外進貢，減少大型工程，將宮廷開支壓縮到弘治年間的水平。就這樣，嘉靖初年的財政危機得以平穩度過。

作為個性天子，先帝把天下搞得弊竇叢生，危機四伏。那些害人害己的弊政，真的到了不清理不行的地步。就在楊廷和代擬的即位詔書中，我就宣布蠲免積欠稅糧和部分漕糧；准許各地流民回籍，豁免一年賦役；召回額外增添或臨時差派到外地的宦官，裁汰大批錦衣衛特務和二十四衙門的工匠。

即位詔書的改革精神得到了很好的貫徹。一大批宦官受到降職或充軍的處分，就連具有擁立之功的太監也難逃免職。奉命外派的宦官得到管束。我親自批答奏章，不給司禮監秉筆太監上下其手的機會。我只重用從安陸帶來的宦官，諸如張佐、鮑忠、麥福和黃錦，他們長期受家法約束，不敢胡作非為。嘉靖年間，沒有出現過王振、汪直、劉瑾那樣的權閹。

劉六、劉七起義時，我還不記事。年長一些，聽大人們講起來，覺得心有餘悸。其實，造反的多數是流民，他們只求吃飽穿暖。但是，失去土地，到處流浪，靠什麼豐衣足食呢？當今天下，皇家最富。正德年間，皇莊達到三十六座，近四萬頃，占京畿耕地的八分之一。親王、勳戚和宦官拚命搶掠耕地，盜騙財物，奪占房屋，欺男霸女，無惡不作。「惟餘芳草王孫路，不入朱門帝子家」。除了貴族子弟行走的道路外，所有的耕地已經都被這些富豪霸占殆盡。

面對這一危局，在精心準備之後，我頒布詔令：除安陸興王府皇莊等少數幾處外，絕大多數皇莊改為官田，允許百姓佃種交租，供應宮中用度。這樣，皇莊失去了存在的合法性，逐漸退出了歷史舞臺。此外，勳戚的莊田也做了清查和限制，有些人被迫退田。全國性的土地兼并浪潮暫時減弱了。

這一切，還要感謝一位名不見經傳的給事中——夏言。正是他的《勘報皇莊疏》，為我提供了天順朝以來最徹底、最準確的皇莊統計資訊。

外界看到了一個清除積弊、渴望中興的皇帝，而我正是懷著這樣的期待義無反顧，勇往直前。或許人們從我身上，依稀可見孝宗朱祐樘的影子。然而，我不是朱祐樘。

在興利除弊的進程中，我領教了楊廷和的智慧與才幹，似乎足以掩蓋天子的光芒。這樣的先帝遺臣，遲早將會成為我乾綱獨斷的障礙。新君與老臣的矛盾，從我登基那天起，就已經開始浮現……

發難「大禮」振皇威：君臣之爭的勝利

正德十六年（一五二一年）四月二十二日上午，平生首次跋涉千里的我，來到京郊一處館驛。禮部送來了嗣位儀式的草案，讓我按皇太子禮儀即位。我既不是孝宗的兒子，更不是武宗的兒子，開什麼玩笑！在跟謀士袁宗皋商量後，甚為不悅的我將草案駁回。下午，一封長長的奏疏送到館驛，是楊廷和與一些朝臣聯名上奏的，他們堅持禮部草案，先立皇太子，再舉行登基儀式。我也毫不妥協，乾脆拒絕進城。為了化解僵局，張太后做了讓步。對此，楊廷和等人只好默認。

楊廷和為我草擬了一個新年號——「紹治」，意思是繼承治世。然而，誰都知道朱厚照把國家治理得一團亂，那麼我繼承的，實際上是孝宗的「治世」。更重要的是，孝宗的年號是「弘治」。言外之意，我既要繼承「弘治」精神，又要接續弘治的譜系。顯然，這是楊廷和下的套。我當即拒絕，欽定年號為「嘉靖」，發誓與弘治脫離干係。

這兩件事，讓我深深地感受到：天下沒有免費的午餐，當皇帝也一樣。他們選我入繼大統，是有先決條件的，那就是以武宗堂弟的身分進京稱帝，並納入孝宗—武宗的宗譜體系，成為孝宗在禮法上的接班人。這樣做，將導致我在禮法上脫離了父王和母妃，不僅無法追尊父王為皇帝，更會導致母親蔣氏在我面前由長輩降格為臣妾。更重要的是，我一旦屈從於他們，接受這樣的宗譜體系，就意味著失去了發號施令的自主權，事事都要受制於他們。

登基大典後的第五天，即四月二十七日，我傳旨「禮部會官議興獻王主祀及封號」。興獻王就是父王朱祐杬。我要把給他上尊號作為切入點，徹底擊垮楊廷和。經過廷議，多數大臣贊成楊廷和與禮部尚書毛澄的方案，即援引漢哀帝和北宋英宗先例，認為我從小宗入繼大宗，理應尊奉大宗譜序，以孝宗朱祐樘為皇考，即名義上的父皇，而生父朱祐杬改稱「皇叔考興獻大王」，生母蔣氏為「皇叔母興國大妃」，祭祀他們時我只能自稱「姪皇帝」。

楊廷和等人還建議，將父王六弟朱祐檳的次子朱厚炫，在宗法上過繼給我的父王為子，接替興王王位。五月初七日，毛澄將這份意見以六十多名大臣聯名上奏的方式呈報給我，並聲稱：大臣中「有異議者即奸邪，當斬」。

看罷奏疏，我勃然大怒：「父母可更易若是耶！」虧得毛澄還是禮部尚書，他所提出的意見一旦生效，立刻就會將我置於不孝境地，這叫什麼「禮」?!

我曾經嘗試找楊廷和賜茶詳談，但始終談不攏；又派太監對毛澄重金饋贈，但遭到婉拒。儘管毛澄在興王接班人問題上做出讓步，提出將來我有兒子時，可將第二子派往安陸，取代朱厚炫成為興王，繼承父王的王統。但給父王上尊號的問題依然僵持不下。

就在楊廷和等人氣勢正盛，令我萬分苦惱之時，一份突然而至的《大禮疏》，令我眼前一亮。疏中以儒家倫理為依據，強調了我的主張是合情合理的純孝之舉。這份奏疏的作者張璁，四十七歲，屢試不第，多次復讀，終於在今年榮膺二甲進士，尚未授予官職。這份《大禮疏》幫我找到了對抗楊廷和的理論依據。我立即將之送往內閣，並大加誇讚。然而，楊廷和拋出一句「書生焉知國體」的話，就把《大禮疏》封還了。張璁還遭到言官的攻訐。一時間，事態再次陷入僵局。

母親蔣氏乘船抵達京郊通州。聽說大臣們逼我認孝宗為皇考，她頓時怒不可遏：「安得以我子為人之子！」她下令車馬暫停，聲言不解決尊號問題，決不進城。宮裡，我痛哭不止，立即去找張太后，要求辭去皇位，回去繼續當興王。張璁再次上奏，說只有天子才有資格議禮。言外之意，楊廷和摻和進來屬於狗拿耗子，多管閒事。楊廷和與毛澄怕事情鬧大，不好收場，被迫表示妥協，以張太后的名義發布懿旨，我的生父尊為興獻帝，生母為興獻后。

本來，沒有加上「皇」字是個遺憾，可我幾經爭取，楊廷和率領百餘名大臣以辭職相要挾，堅決反對。一個月後，清寧宮發生火災，楊廷和把這事跟加「皇」字的動議聯繫起來，搞得我這個篤信神靈的天子有點害怕了，才算作罷。然而，沒有「皇」字依舊不很完美。我決心等待時機，一舉翻盤。

嘉靖二年（一五二三年）底，內織染局太監刁永建議派宦官到江南督催織造，以彌補宮中用度不足。我隨即同意，並讓楊廷和草擬敕書。不出我所料，這個老傢伙藉口江南災荒嚴重，派太監督催織造，可能滋擾地方，加重民眾負擔，拒絕動筆，而且說什麼「陛下不聽臣與滿朝文武的話，卻聽那幾個奸佞的話，難道陛下打算只跟那些奸佞一道治理祖宗的江山嗎」。豈有此理！如果說楊廷和在「議大禮」問題上不搗亂的話，恐怕我會繼續奉行約束宦官的初政措施。然而這次，我必須殺殺這老傢伙的威風！既然他不肯寫，我就讓親信大臣寫好敕書，繞過內閣，強行發布。

楊廷和見狀，再次搬出慣用的撒手鐧——撂挑子。這回，我一不做，二不休，批准他的退休申請，「聽之去」，並「責以因辭歸咎，非大臣道」。嘉靖三年（一五二四年）二月，楊廷和正式離開內閣。十一個月前，毛澄也獲准退休，不久病死。這樣，我搬掉了「議大禮」問題上最大的兩個障礙。

兩年前，迫於言官的壓力，我授意吏部安排張璁當南京刑部主事，讓他避避風頭。可他聯合同為南京刑部主事的桂萼，不僅仔細研究了在繼嗣問題上足以駁倒楊廷和的種種理論依據，而且拉攏了一批南京六部中的官員。我也讀了不少繼嗣理論的書籍，越發覺得自己尊崇父母的做法，不僅不違背古訓，而且貫徹了孝道，是無比正確的。

就在楊廷和正式退休的前一個月，桂萼上奏，駁斥楊廷和、毛澄的觀點，認為我應下詔正名，「稱孝宗曰皇伯考，武宗曰皇兄，興獻帝曰皇考，而別立廟於大內，興國太后曰聖母，則天下之為父子君臣者定」。這樣的言論正合我意。於是，張璁、桂萼返回京城，升任翰林學士，討論「議禮」大計。這兩人果然積極，「列十三事以上」，揭發「禮官欺罔之罪」。大學士毛紀等人頂不住壓力，被迫同意去掉我母親蔣氏尊號裡的「本生」二字。這樣，從新擬的「聖母章聖皇太后」的尊號看，母親跟張太后在地位上已經平起平坐了。

改尊號的事激起了部分大臣的反對。他們先是把矛頭指向張璁、桂萼，以楊廷和之子楊慎（時任翰林修撰）為首，甚至打算在紫禁城左順門，仿效土木堡之變後大臣們毆死馬順的先例，將張、桂二人打成肉醬；隨後，循成化年間跪伏宮闕，迫使天子讓步成例，聯絡二百多名大臣，在左順門集體下跪，高呼太祖皇帝、孝宗皇帝，聲震雲天，響徹大內。我諭令群臣暫且退下，未果，乃命錦

張璁（左）在「大禮議」中討好新君，與毛澄（右）等「禮法派」大臣作對。

嘉靖皇帝為張璁手書賜名「孚敬」。

衣衛將翰林學士豐熙等八人逮入詔獄。於是，楊慎等人撼門大哭，百官皆痛哭流涕。

楊廷和的離去，使朝臣們沒了主心骨。或許這是他們的絕地反擊。然而，他們的義舉並未換來我的感動，反而給自己招惹了麻煩——其中的一百三十四名大臣被錦衣衛逮捕入獄，上百名官員被奪俸、充軍、廷杖，十七人被杖斃。張璁、桂萼得到封賞和提拔。這就是左順門事件——「大禮議」的轉捩點。發生在嘉靖三年七月十五日。

廷杖的威力，令大臣們三緘其口。我決定乘勝追擊。九月十五日，我詔告天下：孝宗和張太后分別尊稱皇伯考和皇伯母。作為我的皇考和聖母，父王和母妃，分別上尊號「恭穆獻皇帝」和「章聖皇太后」。企盼已久的人倫之序終於扳了回來。

嘉靖十七年（一五三八年）九月十一日，經過多年爭執，我以「祖宗列聖歡聚一堂，獨去我皇考一人，人情不堪，時義不順」和「豈有太廟中四親不全之禮」為藉口，將父王升格，上廟號「睿宗」，牌位放在太廟，位列武宗朱厚照之前。至此，歷時多年的「大禮議」以我的勝利而結束。

「大禮議」的意義，決不僅僅是定尊號，行孝道。楊廷和低估了我的智慧和勇氣，最終敗下陣來。前朝舊臣遭到徹底清洗，張太后和楊廷和再也無法左右朝政，張璁、桂萼等一批聽話的大臣得到提拔。沒有人再敢頂撞我，他們能做的，唯有阿諛諂媚，山呼萬歲。

「大禮議」使我明白：沒有做不到，只有想不到；只要想去做，一定能做到；要想做得到，態度要強硬。「大禮議」的歷練，令我逐步成長為一位崇尚暴力和強權的皇帝，一位固執而又自負的君王。一個全新的「嘉靖時代」正在徐徐拉開帷幕。

人生的兩大理想：長生不老與妻妾成群

「大禮議」成功了，我和大臣們的關係卻漸漸疏遠。張璁、桂萼對我唯唯諾諾，再沒有楊廷和那樣的主見。由於不是孝宗的直系後裔，儘管外表看來自負，其實我很自卑。大臣越是害怕我，疏遠我，我越是猜忌他們。因而，我對待大臣顯得刻薄寡恩，經常暴力壓制。

左順門事件讓我看到了廷杖的威力。於是，打屁股成了我發威的專利。在我即位的最初二十年裡，挨打的官員超過了二百名，其中最慘烈的莫過於戶科給事中張選，八十大板下去，被打得皮開肉綻，杖打折了三次，人擡出來時已斷氣。當然，板子還沒挨完就當場被打死的，也不在少數。

君權的威嚴，令嘰嘰喳喳的言官們噤若寒蟬。大臣們都被廷杖打怕了，非議我的聲音漸漸消失了。於是，我可以毫無顧忌地享受帝王的特權和美妙待遇，去實現自己的兩大人生理想——長生不老與妻妾成群。

從秦始皇開始，幾乎每個君主都被稱為「萬歲」。但迄今為止，有誰活夠這個歲數呢？從秦始皇開始，幾乎每個君主都有三宮六院，但迄今為止，有誰能採遍天下美女，盡享人間快樂呢？縱欲的皇帝大多無法長壽，長壽的皇帝多會節制欲望。如何能把這兩樁心願不僅用到極致，而且相互促進呢？

我想到了宗教的力量。

安陸位於荊楚之地，道觀眾多，香火旺盛。父王、母妃尊崇道教，經常把道士請到王府齋醮布道，對我的影響不言而喻。我始終堅信，太上老君的地位至高無上。即位後，我不僅繼續尊崇道教，而且要全體官員通道，信奉者升官發財，不信者和勸阻者，或削職，或下獄，或杖斃。大法師邵元節、陶仲文先後官至禮部尚書，陶仲文還兼任少師、少傅、少保，獲得了大明開國以來宗教人士的最高榮譽。

乾清宮、坤寧宮，到處是醮壇，到處是道士的身影；寢宮內外，煙霧繚繞，祈禱念咒之聲不絕於耳。就連太監們也學著道士的樣子，誦經作法。在我眼裡，邵元節、陶仲文道行深厚，法力無邊。邵元節善於祈雨，陶仲文善於煉丹。他說，假若能服用「先天丹鉛」藥，就能長生不老。而這樣的丹藥，是用幼女初次月經煉製而成的。因此，我就不顧一切地召大批女童入宮，有道是「兩角鴉青雙結紅，靈犀一點未曾通，自緣身作延年藥，憔悴春風雨露中」。

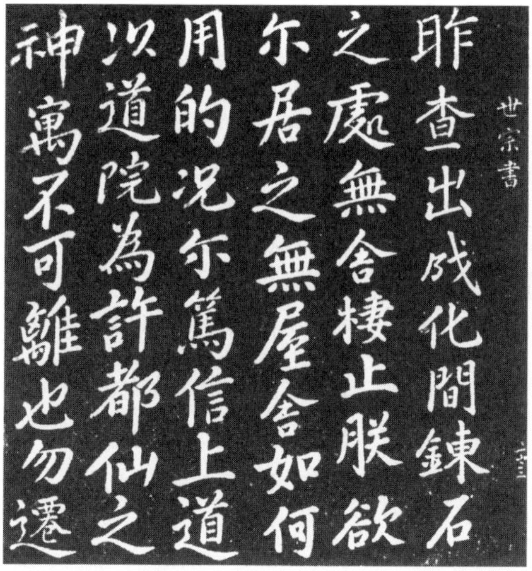

明世宗御筆《設道院》：修玄煉丹是朱厚璁後半生的愛好之一。

雖說崇奉道教要講求清心寡欲，可我不是這樣的人。在我的心中，長生不老與放縱色慾是不能衝突的。縱情聲色，與我家庭生活的不幸直接有關。

陳皇后因為吃飛醋，枉送了性命。

嘉靖元年（一五二二年）九月二十八日，我就迎來了第一個皇后陳氏。婚禮是在張太后的主持下進行的。因而，對這樁包辦婚姻，我沒有什麼感情可言，反而因張太后的壓制而遷怒於陳皇后。嘉靖七年（一五二八年）十月的一天，我正在跟陳皇后閒談，方妃和張妃來獻茶。見兩位美女纖手嫩白，我忍不住拉過來撫摸。陳皇后見狀心生妒意，臉色驟然多雲轉陰，放下茶杯，起身就走。我一把拽住了她，怒目圓睜。陳皇后嚇得魂飛魄散，當場摔倒，懷上的龍種也流了產。幾天後，連嚇帶病，她竟撒手人寰。

僅過了六年，第二任皇后張氏慘遭廢黜。理由是她「近乃多不思順，不敬不遜」。其實，主要原因是她受託於張太后，為其二弟張延齡向我求情。我一怒之下，將她廢黜。

嘉靖十三年（一五三四年）正月，德嬪方氏被選立為皇后。儘管她曾救過我的命，但這個醋意十足的女人，竟在處理壬寅宮變的善後期間，藉機把我寵愛的端妃曹氏牽連進去，下獄處死，令人惱怒不已。十三年後，方皇后在內宮火災中驚嚇而死。

或許是對三位皇后的印象很不好，或許是對缺乏感情的包辦婚姻心存芥蒂，總之，我不願再立皇后了。但這決不意味著我會因此而禁欲。後宮裡數以千計的年輕宮女成了我發洩獸慾的對象。儘管擁有賢淑的嬪妃、嬌美的宮女，但我不知足。道士們投我所好，進獻了大量的房中術和藥丸，讓我更加激情澎湃。只有此時此刻，我才真切地感受到當皇帝的美妙感覺！

後宮受寵的美女越來越多。按照慣例，凡被皇帝寵幸的宮女和女官，都會得到封號和賞賜。可由於我寵幸太多，幾乎天天換人，以至於不少人直至臨死一刻，也沒有等來冊封。她們給我帶來的片刻歡愉，換來的，只是死後的一個追封而已。嘉靖三十四年（一五五五年）之後的十二年裡，光追封的嬪妃就多達二十九人。

儘管臨御宮女甚多，得到的兒子卻接連夭折，讓皇位繼承變得撲朔迷離起來。不願意重蹈覆轍的我，只能白天求助於神鬼，加大齋醮力度，晚上求助於自己和宮女、嬪妃，拚命臨御，一刻不歇，傷筋動骨也在所不惜。

就在我不顧大臣們的反對，執意崇道煉丹，執意玩弄宮中女人的時候，發生在我身上的兩次生死劫難，徹底改變了我的人生和信仰。

兩次生死大劫難：南巡遇險與壬寅宮變

嘉靖十七年（一五三八年）歲末，皇太后蔣氏——這位世界上最疼愛我的人去了。在我的人生經歷中，她對我關懷最深。即位之初，通州船上和她相對而泣的場景，令我永生難忘。為了她的名分，我不惜發起「大禮議」，與大臣們翻臉，讓多少人丟官，甚至喪命。她的離去，好比山崩地裂，讓我痛不欲生，無法自持。在安排母親後事時，我想到安陸祭掃父王陵墓，順便視察一下江畔的這座小城。

南巡的動議遭到很多大臣的反對。他們的理由是御駕途經的省分災害嚴重，府庫空虛，盜賊出沒，無力迎駕。長城沿線的韃靼騎兵虎視京城，更使南巡的風險增大。但我是皇帝，說一不二！

南巡的隊伍不僅包括夏言、嚴嵩等重臣，而且還有錦衣衛和官軍萬餘人護衛，陣容龐大。但出發不久，彆扭的事就層出不窮，地方官接待不周，喊冤者攔駕訴苦，北直隸兩座行宮起火……似乎預示著南巡的諸多不順。

錦衣衛隨駕出巡，人強馬壯。

嘉靖十八年（一五三九年）二月二十八日，南巡隊伍抵達河南衛輝境內。行進中，忽有一股旋風繞駕不散。我大驚失色，慌忙問隨駕道士陶仲文，此兆是凶是吉。陶仲文覺得主凶，說要發生火災。我要他立即作法除災，他卻淡淡地答曰：「火終不免，但聖駕可保無恙！」

果然不出陶仲文所料。

夜裡四更時分，行宮突然起火，藉助風勢，越燒越大。寢宮裡的我，面對熊熊烈燄，頓時呆若木雞，不知所措。千鈞一髮之際，錦衣都督陸炳臨危不亂，挺身而出，將我從火海中背了出來。

這場因宮女亂丟未熄蠟燭而引發的大火，吞噬了眾多太監和宮女的性命，也將大量法器和寶玉焚毀。儘管後來的南巡一切順利，但這場劫難，讓我至今都心有餘悸。一怒之下，我把當地巡撫以下的多名高官都免了職。

這是一次令我百感交集的南巡。南方的蕭條景象讓我震驚，民眾的艱難生活讓我痛心。曾經革除弊政，曾經勵精圖治，本以為就能振興大明，沒想到卻不能換來天下大治。這讓我何其灰心，何其消沉！想來想去，何必勤政，何必天天上朝呢？

這場突如其來的大火，讓我對外出巡幸失去了興趣。於是，南巡成了我當皇帝以來的唯一一次出差。不過，讓我距離死神最近的一次，不是這場大火，而是發生在寢宮裡的那場驚心動魄的「壬寅宮變」。

嘉靖二十一年（一五四二年，歲次壬寅）十月二十一日凌晨，乾清宮。

迷迷糊糊的我突然被一種莫名的感覺驚醒。只感到一雙雙纖細的小手在我的臉前晃來晃去，有的在用手帕蒙我的臉，有的在掐我的脖子，有的在摁我的胳膊和小腿，有的則乾脆把繩子套在我脖子上，而後拚命拉緊。天哪！這是要我的命啊！誰有這麼大的膽子，敢謀殺皇帝！我當即昏了過去，後面的事情就一無所知了。也不知昏睡了多久，才蘇醒過來，吐血數升之後才神志清醒。

原來，以楊金英為首的十幾個宮女，由於不堪經血煉丹之痛、「採陰補陽」之苦，對我群起而攻之。幸好方皇后及時趕到，捉住了她們；幸好她們力氣太小，未能把我弄死。

朱厚熜做夢都沒想到會在自己家裡遭到宮女們的暗算，從此由乾清宮移居西內，與大臣隔絕。圖為乾清宮外景。

驚嚇過度的我難以視事，只好委託方皇后一手操辦善後。楊金英等十六名肇事宮女被綁縛市曹，凌遲處死。然而，巷議四起，人心浮動，搞得我不得不敕諭天下，以安人心。

曾幾何時，為了加強後宮安保，我在乾清宮後部設置了九間暖閣，每間有三張床。每天晚上，我可以任意選擇房間和床位。因而，即使是技藝再高超的刺客，也很難摸清我會睡在哪裡。但是，這些防範措施對長期侍奉在我身邊的宮女是無效的。於是，我再也不敢住在乾清宮，而是乾脆搬出紫禁城，住到了西內永壽宮。

經歷了生與死的輪回，讓我對死亡更加恐懼，對長生不老更加渴望。逃離死神魔掌的經歷，讓我覺得這是上天對我虔信道教的回報！就這樣，我專心崇道煉丹，不再主持各種典禮，上朝更成了稀罕事。

擺脫了繁文縟節的朝會和儀式，是一種多麼巨大的解脫！我可以專心於玄修，因縱欲過度而日漸羸弱的身體也可以得到充分休養，何樂而不為呢？那些煩人的朝政，交給最讓我信任的內閣大學士們去料理，不是挺好嗎？

一切盡在不言中：權臣的巔峰與跌落

嘉靖八年（一五二九年）九月，紫禁城奉天殿。

帶著「大禮議」獲勝的喜悅，我對內閣重新改組。楊廷和的勢力被徹底清洗，張璁、桂萼等人不僅先後躋身內閣，榮膺禮部尚書兼文淵閣大學士的張璁，還利用首輔楊一清因受賄而被迫退休的機會，取而代之，升任首輔。內閣完全淪為我的御用工具，避免了君臣之間劍拔弩張局面的再一次出現。

內閣的地位和重要性，自大明開國以來，從來沒有像嘉靖朝這樣，表面上權勢熏天，其實一切都玩弄於我的股掌之間。

皇極殿下百官分列，在皇帝長期怠政下，大明帝國是靠這群官僚才得以正常運作的。

皇帝不是萬能的，太祖皇帝廢丞相、升六部的目的，本來是要最大限度地強化皇權，可到頭來，工作壓力與個人權威同步上升，搞得皇帝苦不堪言。因此，從他本人開始，就任用一批翰林學士組成祕書班子，草擬聖旨，書寫文件。永樂、宣德以後，這些五品小官的職權進一步增大，甚至可以對奏疏做出初步處理意見，以「票擬」的形式呈給皇帝，皇帝只需要選擇是否認可「票擬」的意見即可，工作量大大減輕。而當內閣掌握了「票擬」權後，權勢加強，甚至有超過歷代宰相的趨勢。楊廷和的咄咄逼人就是一例。

為了讓內閣盡可能為我所用，成為真正意義的祕書班子，我必須設法控制內閣。於是，我一面提升大學士的地位，讓他們掌管諸如吏部、都察院等職能機關，一面安排多名大學士，使之互相制約，而大學士的人選，則盡可能用那些恭敬順從、便於控制的好好先生，至於銳氣十足、勇於任事的高官，能不提拔，就不提拔。這樣，儘管內閣大學士像走馬燈似地更換，但沒有哪個像楊廷和那樣敢公開跟我叫板。張璁死後，費宏、李時先後接任首輔。前者為政寬和，後者善於逢迎，大臣中雖有政爭，但都波瀾不驚。

然而，夏言和嚴嵩的先後登場，打破了朝堂之上暫時的寧靜。

夏言，江西貴溪人，正德十二年（一五一七年）進士。此人贊同「議禮」，政治合格；善於表現自我，曾建議立南、北二郊，實行天地分祀，得到我的賞識；唇槍舌劍，伶牙俐齒，逼得張璁只能自請退休。儘管夏言的折騰，令朝堂上黨同伐異、烏煙瘴氣，但大臣們熱中爭權奪利，就沒人威脅我的皇位，這樣的形勢我最歡迎。夏言做到了，因此我要加封他。一年之間，他就由七品給事中，躍升為禮部尚書。後來兼任武英殿大學士，擢為首輔，參與軍國大事。

每次齋醮儀式，作為天子的我，都渴望與天神溝通。於是，我就用硃筆在青藤紙上撰寫祝文，而後焚化，以獻給天神。這種被稱為「青詞」的駢體文，既要準確表達我的內心世界，更要詞藻華麗，對仗工整。道士書寫的青詞文筆平平，詞臣們撰寫的卻妙筆生花。於是，越來越多的青詞開始由出身翰林的大臣們撰寫。這其中，最擅長寫青詞的，就是夏言。他文思敏捷，詞句優美，傳神生動，讓我滿意。當然，這個人在處理政務方面還是不錯的。在我躲進西內煉丹求道的歲月裡，有夏言在，國家正常運轉，朝政基本穩定。

但夏言有個天生的毛病：得意忘形。仗著君寵，驕橫跋扈，竭力攬權。漸漸地，他開始偷懶，讓手下人代寫青詞。同樣署著「夏言」姓名的青詞，水平卻大不如前。夏言到底是江郎才盡呢，還是隨意敷衍呢？

滿朝文武，還有誰的青詞寫得好呢？

我看好禮部侍郎嚴嵩。他最顯著的長處是拍馬屁。他的奏疏，基本上不談公務，專事逢迎，挖空心思奏報我所喜愛的「祥瑞」。很難想像，他是如何發明那麼多足以將馬屁拍腫的甜言蜜語！諂媚為他帶來了榮華富貴：嘉靖十年（一五三一年）九月，嚴嵩升任南京禮部尚書，隔兩年改吏部尚書，五年後調入北京，擔任禮部尚書。要知道，自「大禮議」後，禮部在朝廷的地位超越了吏部、兵部，位居第一，是入閣拜相的跳板。

也許是夏言老糊塗了，經常說錯話，辦錯事，連奏疏都能出現錯別字，令我不快。自從偏居西內以來，我常常頭戴香葉道冠，也將沉水香冠賜給夏言、嚴嵩、成國公朱希忠、京山侯崔元、大學士翟鑾等五位重臣。夏言竟說這「非人臣法服，不敢當」，拒絕使用；而嚴嵩每次進宮，就戴上香冠，外罩輕紗，以示虔誠。兩相比較，我當然更喜歡嚴嵩，更厭惡夏言了。

一次，我單獨召見嚴嵩議事。沒想到，嚴嵩說著說著，竟然哭了。我忙問其故，這才獲悉，夏

嚴嵩以「青詞」邀寵取媚，在嘉靖朝權傾一時。

言目中無人，欺凌同僚。嚴嵩的舉報好比火上澆油。我隨即給禮部發敕，歷數夏言罪狀，將其免職。嘉靖二十一年（一五四二年）八月，嚴嵩晉升武英殿大學士，加少保、太子太保，仍兼禮部尚書，進入內閣。雖然年逾花甲，可嚴嵩依舊「精爽溢發，不異少壯」，在西內板房值班，不分晝夜，甚至連洗澡都顧不上，讓我放心。我賜其一枚銀印，文曰「忠勤敏達」，蓋上這顆銀印的奏疏，內閣無權拆看，可以直達天聽。滿朝文武，只有嚴嵩有此待遇。

然而，夏言離去，嚴嵩沒了敵手，言行不知敬畏，作風越發專斷，排斥其他閣僚參加票擬，「政事一歸嵩」。為了找回內閣往日的平衡，我決定請回夏言，不僅官復原職，擔任首輔，而且加封少師，位居嚴嵩之上。

經過這樣的起落，本該有所收斂的夏言絲毫沒有接受教訓，只是加深了對嚴嵩的痛恨。他不僅不讓嚴嵩插手內閣大事，而且趕走了嚴嵩在各個衙門安插的親信。如果僅僅是這樣，還算達到了我制衡群臣的目的。可是，太監們每每都說嚴嵩的好話，說夏言的壞話，讓我頗為生疑。於是，我派人到大臣宅邸偷偷偵察，得到的反饋是：嚴嵩經常在燈下為我審閱青詞底稿，不惜熬夜到二更天；夏言則早早就寢。更重要的是，嚴嵩對撰寫青詞十分用心，而夏言還是請人代筆，自己也不審閱，呈上去的有不少重複的。

夏言為他的失算付出了血的代價。

嘉靖二十五年（一五四六年），總督陝西三邊侍郎曾銑奏請收復河套，得到夏言的大力支持。一開始，我對這個設想也很欣賞，覺得這樣不僅有助於鞏固邊防，而且在韃靼腹地擺上了一枚進可攻、退可守的棋子。然而沒過幾天，我就變卦了。

三分鐘的熱情過後，我開始冷靜地盤算起來：收復河套，是否師出有名？是否兵有餘力？是否糧草充足？是否有把握打贏？倘若打不贏，攪擾了我煉丹的清靜生活，誰負得起這個責！

此時，嚴嵩提出，收復河套的設想無法實現。更關鍵的是，他就著議論此事，談及夏言的「擅權自用」：「臣與夏言同典機務，事無巨細，理須商確」，然而夏言「驕橫自恣，凡事專決」，「一切機務忌臣干預，每於夜分票本，間以一二送臣看而已」。言語中充滿怨氣。

夏言見狀，當即回擊：「嵩未嘗異議，今乃盡諉於臣！」也就是說，當初皇上贊同收復河套時，你並未提出異議，如今又把責任推到我身上，是何居心！然而，他忘記了這是在我主持的御前會議上說話，首先要考慮我的感受。這件事是我最先變卦的。拿反覆無常去指責嚴嵩，其實不就在影射我嗎？這還了得！

嘉靖二十七年（一五四八年）正月，我決定剝奪夏言一切職務，請他再次退休。沒過多久，我聽到密報，說夏言離京時有怨恨誹謗我的言行，而且接受曾銑的賄賂。閣僚結交邊將，百分之百的死罪。

曾銑祕密處死，夏言斬於西市。嚴嵩的敵手全軍覆沒。

此後十多年，嚴嵩在內閣翻江倒海，而我則潛心煉丹。

這期間，帝國境內發生了兩件大事。

一是庚戌之變，京城戒嚴。二是倭患頻仍，屢治無效。

大明的北部邊防，大概只有洪武、永樂和景泰年間還算強勢，有能力對抗蒙古鐵騎。到嘉靖年間，已經廢弛得不像樣子。我雖然下令整修邊牆，籌集軍餉，配備火器，調整編制，甚至修建了北京外城防禦蒙古人，但收效甚微。最大的麻煩就是屯田糧草不足以養活邊防將士。收復河套之議，我的顧慮和變卦絕非心血來潮。對於這樣的邊備狀態，我心裡沒底。

韃靼的俺答汗率軍屢次來犯，這次尤其凶狠。兩月間，他們長驅直入，連克數城。然而，由於兵部尚書丁汝夔隱瞞軍情，直到敵軍抵達京郊密雲、通州，甚至安定門外，忙於修煉的我才獲悉敵情。

登城望，京師四郊一片火海。韃靼鐵騎到處擄掠，就連王公貴族在郊外的莊園也不放過。老百姓哭聲震天，無人搭救。而各路勤王大軍，竟都躲在軍營裡，眼睜睜地看著敵人蹂躪京畿。還好，敵人破關而入，只是為了搶掠人口、財物。大掠八天之後，他們得意地押著大批男女、牲畜和金銀財寶返回口外。臨走時，還不忘到天壽山皇陵區去溜了一圈。十多萬勤王大軍駐紮城外，「相視錯愕，莫敢前發一矢，僅尾之出（境）而已」。這件事發生在嘉靖二十九年（一五五〇年，歲次庚戌）六月到八月間，故名庚戌之變。

我渴望中興，但眼前的慘景令人羞愧和難堪。可這是我的過錯嗎？丁汝夔成了替罪羊。而嚴嵩鐵青著臉，一言不發。

邊疆戰亂不斷，屯田名存實亡，民眾生靈塗炭，我始終找不到破解的良策。

相比北部邊疆的肢體之患，倭寇雖是肘腋之患，但同樣讓人焦頭爛額。

永樂年間的望海堝之戰，曾令來犯倭寇全軍覆滅。然而，最近這些年，倭寇打著做生意的幌子走私和搶掠，無惡不作。最狠的一次，竟能滋擾寧波、紹興，如入無人之境。我們稱之為「倭患」。

對於日益嚴重的倭患，我採取了息事寧人的做法——嘉靖二年（一五二三年），關閉市舶司，斷絕與日本的貿易，避免再生摩擦。然而，正常的貿易途徑被截斷，日本商人只能找沿海的富商大賈幫忙。就這樣，走私開始氾濫。在缺乏官府和法律保護的情況下，違約案件時有發生。日本商人稍有不滿，就化身為海盜，在沿海地區大肆搶劫。

如果僅僅是日本人搗亂，或許官府還好對付。然而，倭寇屢屢與中國富商和海盜勾結，使沿海的形勢複雜化了。他們有合作的共同利益基礎——中國富商和海盜要用走私的方式，衝破大明實行了近二百年的禁海政策；日本人要用走私的方式，取得正常貿易中得不到的豐厚利潤。他們一拍即合。這些中國海盜，有的為倭寇引路，有的甚至加入倭寇。在他們的協助下，倭寇才敢於深入東南腹地，給當地百姓帶來深重災難。

我曾經任用浙江巡撫朱紈提督浙閩海防軍務，革渡船，嚴保甲，整營伍，修戰船，嚴防倭寇和海盜，端掉了倭寇和海盜設在雙嶼島（今舟山六橫島）的基地。然而，言官指責朱紈權大、擅殺的

邊牆修得再長再厚，假使邊防廢弛的話，也擋不住韃靼鐵騎來犯。

《倭寇圖》卷（局部），此圖描繪一群倭寇上岸之後，從高處偵察形勢，準備到中國內地掠奪錢財人口。

奏疏連篇累牘。受到蒙蔽的我，未經思考就下令將其免職逮捕，導致朱紈尋了短見。

我曾經任用南京兵部尚書張經，以右副都御史的身分總督南直隸、浙江、山東、兩廣、福建等處軍務，擁有在前線便宜行事的權力。然而，張經到任一年多，進展不大。派去巡視的工部侍郎趙文華彈劾張經「糜餉殃民，畏賊失機，欲俟倭飽颺，剿餘寇報功」。我問計於嚴嵩，更是獲悉蘇松一帶對張經多有怨望。於是，張經被罷官免職。沒過幾天，張經奏報：官軍在王江涇大敗倭寇，斬首兩千級。如果放在平時，我會深信不疑，龍顏大悅；但此時此刻報捷，未免給我這樣的感覺：「張經欺怠不忠，聞文華之奏，方此一戰，是何心也。」罷官下獄的張經，不久就被處死。

接替張經的趙文華，攀龍附鳳本事很大，指揮作戰卻全不在行。不過，他推薦的浙江巡撫胡宗憲，出任浙直、福建總督後剿撫並用，平定了王直、徐海、陳東、麻葉等多股倭寇和海盜。浙江的禦倭大局才有改觀。

晚年的嚴嵩，犯了與夏言同樣的錯誤。青詞請人代筆，水平大不如前；言行不再謹慎，專權跋扈日甚，親信遍京城。年近八旬的嚴嵩，思維不再敏捷，凡事只聽其子嚴世蕃的建議。而嚴世蕃是紈袴子弟，吃喝嫖賭，貪婪成性。更重要的是，處理國家大事，嚴嵩的票擬往往不合我的心意；派人向嚴世蕃問計，又常常恰逢這個敗家子在家玩耍淫樂，不能如時作答，耽誤了不少事。漸漸地，我開始對秉政多年的嚴嵩審美疲勞。內閣排名第二，比嚴嵩年輕二十多歲的徐階，逐漸走入了我的視野。

作為後生，徐階謹小慎微，老成練達，城府頗深，讓嚴嵩幾乎抓不到把柄。他青詞寫得很好，讓我頗為青睞；更關鍵的是，在重大問題的判斷上，徐階能照顧全局，特別是顧及我的感受，讓我頗為滿意。嘉靖四十年（一五六一年）十一月二十五日，西內永壽宮發生火災，我只能搬家。嚴嵩建議搬到南宮，而徐階主張利用修建奉天、華蓋、謹身三殿剩下的木料重建永壽宮，數月可成。南宮，是英宗皇帝朱祁鎮當太上皇的寓所。如果真搬到那裡，我豈不是要天天回憶起英宗皇帝那囚徒般的七年煉獄生活嗎？嚴嵩說話真是不動腦子，而徐階的建議正合我意。此後，遇到軍國大事，我就只問計於徐階。

嘉靖四十一年（一五六二年）五月的一天，我召見擅長占卜的道士藍道行：「今天下何以不治？」藍道行答曰：「賢不竟用，不肖不退耳；賢如徐階、楊博，不肖如嚴嵩父子。」我又問：「果真如此，上仙為何不收拾他父子倆呢？」答曰：「留待皇上親自收拾。」又有一次，我讓藍道行預卜吉凶，他說：「今日有奸臣奏事。」這一天，我只收到了嚴嵩的奏疏。誰的話都可以不信，唯獨藍道行的話不能不信，因為他能預知未來，因為他能代神傳話。幾天後，我收到了御史鄒應龍的奏疏，彈劾工部侍郎嚴世蕃「憑藉父權，專利無厭，私擅爵賞，廣致賂遺，使選法敗壞，市道公行」，應當梟首示眾。嚴嵩教子無方，也應承擔責任。就這樣，嚴嵩勒令退休，嚴世蕃先是發配邊疆，而後以蓄謀造反的罪名處死。嚴嵩家產被朝廷抄沒，共有黃金近三萬三千兩，白銀二百多萬兩，珍寶玉器不計其數。

夏言、嚴嵩弄權的十幾年裡，我雖然僻居西內，拒絕接見朝臣，拒絕主持例行公事的典禮，但從來沒有放棄對朝廷的遙控。我「雖修玄西內，而權綱總攬，夜分至五鼓，猶覽決章奏」。說我怠政，那絕對是荒唐之言。人事任免、生殺予奪，都在我的掌控之中。錦衣衛和東廠的活動，從來沒有停止。大學士們對奏章的票擬，如不合我意，還是要打回重來。天下是我的。即使是陶仲文這樣受盡恩寵的高級道士，也不敢妄議朝政；即使是嚴世蕃這樣權傾朝野的浪蕩公子，有我一聲令下，還是烏紗不保，傾家蕩產，人頭落地，幾十年榮耀灰飛煙滅。

看著八十三歲的嚴嵩最後一次磕頭離去，我也隱隱感到自己春秋已高。徐階成為首輔後，進行了兩項改革：一是重用戚繼光、俞大猷等將領，徹底蕩平了滋擾東南的倭寇；二是默許地方官嘗試賦稅改革。部分州縣官將各種賦稅徭役編在一起，使稅額固定，以防止加派。這種被稱為「一條鞭法」的改革，試點的效果似乎還不錯。帝國絲織品在海外貿易中的巨額利潤，確保了國庫不至空虛。在我的晚年，中興總算是有了一點希望。然而，清官海瑞的指責，讓我又陷入了苦悶……

曾經威風一時的嚴嵩在淒涼中死去，「死時寄食墓舍，不能具棺槨，亦無弔者」；一直幫我追求長生不老的陶仲文，竟也先我而去。已經在皇位上待了四十多年的我，對於日益迫近的歸宿，越來越恐懼。我發瘋一般地追求長生不老，不斷地服用仙丹，渴望祥瑞。我知道身為裕王的皇三子朱載坖眾望所歸，但就是不願立他為太子。在冥冥之中，我相信自己會與萬壽宮（即重建後的永壽宮，嘉靖四十一年三月竣工改名）同在……

卷十二　明穆宗（隆慶）朱載垕回憶錄

明穆宗朱載垕簡歷

朱載垕，生於嘉靖十六年（一五三七年）正月二十三日，卒於隆慶六年（一五七二年）五月二十六日。出生地為北京。朱厚熜第三子。因是庶出，母妃失寵，故而早年不得朱厚熜寵愛。嘉靖十八年（一五三九年）二月初一日封裕王。嘉靖三十二年（一五五三年）出宮開府。雖因長兄、次兄早夭，有繼統優勢，但其儲君地位始終沒能明確。嘉靖四十五年（一五六六年）十二月二十六日，在大臣輔助下繼承皇位。年號隆慶，在位六年。死後廟號穆宗，謚號「契天隆道淵懿寬仁顯文光武純德弘孝莊皇帝」，簡稱「莊皇帝」。葬於北京昌平昭陵。

深受壓抑的少年生活，以及出宮開府的十三年，使朱載垕得以廣泛了解民間疾苦和朝政現實。即位後，他依靠大學士徐階、高拱、張居正等人推行「正士習、糾官邪、安民生、足國用」為核心的改革。撤除齋醮，遣散宮中道士；平反冤獄，整頓吏治；清查田畝，為以「一條鞭法」為主的財政改革做準備；開放海禁，繁榮東南沿海對外貿易；修築長城，派駐重兵守禦，媾和韃靼，確保邊防安寧。雖然他耽於酒色，不理朝政，但其敢於放手重用賢臣，做出的成績超越前朝。

一生最得意之事：重用賢能，興利除弊，解決嘉靖時期遺留的隱患；最失意之事：沉湎酒色，身體掏空，英年早逝。

皇后陳氏，有名號的嬪妃九名。另有裕王妃李氏早逝，追封皇后。膝下育有四子、七女。第三子朱翊鈞為法定皇儲。

隆慶二年（一五六八年）二月，北京西北郊外昌平天壽山。已經當了十五個月皇帝的我，終於戰勝了朝臣們的阻攔，實現了自己的第一次出巡。這裡是大明王朝的皇陵，埋葬著從永樂皇帝以降的八位先帝，包括我的父親。或許在不久的將來，這裡正在興建的昭陵，也會成為我最後的歸宿。

望著高高的天壽山，望著山上星羅棋布的明樓，特別是成祖皇帝長陵那似乎永遠也走不完的神道，我覺得自己是那麼地渺小。我沒有生活在開天闢地的年代，不可能效法成祖朱棣那樣披荊斬棘、艱苦創業；但在即位以前，我又是大臣們公認的「好皇子」，不會像正德皇帝朱厚照那樣荒淫無道、怠政誤國。在大明王朝的歷史裡，我會扮演一個什麼角色呢？我會是一個匆匆過客嗎？

站在永陵的明樓前，我不禁潸然淚下。這裡埋葬的是先帝明世宗，也就是嘉靖皇帝。誠然，他是我的父親。然而，在他統治下的那段裕王府往事卻讓我不堪回首……

二龍不相見：忍受壓抑的皇子生活

在我的眼中，父皇很自私。為了一點雞毛蒜皮的小事，他竟對皇后大打出手；為了給他父親謀一個「興獻皇帝」的名分，他竟把上百名大臣推入大牢，輪番審訊，「廷杖」伺候；為了煉製據說能長生不老的仙丹供自己享用，他竟置數百名女童的生死於不顧，殘害無辜，草菅人命；為了表達對太上老君的「無限崇敬」，他竟乾脆搬到西苑，整日搞齋醮儀式，把國家大事都推給嚴嵩等大學士。有這樣的父親，算我倒楣。

然而，他畢竟是個皇帝，要為大明江山的傳承負責。他或許懂得，世上本沒有長生不老的事，因此，接班人問題還是要考慮的。他每天神神叨叨地在西內齋醮的目的之一，就是求子。嘉靖十二年（一五三三年）八月，他得了一個兒子。興高采烈的父皇給這個兒子賜名朱載基，滿心希望他能承載國家的基業。可孩子未滿百天就夭折了。這一噩耗讓他瞬間陷入了無法抑制的悲痛之中，甚至為此大病一場。

三年後，父皇再次享受了為人父的喜悅。這個名叫朱載壑的兒子的誕生，不僅令父皇興奮地跑到太廟去祭拜，去歡呼，而且給河南、山東、南直隸、北直隸四省百姓帶來了蠲免歷年積欠錢糧的特赦令。本來，兒子降生，首功應是生母王貴妃，可父皇卻把頭功記在每日裝神弄鬼的道士邵元節身上，提拔他當禮部尚書，賞賜無算。真是咄咄怪事！

朱載壑的降生，吹響了父皇得子的衝鋒號：三個月後，杜康妃生下了朱載垕，也就是我；過了一個月，盧靖妃生下了老四朱載圳。其後的兩年間，我又多了四個弟弟。只不過這四個弟弟未滿周歲就都夭折了。父皇忙活半天，八個兒子只活下來三個。不過，這一籮筐兒子，總算是避免了父皇重蹈其前任正德皇帝朱厚照身後無人繼承大統的尷尬。

在這三個兒子裡，我排行老二，本應與東宮無緣。嘉靖十八年（一五三九年）二月，皇次子，也就是現存兒子裡的老大朱載壑被冊立為太子。而我和朱載圳，只能屈尊為裕王和景王。幾個月的年齡差距就能決定將來的政治地位，這或許就是中國式的天命。

可老天爺彷彿給父皇開了個玩笑。冊立大典之後，粗心的太監卻把太子的冊寶送進了我的王府，而我的裕王大印則錯給了東宮。當然，錯誤很容易更正，交換一下就是了。可這件事卻給大夥兒留下一個潛意識的印象：究竟天命在誰身上？

有了接班人，後顧之憂解除了，父皇開始安心修玄。幾年間，不少大臣建議讓皇太子接受百官朝賀，父皇一律置之不理。皇太子十幾歲的時候，又有很多大臣建議給皇太子行加冠之禮，允許其出閣讀書，父皇也猶豫不決。身為旁觀者的我，聯想起傳說中多年以前「大禮議」的血雨腥風，不由得膽戰心驚：父皇追求長生不老，其實就是為了永遠當皇帝，永遠掌大權。因此，肩負著接管政權大任的「太子」，當然是他心理上的最大威脅了。然而，當太子出了水痘，一病不起的時候，父皇卻又焦急萬分，彷彿從皇帝還原為一個負責任的父親，全然沒了爭權奪利的姿態，只是在宮裡反覆齋醮祈禱，結果太子病癒，父皇卻病倒了。一邊是至高無上的皇權，一邊是自己的親生骨肉，孰輕孰重，他要掂量。這種複雜而矛盾的心情，朝堂之上，除了皇帝，誰人能夠體會？

拗不過大臣們一再奏請的父皇，終於在皇太子十四歲那年（嘉靖二十八年），被迫同意舉行隆重的冠禮。典禮由太子太傅崔元持節掌冠，吏部尚書嚴嵩贊冠，禮部尚書徐階宣讀敕戒，文武百官在奉天門行五拜三叩頭禮。當然，我也在叩首跪拜的行列裡。行了，人家都行冠禮了，這下天命肯定就在人家身上了吧？別瞎想了，還是安心當個藩王享清福吧。

誰知天有不測風雲。冠禮的繁文縟節，把皇太子累得突然病倒，沒過兩天就一命嗚呼了。明眼人都清楚，這一切只能怪太子身子骨虛弱。所謂冠禮，純粹瞎折騰。然而此時，父皇寵信的道士陶

從皇極門眺望皇極殿：在紫禁城中，權力使人性扭曲，親情倫理受到嚴重考驗。

仲文提出了一個極具震撼性的理論——「二龍不相見」。意思是說，皇上是真龍，皇太子是潛龍，二龍如果相見，必定會對其中一條龍有傷害。皇長子朱載基早夭就是一個例證，皇太子朱載壡暴死又是一個例證。

平心而論，如果說陶仲文滿嘴胡說八道，似乎有些冤枉他。歷史上為了爭權奪利而發生皇帝父子相殘、喋血宮廷的事太多了。陶仲文大概是不希望這樣的蕭牆之禍在我朝重演。然而，無論是不滿百天的嬰兒，還是剛剛弱冠的太子，怎能對年富力強的皇帝產生權力威脅呢？從這個意義上說，陶仲文的「二龍不相見」理論的確有些莫名其妙。可父皇在將信將疑中竟接受了這個光怪陸離的理論。現實的情況是，皇長子和皇太子都死了，就剩下兩個兒子，可不能再失去了，最好的辦法就是不立太子，不讓「潛龍」出現。

如果把父皇的「二龍不相見」理論引申一步，恐怕事情會更清楚：作為狂熱的道教信徒，父皇渴望生活在那種出於凡塵而又遠離凡塵的神仙世界，同時又不願意放棄充當人間皇帝的榮華富貴。那麼，最佳選擇就是合二為一，在人間長生不老，以地上仙人的身分永遠霸占皇位，將天上的尊貴與人間的實惠全部享盡。立一個新的太子，就等於給他塑造了一個實現上述夢想的障礙，就意味著他終將撒手人寰，把皇位交給太子，從而結束自己永踞皇位的夢想。父皇的想法當然滑稽，當然幼稚，當然不現實。然而，他是天子，沒人敢不聽他的。他忌諱的，就是別人不敢說的。「諱言儲貳，有涉一字者死」。就連寵臣徐階也險些因為建言立儲丟了烏紗。

就是這樣一個牽強附會的理論，讓我從出生之日就步入了四處為難的境地。

太子死後，我和弟弟朱載圳就被父皇趕出皇宮，分別搬到業已竣工的裕王府和景王府居住。其間，在父皇的安排下，我結了婚。這樣，「父子不相見」一語成讖，而且被父皇落實了。雖說伴君如伴虎，可遠離父皇的日子同樣是不安穩的。一年也見不到父皇幾次面，怎能弄懂他的心思，怎能知道自己的作為合不合他的需要？太子死了，碩果僅存的兩個皇子，我是老大，皇儲怎麼也該輪到我頭上了，可父皇不開口，我即使是眾望所歸，也是白搭。

更為要命的是，我需要提防的，不僅是這位喜怒無常的父皇，還有時刻覬覦儲君地位的弟弟朱載圳。原因很簡單，我的母親杜康妃並不受寵，而弟弟的生母盧靖妃卻很得君寵。父皇長期不立新皇儲，大臣們難免會有幾分猜測：莫非皇上屬意景王？而在這些不確定的預測中，弟弟居然也露出點躍躍欲試的苗頭。

任何政治猜測對我來說都是要命的，一旦部分朝臣站到景王一邊，在父皇耳邊鼓噪，那麼我的處境就太不利了。可父皇呢？不僅不怎麼搭理我，也不怎麼搭理弟弟。或許迷信中的他還有一分清醒——政治上的不表態其實就是對我最好的保護；或許在他的心目中，「二龍相見」一定會要了他或者我的性命的。

穆宗生母杜康妃，生前死後皆遭冷遇。

杜康妃病重，父皇卻不讓我進宮探視；杜康妃去世，父皇卻將葬儀以「常禮從事」，否定了禮部擬定的厚葬儀注。母親的喪事從簡也就罷了，可父皇偏偏抓住我的第一個兒子，也就是他的長孫不依不饒。原來，他掐指一算孩子的出生日期，認為我是在為母親守孝期間讓老婆懷了孕，不禁大怒。這個可愛的孫子沒有得到爺爺的慈愛，很快就夭折了。緊接著，孩子的生母，也就是我的髮妻李氏，禁不起喪子之痛而一命嗚呼。這一切，都是言行怪異的父皇逼出來的。而他卻沒有絲毫的憐憫和慰問。

弟弟靠廣闊的交游和權貴們的贊助過著錦衣玉食的日子，裕王府卻越來越窮，僅靠朝廷給的俸祿勉強度日。皇室例有的恩賜，總被嚴世蕃剋扣，我只有向其行賄，才能拿得回本該屬於自己的那一份。有時候，還不得不找宮裡的太監走走後門，從二十四衙門在京城開的店鋪裡借錢度日，形同乞丐。然而，我只能忍氣吞聲。即使是後來又得到了一個兒子，我也不敢向父皇報喜，以免再招來一頓臭罵。最慘的莫過於我的第三子，長到四歲了還沒敢取名字。這都什麼事啊！

本來，我對皇位是沒有多少期待的，只想安安穩穩地當藩王。可突然有一天，我發現裕王府周邊有不少形跡可疑的人，好像是錦衣衛的士卒。後來我才知道，這是父皇派出的暗探。他們密切監視著我的社交活動，甚至把我的私生活無一例外地報告給父皇。天哪！這是什麼世道！我只有「朝夕危懼」的分兒了，哪裡還談得上半點父愛！

如果有人認為父皇因為沉迷齋醮而糊塗，那就大錯特錯了。

嘉靖朝的最後幾年，我終於得到了兩個好消息：父皇為我配備了幾名學問不錯的老師——高拱、陳以勤、張居正、殷士儋等人，這些人都是翰林院的編修，後來又都入閣為臣，父皇總算沒有忘記他這個長子的教育大計；父皇讓大臣為景王選擇藩地，最後把我身邊的這顆定時炸彈攆到湖北德安府了。儘管這小子在湖北盤剝鄉里，迅速致富，但終究失去了重返京城的機會。相比之下，父皇沒有為我選擇藩地，而是把我留在了京師，這基本上宣告，我的儲君地位已經確定。

這麼多年來，我對這個薄情寡恩的父皇失望之至，對忍氣吞聲的日子鬱悶到家，對母親生前身後受到的不公待遇忿忿不平。然而，即使是成為事實上的皇儲，我也照樣處在相當危險的境地，不敢造次，不敢動彈，只能「潛伏爪牙」。朱載圳是個酒色之徒，在這方面，我也不比他強多少。不過，幾位老師卻有先見之明，三番五次地勸導我克制私欲，遠離女色，生活簡樸，處事謙和。為了今後能繼承大統，獲得釋放物欲的更好機會，如今的我，只能收斂嗜好，以靜制動，以免支持朱載圳的大臣挑毛病，彈劾我。在老師們的幫助下，我從一個慘遭父皇冷遇、面臨廢長立幼困局的文弱藩王，被活生生地打造成一副「好皇子」的模樣。朝野上下對我的評價，也逐漸從同情和憐憫，演化為擁戴和支持。我入主乾清宮，看來已經有了強大的民意基礎。

幾年後，朱載圳病死在德安。健在的皇子就剩下我自己，父皇已經別無選擇。我的處境逐漸平穩了下來。最壞的日子過去了。

嘉靖四十五年（一五六六年）十二月十四日，冒著凜冽的寒風，我跟隨大學士徐階來到乾清宮。這是父皇最不喜歡的宮殿，因為他曾經在這裡險些被幾個宮女勒死。當我來到這裡，看到父皇奄奄一息的樣子，我哭了。今日，二龍終相見，必有一死，而死者將是一生致力於長生不老事業的父皇。難道這就是上天開的一個天大的玩笑嗎？

跟大臣嘔氣：未嘗平靜的天子生活

父皇駕崩，我匆忙入宮主持喪事，即皇帝位。

嘉靖、隆慶政權交替，一個時代過去了，另一個時代開始了。

坐在皇極殿（即奉天殿，嘉靖四十一年改名）的龍椅上，再也不用擔心自己的儲位會旁落，再也不用把喜得貴子的消息隱瞞幾年，再也不用為本該屬於我的賞賜而行賄權臣，再也不用為了王府的吃穿用住去找太監們開的店鋪借錢。脫離了膽戰心驚的生活，脫離了柴米油鹽的操心，我終於走上了大明王朝的最高舞臺，成為這個國家的主宰。然而，我很快就發現，上天賦予我的權力並沒有想像的那麼大。

虔信道教的父皇，在他的晚年辦了一件大快人心的事，那就是將專權二十年的內閣首輔嚴嵩罷官，將禍國殃民的嚴世蕃處死。

說到嚴世蕃之死，不得不提及大學士徐階的功勞。

據說徐階雖然表面上屈身逢迎嚴氏父子，暗地裡早就在做倒閣的準備。御史林潤打算以設冤獄，殘害忠臣楊繼盛、沈鍊的罪名彈劾他倆，因為這一項民憤極大。徐階搖了搖頭，說：「你們打算讓他倆活下去嗎？」

「我們當然要把他倆置於死地。」林潤等人答道。

徐階冷冷一笑，拋出一句耐人尋味的話：「你們要這樣做的話，只能幫他們活下去。楊沈之獄，是皇上定的案。如果拿這個來彈劾，不就等於在批評皇上有過嗎？如果真要這樣，不僅你們的小命保不住，嚴世蕃也會繼續逍遙法外的。」

就在林潤等人愣神的工夫，徐階掏出一份已經寫好的奏章，攤開給他們看。

徐階取嚴嵩而代之，擔任了內閣首輔。

這份奏章，在我即位之後翻看宮廷檔案的時候，也曾無意間發現。言辭犀利，切中要害，殺氣撲面，刀刀見血。字裡行間，絲毫不提楊沈之獄，而是搬出兩條更致命的罪名——謀反和通倭。他知道，這是父皇最討厭的行徑。

徐階沒有親自出面，而是在奏章的末尾署上了御史鄒應龍的名字。

果然，嚴世蕃下獄處死，嚴嵩勒令退休。

每當想起這件事，我都為徐階的後發制人拍案叫絕。

然而，奸臣的倒臺並不意味著內閣專權局面的結束。徐階取而代之，擔任首輔之後，他不僅以父皇的名義發布「遺詔」，全面否定了父皇生前的弊政，而且以「閣老」自居，對我的行動處處插手。

天壽山皇陵，明代帝后大多長眠於此。

隆慶元年（一五六七年）八月，當了大半年皇帝的我，跟閣臣商量，打算去天壽山轉轉。作為大明皇帝，參拜先帝陵寢，是再正當不過的理由了。當然，我也想藉這個機會，到外面散散心，一掃悶在宮裡大半年的不快。可徐閣老就是不讓我去，他的理由也很冠冕堂皇——蒙古騎兵經常犯境，皇上這個時候去太冒險了，還把問題上升到社稷安危的角度。我雖然氣不過，說他「違旨煩言」，可還是拗不過這個倔老頭，只好作罷。

過了些日子，邊塞安定了，我覺得這回去謁陵不會再被阻攔了吧。可聖旨一下，徐閣老又跳出來，說皇上謁陵可以，藉機巡遊可不行，否則就是對列祖列宗不敬。這下可戳了我的痛處，但他的話讓我啞口無言，只得放棄了巡遊的打算，只能來天壽山掃墓。不過，能逃出令人窒息的紫禁城，出來透透氣，也不虧。

在天壽山沒玩成，回來之後我又忍了許久，可還是忍不住。次年三月，我就跟閣臣們提出，想去永定門南二十里的南海子皇家獵場看看，這應該不算過分吧。可以徐閣老為首的這些大臣，並沒有為我打點行裝，而是送來了雪片般的勸諫奏章，幾乎都是反對我到南海子打獵的。徐閣老甚至說，南海子只是打獵的地方，沒有農田供皇上視察。天哪！誰說皇上出巡就一定要視察農田，皇上是真龍天子，可脫了龍袍也是人啊。憑什麼大臣們可以花天酒地，東遊西逛，皇上想娛樂一下都要受到這麼多非議啊！

一向沉默寡言的我終於發怒了，我終於明白為什麼父皇不願住在皇宮，終於明白大明王朝的軍隊為什麼近來總打敗仗了！歷朝歷代那些武功蓋世的君王，哪個不是獵場裡泡出來的？如今我卻連打獵都被視為貪圖享樂，俗話說，兵熊熊一個，將熊熊一窩！大臣們總對皇上騎射打獵拚命阻攔，導致皇帝的身體素質每況愈下，他麾下的軍隊能打勝仗嗎？不行，這回我不能再遷就了，一定得去！

皇極殿上，我大發雷霆，所有的大臣都默不作聲，還是徐閣老最後出來和稀泥，算是批准了我的出行報告。然而，當我興匆匆地來到南海子，映入眼簾的不是想像中的欣欣向榮，而是一片荒蕪。也許是父皇的前任正德皇帝太愛遊玩，惹出不少醜聞，讓大臣們對皇上出巡諱莫如深。父皇索性泡在道觀煉丹，皇家獵場破敗到如此地步，也就不難理解了。

從南海子掃興而歸的我，這才發現原來皇上這麼難當，原來這幫大臣也如此難對付。長期深受壓抑，讓我的性格越發扭曲，讓我學會了逆來順受，我不會反抗，不想改變現狀，只有奉行「鴕鳥政策」，惹不起我還躲不起嗎？

當王爺的時候，我就深知國家被父皇弄得烏煙瘴氣，朝政日非，終有一天要改革的。如今，我上臺了，卻不知道該怎麼改。「南海子事件」之後，我索性連思考的權利都放棄了。既然你徐閣老那麼有本事，那國家大事交給你辦好了，別來煩我。

徐閣老倒是做了幾件好事。靠罵皇帝出名的海瑞，大搖大擺地走出了牢房，不僅官復原職，而且還成了全國官員的楷模。這僅僅是為嘉靖年間受迫害致死或倖存的忠臣進行平反冤獄的一部分。此外，徐閣老主持拆毀了西苑的道觀神壇，趕走了在那裡裝神弄鬼的妖道，廢除了一些苛捐雜稅，停建了一些土木工程，追封了我的生母杜康妃。

徐階主政，主張「以威福還主上，以政務還諸司，以用舍刑賞還公論」，倡導各歸其位，各安其分。然而，這並不意味著自「大禮議」以來的派系傾軋就此終結。他的門下冠蓋雲集，精英輩出。但越是人才扎堆的地方，就越容易鉤心鬥角。

——次輔李春芳，狀元出身，善寫青詞，「大被帝眷」。除此之外，沒啥政績。靠著先帝的格外提拔，他竟平步青雲，直至當上內閣二號人物。不過，李春芳似乎也有自知之明。平日裡為人謹慎溫和，不仗勢欺人；決策時平庸模稜，「有所斷決，唯唯而已」。

——陳以勤，裕王府舊臣。隆慶元年二月入閣。在一年多的時間裡，從侍郎提拔為閣臣，堪稱破格。他性格淡泊，為人誠實，潔身自好，從不居功炫耀，也不願捲入政爭，堪稱「惇儒」。就連脾氣急躁的高拱，也不得不承認他是「真聖人也」。

——趙貞吉，著名理學家，篤信陽明心學。「為人峭直鯁介，不阿隨」，有能力，有膽識，正氣凜然，但不知變通，到處樹敵，搞得人緣很差。

——殷士儋、郭朴和高儀，雖然才華橫溢，但在內閣裡只是匆匆過客。

除了首輔徐階之外，內閣裡最強勢的兩位大學士，莫過於裕王府的老師高拱和張居正。高拱「練習政體，負經濟才」；張居正「勇敢任事，豪傑自許」。他們各領風騷，都是有膽識、有本事的政治家。

隆慶內閣雖然像是個「群英會」，但內訌不息，狼煙四起，暗潮湧動，風波迭起，好似一個玩弄權術的角鬥場。對此，我沒有像父皇那樣偏聽偏信，也沒有像正德皇帝那樣重用宦官，壓制內閣，而是給他們施展才華的廣闊舞臺。無論是給朝廷出謀畫策，還是黨同伐異。

高拱是徐階推薦入閣的。當年徐閣老之所以這麼做，或許不外乎兩個原因：一是考慮到高拱是我的老師，情誼深厚，淵源深遠，引薦高拱，既能結好於時為唯一皇子的我，又能幫他做好權力交接；二是高拱本人「吏事精核」，尤其在革除科場舞弊方面卓有成效，徐階欣賞其才能，打算引為奧援。然而，高拱為人高傲，自恃才高八斗，稟性直爽，既不肯師事徐階，又不肯如李春芳般唯唯諾諾。

父皇長期住在西內，閣臣有事就在西內值班，無事則回到內閣值班，此為定規。聽說有一天，父皇提出，內閣是國家處理政務的根本所在，不能沒人值班，內閣大學士要輪流去內閣值班。徐階首先提出不願前往，理由是「不能離陛下」。這時，新進內閣的高拱表示：「您是元老，就在西內值班好了，我願和李春芳、郭朴輪流去內閣值班。」話雖平和，意在批評徐階。據說徐閣老聽到這樣的話，很傷心，悶悶不樂。忍受父皇多年壓抑的我，最能理解徐閣老的處境，倘若不能時時扈駕，窺測皇帝喜怒，掌握隨時進言或封殺對己彈劾的主動權，就有可能被政敵搞掉。高拱當著父皇的面指責徐閣老，是不是有些當眾搶白，鋒芒太露，直刺人家的難言之隱？

這只是造成徐高關係惡化諸多事例中的一個，並非全部。但不管怎麼說，徐階的內閣，從嘉靖末年起就出現了裂痕。從嘉靖遺詔的起草，到財政經費的撥付，再到人事任免的得失，雙方麾下的言官劍拔弩張，爭得面紅耳赤。在各方壓力下，高拱被迫稱病去職，徐閣老暫時獲勝。

徐階在趕走高拱的同時，也就注定了自己的倒臺命運。朝中官員和宮中太監，多半出自裕王府，對於高拱的離去，當然憤憤不平。在嚴嵩當權的歲月裡，徐階曲意逢迎嚴氏父子，儘管有韜光養晦的意味，還是得不到一批朝中大臣的諒解。更重要的是，身為徐階門生的張居正，似乎也不願久居人下。在這樣的態勢下，徐閣老只得自請退休。不久，高拱重返京城，擔任吏部尚書兼武英殿大學士，形同內閣領袖。

或許他被罷官的歲月裡顏面掃地，怨恨深重，或許他本就是一個有仇必報的書生，總之，回到北京，他就主持科道考核，罷斥那些帶頭攻訐他的言官，提拔自己門下的跟班，用以堵塞言路。緊接著，他以徐階兼并耕地數萬畝，高息放貸，縱容子弟橫行鄉里、霸道一方為罪名，令巡按御史逮捕他的三個兒子，窮追徹查；拿徐階起草嘉靖遺詔作為靶子，說他在其中否定父皇的一些弊政，是

「欺謗先帝，假托詔旨」，按律當斬。高拱陳奏的徐階罪狀我都認可，但殺徐階的想法未免過分，我當然沒有同意。

高拱固然粗獷豪放，但的確也是個幹大事的人。比起徐階對於嘉靖弊政的小修小補，高拱的改革可謂大刀闊斧。在他的支持下，戚繼光、王崇古等名將被調往北方，鎮守長城沿線，迫使韃靼的俺答汗跟我媾和，結束大明王朝與韃靼長達百年的戰爭；在他的主持下，封閉了四十年的海關重新開放，東南沿海的商船又多了起來，戶部的銀庫也充盈多了；在他的默許下，聽說有些地方開始清丈土地，嘗試用「一條鞭法」的原則徵收農業稅，簡化徵收手段和類別。漸漸地，大明王朝有了一點「中興」的意味。

在隆慶朝的政爭中，有一個人長期立於不敗之地。在高拱主持的改革中，有一個人始終堅定地在幫助他。這個人就是翰林出身的張居正。

作為我的老師，張居正學富五車；作為徐階的門生，張居正深通謀定而後動的道理，性格內斂，沉穩有城府，是典型的務實派官僚。當他擔任國子監司業，主持教務工作時，

戚繼光不僅掃平了東南沿海的倭患，而且在整頓明朝北部邊防上功績卓著。

高拱恰好是國子監祭酒，也就是校長，他的頂頭上司。所以，張居正與徐階、高拱皆有淵源。在徐階得志的歲月裡，張居正因為師生之誼得到提拔；在高拱當權的歲月裡，張居正因同樣信奉「治世不一道，便國不法古」的法家理念而深受青睞。加之他面對徐高之爭，既不表現出傾向，也不出面調停，超然物外，也就保證了自己仕途的平穩。然而，我已經隱隱感到，張居正不是久居人下之輩，高、張二人的政爭，早晚也會拉開帷幕。

如果說這些閣臣之間的政爭，除了權力之外，別無是非的話，那麼言官的表現就更令我噁心不已，不少言官首鼠兩端，甘為權門吠犬。徐階在位便挺徐驅高；高拱得志就反刃攻徐。他們就像豺狼鬣狗一般，當獅虎猛獸自相惡鬥或捕殺獵物時，牠們便尾隨其後，分食殘骸碎骨以自肥；當牠們緊緊跟隨的獅虎不幸受傷而死，牠們也會不念舊情，撲上去搶食其血肉。這樣烏煙瘴氣的朝政，怎能讓我長久保持勵精圖治的動力呢！這麼多罵來罵去的奏疏，怎能不讓我頭昏腦脹，心煩意亂呢！

就在我為朝內黨爭鬱悶不已之時，太監李芳湊了過來，壓低了聲音說：

「奴才奉旨又從江南選來了不少美女，陛下是否願意挑挑呢？」

聽罷此話，我迷離的眼神頓時放光，剛才的鬱悶消失得無影無蹤。

「走，前面領路，我要去看看！」

懶惰與好色：昏天黑地的後宮生活

父皇活著的時候，我一直面臨著來自父皇與弟弟的雙重壓力，謹小慎微，不敢造次。然而，聽說了弟弟霸占良田、積聚財富、強搶民女、妻妾成群的行徑，我非但沒有譴責之意，反而羨慕不已。說穿了，我繼承了老朱家好色的傳統。只不過，在沒有正式接班以前，我必須聽從老師們的規勸，遠離女色，清心寡欲，做個「好皇子」。

改元隆慶不過十天，我便接連宣示「免朝」，置大批積壓的文件和奏稿於不顧，即使是大臣們苦心孤詣的勸諫文書，也被我束之高閣，美其名曰「留中」。即使是偶爾臨朝聽政，我也「臨朝淵默」，「端拱寡營」，形同木偶，呆若木雞，時常走神，對大臣們的建議不聞不問，所有的政務全部甩給徐階、高拱，只要他們覺得能辦，我一律照准。在大明王朝，我也許是最值錢的花瓶、最尊貴的擺設了。至於在太廟祭祀祖宗的重大儀式，雖然被視為「國之大典」，但我仍然到處找藉口，能躲則躲，能省就省。我可不想在太廟廣場傻傻地待一天，被那些繁文縟節弄得暈頭轉向。大臣們連篇累牘地上奏，請求我勤政愛民，無異於緣木求魚。

一個「好皇子」，為什麼會墮落到這個地步呢？

這得怪父皇。少年時代，看到嘉靖末年的種種弊政，我雖然不想管，但責無旁貸，願意站出來管管。可是父皇不僅不讓我管，還處處限制我，防範我，讓我不得不自行作踐，自行窩囊。窩囊和作踐雖然是韜晦之計，但演的時間長了，也會變成真的。於是，我漸漸失去了對政治的興趣。

這得怪閣臣。徐階、高拱、張居正等人，作為大學士，本來是給天子當顧問的。可是，他們太有才了，加上父皇長期不理朝政造成內閣坐大，顧問漸漸變成了「真宰相」。既然他們有雄心，有抱負，何不放手讓他們好好幹，我也落得個清閒呢？至於那些提意見的傢伙，念其一片忠心，隨便去說，我不聽，但也不殺他們。

這得怪裕王府。弟弟每天都在忙著吃喝玩樂，而我每天都得張羅借錢，讓一窮二白的裕王府上上下下能湊合著活下去。每天圍著柴米油鹽打轉轉，我哪有心情思考國家大事呢！

作為窮光蛋，一朝權在手，原本的惶恐與不安一掃而空，心理防線也就一下子鬆弛下來。於是，我希望把此前幾十年虧欠的，都以最快的速度補回來。至少也要享受一下當皇帝的快感，發洩一下曾經的鬱悶。既然朝堂之上有大學士們操持，那我乾脆去潛心研究尋歡作樂好了。很快地，我就成了這個領域的「專家」。批閱奏章的事，我懶得幹；追求女色的事，我可勤快了。我開始通宵達旦地寵幸嬪妃宮女。

幾年間，朝廷冊封了幾十個妃，數量遠遠超過本朝任何一個皇帝。宮裡不斷增選十一至十六歲的「民間淑女」，每次不少於三百人，據說江南地區的那些有女兒的大戶人家，一旦聽說宮裡選秀，就趕緊搶婿嫁女，幾乎到了拉郎配的地步。這樣的騷動在隆慶朝發生了好幾次。大臣們從一開始就規勸我「養聖躬」，後來甚至建議我「凝神定志，忍性抑情」，「澄心滌慮，進御有常」。對於他們的忠告，我一概置之不理。

除了貪戀女色，我還喜歡到處遊玩，飲酒騎射，貪財好貨，追求物欲。為此，我不惜大肆重用宦官，到處造辦；不惜勒索國庫，加派地方，到處斂財。總之，即位的前幾年，我過得渾渾噩噩，醉生夢死，「玩好是從，珍寶是聚」。然而，即位沒多久，旦旦而伐的我，健康狀況便開始每況愈下。隆慶五年（一五七一年）下半年後，我身患「色癆」成了眾人皆知的祕密。

此時的大明，白銀作為流通媒介開始被官民認可，甚至交稅也開始不用糧食，而用白銀；江南的民間作坊紅紅火火，一些富戶甚至開始雇人做工；棉花開始在大江南北普及，鎮守朔漠的大明士兵終於可以穿上厚厚的大棉襖，抵禦塞外的罕見低溫；海禁解除，東南沿海的對外貿易蓬勃發展，一些海上商業集團正在崛起。從大臣們寫的奏疏中，我能夠隱約地感到，這是一個大變革的時代。這個時代不僅需要徐階、高拱、張居正這樣的治世能臣，更需要一個有能力掌舵的強勢君王。可惜，原本有希望擔起這份重任的我，奮鬥的意志早已磨平。剩下的，只有高度亢奮的私欲和越來越虛的身體。

有時候，我會夢見父皇，夢見工匠們正在為我興建的昭陵。或許這「色癆」會害了我，會讓我在不久的將來追隨父皇而去。看著如花似玉的愛妃李貴妃，看著年幼的皇太子朱翊鈞，看著權勢越來越大的太監馮保，看著高拱和張居正那鐵板一般的臉龐，我默默地閉上了雙眼……

卷十三　明神宗（萬曆）朱翊鈞回憶錄

明神宗朱翊鈞簡歷

朱翊鈞，生於嘉靖四十二年（一五六三年）八月十七日，卒於萬曆四十八年（一六二〇年）七月二十一日。出生地為北京。朱載垕第三子。隆慶二年（一五六八年）三月十一日立為皇太子。隆慶六年（一五七二年）六月初十日即位。年號萬曆。在位四十八年，是明朝享國最久的皇帝。死後廟號神宗，謚號「範天合道哲肅敦簡光文章武安仁止孝顯皇帝」，簡稱「顯皇帝」。葬於北京昌平定陵。

朱翊鈞十歲登基，前十年由生母李太后臨朝，張居正主政，宦官馮保輔佐。張居正推行「一條鞭法」改革，財政狀況有較大改善。張居正死後，他剝奪了張居正的一切榮譽，放逐馮保，實現真正意義的親政。此後，發動「萬曆三大征」，鞏固了明朝在東北、西北和西南地區的邊防。在位時期由於海禁開放和商業發展，東南地區出現資本主義萌芽，全國經濟總量達到明朝開國以來最高峰。後期因與文官集團發生深刻矛盾，以及自身表現出的憂鬱症徵象，「怠政」近三十年，導致朝廷諸多事務瀕於癱瘓。國內土地兼并形勢惡化，階級矛盾非常尖銳。東北建州女真崛起，建立後金國與明朝分庭抗禮。晚年陷入兩個兒子為儲位鬥爭的漩渦。清代學者趙翼認為，「論者謂明之亡，不亡於崇禎而亡於萬曆。」

一生最得意之事：萬曆三大征，對張居正抄家；最失意之事：薩爾滸慘敗，朱常洵沒當上太子。

皇后王氏，有名號的嬪妃二十多人（其中王恭妃育有長子朱常洛，鄭貴妃育有第三子朱常洵）。有子八人，女十人。長子朱常洛為法定皇儲。

萬曆四十七年（一六一九年）正月初一，寒風凜冽的京城劈里啪啦地響著過年的鞭炮。放假似乎成了我的家常便飯。這一天，唯一的內閣大學士方從哲率領文武百官在皇宮的午門外舉行慶賀典禮。不久，一道奏疏就擺在了我的几案上。入閣七年只見過我一面的方閣老，在這份奏疏中衝著近年來的朝政缺失大發牢騷。作為大學士，或許他最發愁的，就是帝國官場的奇特景觀：一面是許多官缺無人填補，文件堆積如山，無人處理，事務累積耽誤，無人過問；一面是大批進士因拿不到委任狀，成了待業青年，成天到吏部上訪鬧事，甚至攔住方閣老的轎子哭訴。而這一切，大臣們都把責任歸到我的頭上，說這是我長期給自己放假的結果。他們還把這樣的度假方式起了個頗為嚇人的名字，叫做「怠政」。

誠然，在這個帝國裡，沒有我的硃批，大臣們決不敢自作主張。因此，「怠政」的確是一種罪過。然而，為什麼大臣稱病在家，逍遙幾個月都沒人追究，作為一國之君的我，休假幾年，就會招來滿朝議論呢？四十多年來，朝廷上的文武大員換了一茬又一茬，又有誰真的理解過我，體諒過我呢？

籠中鳥：生活在別人的陰影裡

我的童年，看似無憂無慮，實則生活在陰影裡。

嘉靖四十二年（一五六三年），皇宮裡不斷出現祥瑞。先是四月間玉兔生子，再是七月分白龜產卵。群臣紛紛上表祝賀，皇上很高興。

就在這一年，我出生了。父親是裕王朱載垕，當時最年長的皇子。我是他的第三子，不過前兩個哥哥早殤，我成了獨苗。這麼說來，用彌足珍貴形容我的降生，恐怕一點都不為過。然而，身為爺爺的皇上，似乎根本沒有把他的兒子當一回事，更別說是我。不許頒詔，不許稱賀，不許稟告太廟和社稷，害得父親一直不敢給我取名字，不敢給我行剪禮。據說，有個宮女找機會把我降生的事告訴了皇上，希望得些賞賜。結果反而招致一頓臭罵，差點丟了飯碗！

有這樣脾氣古怪的老頭當爺爺，是我懵懂無知的童年裡最大的悲劇。至於爺爺這麼做的原因，我只聽父親的老師高拱提過「二龍不相見」說法，但始終搞不懂。不過，看著父親終日愁眉苦臉的樣子，我似乎悟出了幾分。

三年後，爺爺駕崩，父親即位，改元隆慶，我的生活才撥雲見日。隆慶元年（一五六七年）正月，我才有了屬於自己的名字——朱翊鈞。

此後的幾年，看起來似乎一帆風順。活著的皇子，我是老大，按照「立嫡立長」的傳統，沒人有資格跟我競爭。六歲那年，我順理成章地晉封太子。四年多後，耽於酒色的父皇晏駕，我君臨天下，沒想到在這金鑾殿一坐，就是四十多年，甚至超越了那位脾氣古怪的爺爺。

世界上本沒有免費的午餐，如果有的話，那一定是不太好吃的。這一點，從在會極門接受百官勸進開始，我就發現了：雖說貴為天子，可我絲毫感覺不到當皇帝的快感，甚至有時會覺得當皇帝其實只是個圈套。而下套的人，竟然是母親李太后、「大伴」馮保，還有最令我敬畏的老師張居正。在他們三個的管教下，我沒有任何機會為所欲為。

家裡，李太后對我影響最大。畢竟她給了我別人給不了的天性之愛。然而，當我入主紫禁城後，一切都變了。她不再寬容，不再親切，一種無形的距離把我們母子隔開。

李太后「教帝頗嚴」，只要發現我沒好好讀書，便責罰我跪在地上。每次朝會前，她五更時分就來到我的寢宮，把睡眼惺忪的我叫起來，催我洗臉、更衣、用膳、上朝。

一次，我喝醉了，讓宮女唱歌助興，她們說不會。我勃然大怒，抄起寶劍就刺，最後割下她們的頭髮，算是「斬首」。就在我得意之際，母后忽然駕臨。看著她怒目圓睜的樣子，聽著她數落責罵的言語，我怕了，涕泗橫流，反覆認錯，跪了很久，才算逃過一劫。

另一次，我又喝多了，打傷了馮保的養子，騎馬衝撞了馮保的宅邸。母后聞訊，二話不說，準備詔告太廟，將我廢黜。酒醒了，我怕了，比上次更怕，趕緊請罪。母后含淚怒斥：「天下大器難道就是你可以繼承的嗎？」我跪伏在地，哭泣多時，才求得了她的寬恕。

李太后對兒子朱翊鈞勤管嚴教，決不溺愛。

母后的嚴厲，似乎只體現在我的身上。對於其他人就未必了。她很善良，對父皇的原配陳皇后非常恭敬；她很淳樸，為女兒壽陽公主擇配時，選中「渾樸不雕」的侯拱宸作駙馬；她很自私，把其父李偉由泥瓦匠封為武清伯，並藉他之手聚斂大量金銀；她很會玩權術，用馮保替換孟沖，出任司禮監掌印太監，用張居正替換高拱，出任內閣首輔，導演了兩場宮廷政變。當然，她還隱藏了一個很土的名字──「李彩鳳」，這是她的真名，但知道的人寥寥無幾。她曾是一名在裕王府當差的宮女。

不管怎麼說，母親參政而不干政，知道適可而止，是一個聰明的政治家。

在我身邊，馮保說了算。他曾任司禮監秉筆太監，提督東廠兼管御馬監，深得皇爺爺寵信。隆慶年間，因為司禮監掌印太監補缺之事，馮保和高拱結怨。我剛即位，高拱就準備彈劾馮保竄改父皇遺詔，甚至打算與張居正「共立此不世功」。然而，張居正偷偷向馮保密報。於是，馮保抓住其隨口說過的「十歲太子如何治天下」一語，密奏高拱欺君年幼，欲立周王代之，自己可得公爵。兩宮太后愕然，臨機決定將他趕出京城。

次日朝會，獲悉這道「責其擅權無君」的詔書，高拱頓時六神無主，面如死灰，汗如雨下，跪在地上起不來，迅即告老還鄉。屬於高拱的時代結束了。身為先皇的業師，高拱耿直有餘，權變不足。口無遮攔給他帶來了災難。

馮保的字寫得好，傳世名畫《清明上河圖》的題跋，北京房山一座寺廟石壁上的《四十二章經》，都是他的墨寶。在他的帶動下，我每天堅持練字，寫得一手工筆小楷。

我對馮保既親切，又畏懼，稱他「大伴」。每次玩耍，看見馮保來了，我都趕緊正襟危坐。如果看到我胡鬧，他會給李太后打小報告，讓我很慘。他支持張居正改革，願意匡正弊政，經常勸我不要玩物喪志。他注意約束自家親戚，連京城百姓都覺得此人不錯。我曾賜他象牙圖章，內刻「光明正大」、「爾惟鹽梅」、「汝作舟楫」、「魚水相逢」、「風雲際會」，更「直以宰相待之」。馮保深受榮寵，位極人臣。

馮保最大的毛病，是貪財。他曾接受張居正家人的賄賂：「名琴七、夜光珠九、珠簾五、黃金三萬、白金十萬」，可不是小數目；他曾斥巨資，為自己營建家廟；他經手的賣官鬻爵之事太多，可能連他自己都記不清有多少次了。

在我眼裡，馮保不是壞人，也不是好人，更不是純爺們。他既是政客，又是文人，既是忠僕，又是嚴師。他是我的榜樣。

朝堂上，張居正一言九鼎。他二十三歲金榜題名，在翰林院供職多年。得益於徐階的推薦，他榮任裕王府侍講侍讀，深得父皇信任；兼任國子監司業，結識了很多官場接班人，打開了人脈。隆慶伊始，四十三歲的他進入內閣，擔任禮部尚書兼武英殿大學士，兒時的詩句「鳳毛叢勁節，直上盡頭竿」正在變為現實。

萬曆前期的內閣首輔張居正，銳意改革，強勢作為。

張先生是個雄才大略的政治家，從隆慶到萬曆初這十多年，是他力挽狂瀾，富國強兵，幫助大廈將傾的大明王朝重新振作。在我看來，他的改革無外乎兩個層面。

一是安內必先攘外，根治久拖未決的邊疆危機。力主接受韃靼俺答汗之孫把漢那吉的投誠，並將其作為此後與俺答汗媾和的籌碼，結束了與韃靼長達幾十年的戰爭，實現了北部邊疆的和平。

二是以財政增收為主要著眼點的全方位改革。

——頒布考成法。各級衙門層層考核，賞罰分明，扭轉拖沓政風，提高效率，不僅朝廷政令「雖萬里外，朝下而夕奉行」，而且督促地方官追收欠稅，確保「正賦不虧，府庫充實」。

——清丈全國田地。經過考成法督促下的核查，隱瞞的耕地浮出水面。萬曆八年（一五八〇年）達七百萬頃，比九年前增加二百三十多萬頃。這對於打擊豪強隱瞞田地，增加朝廷田賦收入有積極意義。

——實行「一條鞭法」。將各種賦稅傜役全部編（鞭）為一條，折入地畝，統一徵銀。不僅明確了以田地為徵收對象，而且簡化了徵收項目和手續，減輕了百姓的勞役負擔，規範了納稅額度和方式，有助於繁榮商業，增加稅收。

——勒緊腰帶過日子。他裁減冗員，節省俸祿開支；削減撫賞，降低軍費開支；倡導朝廷少用錢，甚至連元宵節的燈會都壓縮為簡單地掛燈籠。

日子過到了近乎摳門的地步。但國庫日漸充盈，富國強兵的夢想有了實現的可能。

張先生的教誨之恩我沒齒難忘，張先生的字字箴言我深信不疑。我視朝和學習的日程都是他排定的。每月上朝九次，其餘時間均在文華殿讀書。他不僅督責我通讀四書五經，而且親撰《帝鑒圖說》，幫我理解歷史上的治亂興衰。在經筵、日講中，大到朝廷用人之道，小到宮中瑣碎小節，他

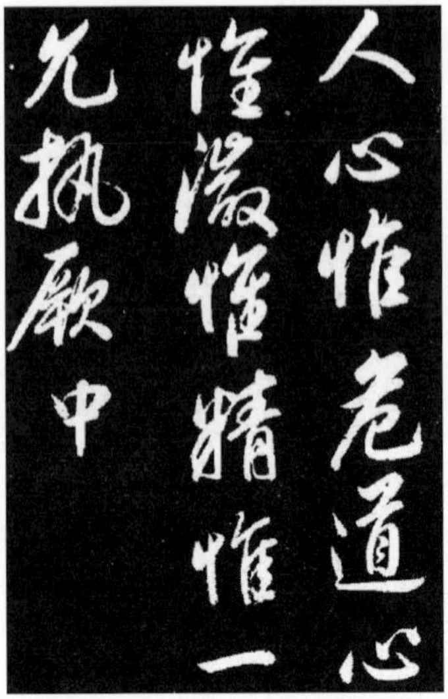

明神宗御筆，萬曆三十年四月，語出《尚書・大禹謨》。

都要細細地告訴我。他希望我能像太祖皇帝那樣勵精圖治，實現大明中興。有時候，臥病在床的他依然在寫票擬，筆耕不輟。在我的心中，他是完美的。

張先生對我的忠心似乎有些肉麻。他曾在奏疏裡把自己比作我的兒子，而我對他格外尊敬，從不稱名道姓，而是稱「先生」，所下詔令提及他時，都寫「元輔」。一次，聽說張先生腹痛，我就親手調製了一碗辣麵，並要內閣次輔呂調陽陪他一塊吃，希望以辣熱攻治腹痛。聽說張先生的父母都還健在，我非常高興，賞賜兩位老人很多東西。

然而，後來我才知道，張先生的完美只是表面的。他總是當面一套，背後一套。

他教育我儉以養德，自己卻生活奢侈，據說日食千金，猶說無下箸處；他教育我不要貪財，自己卻放任身邊人受賄，就連家奴也捐錢買官；他教育我仁孝為本，自己卻不惜「奪情」，提前結束為其亡父的守喪，返回京城理政，顯得權慾薰心；他教育我親賢臣遠小人，寬以待人，自己卻總和馮保沆瀣一氣，聯手排斥異己；他教育我謙虛謹慎，自己卻跟高拱內訌，直到將其趕回老家；他教育我遠離女色，自己卻縱欲無度，搞得形神疲憊……我越來越討厭張先生，越來越覺得自己只是他跟前的擺設。凡是張先生的票擬，我都必須批准，不能駁回；凡是反對張先生的大臣，我都必須除掉，不能手軟。

更可怕的是，母后支持張先生的一切，馮保跟張先生裡應外合。乾清宮，似乎像個籠子，而我，恰如籠中小鳥。在他們的陰影裡，我毫無自由。冥冥之中，我的心似乎飛出了皇宮，飛回了我的出生地——裕王府，也許那裡才更適合我……

杯中酒：「事事獨斷」到「御朝日稀」

萬曆十年（一五八二年）八月十一日，我的第一個兒子誕生了，取名朱常洛。生母王氏，本是宮女，在我到慈寧宮向母后問安時，私下裡受寵懷孕。母后得悉，不僅未怒，反而催著我趕快給她名分，以便讓這個兒子的出生名正言順。於是，王氏挺著大肚子晉封恭妃。

皇長子誕生，我宣布大赦天下。宮裡張燈結彩，準備慶賀一番。更重要的是，兒子的降生，標誌著我已經成長為頂天立地的男子漢。這一年，我二十歲。

然而，慶典尚未舉行，噩耗不期而至——張居正在腹瀉的痛苦中死了，年僅五十八歲。我特地輟朝一天，並給他崇高待遇：謚號文忠，贈上柱國銜，蔭一子為尚寶司丞。朝廷拿出五百兩銀子，作為他的喪葬費。

其後兩年，告發張先生操縱權柄、藐視皇帝、結黨營私的奏疏像雪片般飛進了我的辦公室兼教室——文華殿。聽說清丈田地期間，各地官員強迫民戶多報田畝，報功邀賞，導致清丈數字不實；

聽說張先生私藏了許多古玩書畫，蓄養了許多絕色佳人，或許他的暴死，跟放縱的私生活不無關係。這難道就是我頂禮膜拜的張先生？

我哭了一整宿，最後決定先把馮保發配到南京孝陵，終身軟禁。「大伴」自詡清廉的背後，是面對金銀財寶的無限貪婪，從他家抄出的財產以千萬計。緊接著，張居正被抄家，雖然沒有馮保那般貪財，可靠俸祿也是攢不出那麼多銀子的。曾經是我最尊崇的老師，曾經是做人的楷模，如今，真相大白。一切溢美都成了幻景，一切許諾都成了泡影。我失望至極。

晚上，在痛苦中獨自喝悶酒的我，看著桌邊潘季馴為張先生鳴冤叫屈的奏疏，不禁長歎一聲。細細想來，張先生是好老師，可他只是嚴於律我，卻寬以待己；張先生是官場智者，可他太在乎跟同僚較勁，而忽視我的存在。凝視著杯中酒，和酒水裡自己的倒影，我突然發覺乾綱獨斷對於君主是多麼可貴。中興大明固然重要，然而權力決不能旁落。

於是，我改變了對內閣首輔和太后早請示晚彙報的習慣，而是以一種強勢的姿態出現在百官面前。我不再信任那些在張先生生前溜鬚拍馬、張先生死後落井下石的大臣。在用人問題上，我不照搬大學士們的票擬，而是多方打聽，親自考察。我要讓所有的大臣都切身感受到皇帝的存在和皇權的威嚴，讓他們明白：沒有張居正，大明一樣可以中興。

張居正、馮保、海瑞、戚繼光先後故去，母后搬離了乾清宮，一個被人管教的時代結束了，一個自主決斷的時代開始了。

新任首輔申時行是個麵團似的人物，「遇事遷就」，特別對軍事一竅不通。這既讓我能放開手腳大幹一場，又讓我不得不承受著事必躬親的辛勞。「萬曆三大征」的軍事勝利讓我志得意滿，而國務的繁忙又讓我手忙腳亂。漸漸地，我開始厭倦每天頻繁送來的奏疏，厭倦每月沒完沒了地上朝，厭倦大臣們混子般的做派。

我體態肥碩。走路時，要太監抬著肚子才能緩緩前行。相比於騎馬射箭，我更熱中於飲酒作樂。久而久之，我疾病纏身，時常頭暈目眩，三十幾歲就暮氣沉沉，未老先衰。雖說我還沒有喪失工作能力，可肥胖和懶惰相輔相成，讓我對朝政越發力不從心，越發敬而遠之。從偶爾免朝，到偶爾上朝。萬曆三十年（一六〇二年）二月十六日，我得了一場急病，甚至準備交代後事。雖說這次急病是場虛驚，但羸弱的體質讓我更加遠離上朝。我必須「怠政」，別無選擇。

有缺德的好事者把我的「怠政」概括為「四為」和「六不為」。

何謂「四為」？就是喜好酒、色、財、氣，甚至大興土木，揮霍無度，胡亂封賞。何謂「六不為」？就是不去郊外祭祀天地，不去太廟祭祀祖宗，不上朝，不接見大臣，不對奏章給予批示，不參加經筵、日講。

萬曆十七年（一五八九年）十二月，大理寺左評事雒于仁曾上疏，批評我沉迷於酒、色、財、氣，並獻「四箴」規範我的言行。這種公然干涉皇帝私生活的做法，當然令我暴跳如雷，恨不得當即殺了他。然而，在大學士申時行的勸導下，我轉念一想，真要是把雒于仁殺了，不僅變相承認了他的批評確有其事，而且成全了他忠臣的美名，反倒是讓我落個昏君的惡名。於是，雒于仁僅被削職為民，奏疏留中不批。

《出警入蹕圖》卷（局部）：騎著高頭大馬、穿著金色盔甲的萬曆皇帝，正在出京謁陵的途中（左）；回程他改乘龍船，由水路返京（右）。

新任閣揆申時行，遇事遷就，施政乏魄力。

其間，我曾經在毓德宮召見申時行等閣臣，「自辨甚悉」：

——「他說朕好酒，誰人不飲酒？若酒後持刀舞劍，非帝王舉動，豈有是事！」本朝官民皆有好酒之習，「飲者率數升，能者無量。……飲酒或終日夜。朝野上下，恆舞酣歌」。我好酒，只不過是順應這種時代潮流而已。

——「又說朕好色，偏寵貴妃鄭氏。朕只因鄭氏勤勞，朕每至一宮，她必相隨，朝夕間小心侍奉勤勞。」我雖然有過一天娶「九嬪」的經歷，但這些比起更加好色的祖父和父皇，還差得很遠！

——「他說朕貪財，因受張鯨賄賂，所以用他。……朕為天子，富有四海。天下之財皆朕之財。」正因為如此，我把從馮保、張居正家查抄的財產一律搬到宮裡，還派出礦監、稅監到各地搜括。所得一律由我支配。

——「又說朕尚氣。古云少時戒之在色，壯時戒之在鬥，鬥即是氣，朕豈不知！但人孰無氣，且如先生每也有僮僕家人，難道更不責治？」作為皇帝，難道就不能像普通人一樣有點「氣」，到處拿架子擺譜嗎？

有人說，《尚書・五子之歌》有云：「內作色荒，外作禽荒，甘酒嗜音，峻宇雕牆，有一於此，未或不亡。」這話說得很嚇人。誠然，「怠政」導致了部院級掌印大臣缺官不補的先例，「怠政」縱容了官場上派系傾軋的愈演愈烈，「怠政」沒有給我帶來快樂，反而帶來了各地怨言紛起、反抗不斷、危機四伏的奏報。不過，代表大明帝國實力的海外貿易額、財政收入和人口數量並沒有因為「怠政」而下降，反而大幅增長。一個強盛的東方經濟大國，怎麼可能會在我的手中轟然倒塌呢？大臣們擔心的「恐宗社之憂，不在敵國外患，而即在廟堂之上」，未免杞人憂天！

其實我覺得，真正的隱患不在廟堂之上，而在綿延萬里的長城沿線。麻煩不斷的大明邊疆，才是我的心腹大患。

水中月：隱患迭生的大明邊疆

冊封俺答汗，是父皇和平解決邊疆戰端的成功案例。然而，在我看來，這並非一勞永逸地解決邊疆麻煩的根本出路。倚仗張居正改革積攢的殷實家底，我把精力更多地投入到先帝們無所作為的「邊事」上去。於是，有了「萬曆三大征」。

萬曆十九年（一五九一年），投降明朝、接受封賞的韃靼人、寧夏副總兵哱拜發動叛亂。朝廷大軍多次進剿，收效不大。最後，李如松親率官軍，挖開黃河大堤以水灌城，衝開缺口，占領銀川，取得了平叛戰爭的勝利，震懾了西北邊陲的蒙古各部，確保了長城西線的和平。

萬曆二十年（一五九二年）和萬曆二十五年（一五九七年），日本統治者豐臣秀吉派大軍兩次侵入朝鮮，攻陷王京，幾乎占領全境。鑒於唇亡齒寒的道理，應朝鮮國王求援，我兩次派兵赴朝抗擊日軍，勝多負少。萬曆二十六年（一五九八年），豐臣秀吉病死，日本被迫撤軍，官軍艱難獲勝，粉碎了日本吞併朝鮮，並以此為跳板侵略大明的圖謀，保衛了帝國東北邊境的安全。

萬曆十七年（一五八九年），播州（位於貴州遵義）宣慰使楊應龍發動叛亂，四處燒殺搶掠。

《平番得勝圖》卷（局部），此圖描繪萬曆年間平定西北叛亂的全部過程。

戰爭時斷時續，直至萬曆二十八年（一六〇〇年），官軍八路進兵，用了四個月才平定了叛亂。這一戰，結束了楊氏土司對播州地區八百餘年的統治，拓展了朝廷的影響力，促進了西南地區的改土歸流和社會開發。

這就是「萬曆三大征」。三場大仗打下來，損失將士數十萬，耗費白銀一千二百萬兩，相當於朝廷三四年的財政收入。尤其是第二次抗倭援朝戰爭，幾乎動員了帝國腹地的全部精銳部隊，以及大量戰船。有人據此認為勞民傷財，得不償失。我不這麼看。「萬曆三大征」不僅根治了西北、東北和西南地區的邊疆隱患，而且用軍事勝利鑄就了大明「中興」事業的里程碑。

舊的隱患解除了，新的隱患又冒了出來。

先是遼東的蒙古土蠻部，不僅多次襲擾遼東各城，而且曾揚言攻打北京。這時，出身將門的李成梁，也就是李如松的父親，受命擔任遼東總兵，收拾防務，抗擊土蠻，屢有捷報。土蠻終被打壓下去了。

然而，摁下葫蘆浮起瓢。土蠻衰落之後，女真逐漸填補了關外的權力真空。

根據李成梁的奏報，女真分為三大部落：建州女真、海西女真和野人女真。其中，野人女真居於黑龍江、烏蘇里江地區，距遼東較遠，沒什麼威脅；海西女真距遼東較近，分為葉赫、哈達、烏拉、輝發四部，統稱「扈倫四部」，實力最強，是李成梁的重點打擊對象。

經過幾十年打擊，葉赫、哈達遭到重創，海西女真一蹶不振。而李成梁鎮守遼東前後三十年，用頻頻傳來的捷報，換得了升官蔭子、增俸受賞、蟒袍相贈、樹立牌坊的高規格待遇。「邊帥武功之盛，二百年來未有也」。

不過，李成梁忽視了建州女真，這支從松花江流域遷至遼東外圍的部落，儘管分散，儘管弱小，但他們的首領努爾哈赤似乎與眾不同。最開始，我只聽說努爾哈赤為報殺父之仇，以十三副遺甲起兵；緊接著，聽說他整合了建州五部，逐一吞滅了扈倫四部，基本完成了對女真各部的統一；而後，便有奏章說他在赫圖阿拉自封天命汗，建國號後金。不過，我覺得這不過是關外幾個不懂事的傢伙過家家的遊戲而已，沒當一回事。

萬曆四十六年（一六一八年）二月，長期對大明稱臣的努爾哈赤突然宣布了所謂「七大恨」，誓師西征，迅速襲占撫順和清河，在遼東防線的突出部撕開了一個口子。三年前，李成梁已以九旬高齡過世了。

我有預感，這是一場災難的開端，必須馬上制止。「怠政」暫時中止，我趕緊召集大臣商量對策，並匆匆制訂了作戰方案。徵集福建、江西、浙江、山東、山西、陝西、甘肅等省軍隊十二萬人

名將杜松在薩爾滸之戰中軍敗身亡

，以楊鎬為遼東經略，總兵杜松、馬林、劉綎、李如柏分率大軍，四路大軍分進合擊，直指赫圖阿拉。為了籌措軍餉，我決定加派「遼餉」，即除貴州外，全國各省在每畝田地加徵三厘五毫。其後兩年，加派至九厘，即五百二十萬兩。

在關外惡劣的通訊環境下，四路大軍形成默契配合顯然是很難做到的。儘管官軍人數眾多，可一開始便陷於分散。努爾哈赤集中優勢兵力，打時間差，在五天內連續擊潰杜松、馬林、劉綎三部，李如柏部在混亂中敗退。四路合擊變成了四路慘敗，損失文武將官三百一十多員，士兵近五萬人，喪失騾、馬、駱駝等牲口近三萬頭，幾乎是毀滅性打擊。這就是發生在萬曆四十七年（一六一九年）的薩爾滸之戰。收到戰報，我呆若木雞，幾百年前靖康之變的慘景，似乎就浮現在我的眼前。後來我才知道，楊鎬一介書生，志大才疏，從軍鮮有勝績；杜松剛愎自用，馬林畏敵如虎，劉綎有勇無謀，李如柏臨陣怯懦。這樣的將帥組合，怎能打勝仗？

薩爾滸慘敗，楊鎬難以塞責。御史熊廷弼取而代之，經略遼東。然而，熊大人尚未赴任，開原、鐵嶺淪陷，遼東防禦體系的北線分崩離析。「遼事」似乎到了不可收拾的地步。而此時此刻，我的心思早已不在遙遠的邊陲。宮裡的感情糾葛，以及理不清的「國本」之爭，讓我心煩意亂，頭昏腦脹……

鏡中花：「國本」之爭和感情生活

我與王皇后的大婚，是徹頭徹尾的包辦婚姻，我們之間只有名分，沒有愛慕。我與王恭妃的魚水之歡，是偶然的，朱常洛的出世，純粹是計畫外的。後宮佳麗不少，可讓我感興趣的，一個也沒有。白天的紫禁城，雄偉壯麗，金碧輝煌；到了夜裡，這裡又變得格外安靜，靜得陰森恐怖，靜得單調乏味。

直到有一天，我遇到了九嬪中的淑嬪鄭氏，一個小我五歲的女孩。當她闖入我的感情世界後，一切都改變了。我不再孤獨，不再寂寞，而是全心全意地去欣賞她，去愛她。因為她容貌出眾，機靈乖巧；因為她有著和我一樣的讀書、習字、下棋的志趣；因為在李太后、張先生和馮保三駕馬車高壓下的生活中，她給了我莫大的同情和理解。她敢於挑逗我，嘲笑我，她願意傾聽我訴苦，鼓勵我自信，甚至和我一道拜謁佛祖。她的每一句言語，每一個動作，甚至每一次笑，都是那麼甜美，那麼沁人心脾，那麼令人如癡如醉。就這樣，當她給我生下皇二女的時候，我就迫不及待地將她從德妃升格為貴妃。而當她為我生下皇三子朱常洵的時候，我更是欣喜若狂，不顧大臣們的阻攔，執意將她晉封為皇貴妃，在後宮中僅次於王皇后。

至於王皇后和王恭妃，讓她們見鬼去吧。

萬曆十四年（一五八六年）正月初五日，皇三子朱常洵誕生。由於是鄭貴妃的骨血，我格外寵

王皇后：萬曆皇帝名義上的正妻

愛，很快就把朱常洛忘到九霄雲外了。由於是鄭貴妃的骨血，我有點想把江山交給朱常洵。

如果說後宮中誰老大、誰老二，這是我的家事，大臣們的阻撓純粹是多管閒事，那麼太子的人選問題，縱然也是家事，可更是國家大事，我不能不允許大臣們過問。更準確地說，皇儲的歸屬，大臣們的意見很重要；廢長立幼，要過大臣們的關。

按照祖宗傳下來的「立嫡立長」的原則，在皇后無出、常洛為長的情況下，太子之位非朱常洛莫屬。然而，誰都知道母以子貴的道理，一旦常洛登基，王恭妃成了皇太后，那我可愛的鄭貴妃往哪兒擺？招我疼愛的常洵怎麼辦？儘管當年我也是按照「立嫡立長」的原則登上皇位的，可如今我想按自己的喜好改變這個原則，立常洵為太子。誰都明白愛屋及烏的道理，況且體態肥碩的常洵像他媽媽一樣乖巧伶俐，比病歪歪的常洛要強得多。

早上，當我看著梳粧檯鏡子裡鄭貴妃婀娜的身影和鮮花般美麗的笑容，特別是看著她企盼的眼神，我不能再遲疑了：要立常洵。

然而，我的想法遭到了多數大臣的反對。對於「國本」問題，他們毫不遷就。奏疏連篇累牘，幾乎都是力挺常洛的。更有奏疏指責鄭貴妃為立己子，公開乞求皇上，並在朝中拉攏大臣，已經違背了皇貴妃應該遵守的本分。這些奏疏讓我很不愉快。我曾提出折中意見，即常洛和常洵同封為親王，而這樣的建議多數大臣也不認可。沒有大臣們的支持，再強勢的我也必須就範，「國本」之事又暫時擱置。直到一件意外，促使我改變了初衷。

萬曆二十九年（一六〇一年）的一天，身染重病的我突然眩暈，逾時而醒，發覺枕靠在皇后手臂上，又見她滿面戚容，淚痕猶顯。皇后的眼淚讓我想起了結髮夫妻的恩愛之情，讓我想起了冷落已久的王恭妃，讓我想起了皇長子常洛。親情戰勝了偏好，我終於忍痛割愛。這一年十月十五日，在皇極殿，常洛成為帝國的皇太子。

「國本」之爭讓鄭貴妃擁立常洵的願望成了水中月、鏡中花，她很鬱悶。我也很鬱悶，覺得對不住鄭貴妃和常洵。於是，加封常洵為福王，加倍賞賜他，讓他成為天下最有福的王爺，便成為我最大的心願。常洵婚禮的開銷達到三十萬兩銀子，超出我當年大婚開銷的四倍；常洵就藩河南，動用船隻一千多艘來運送金銀財寶，其排場不亞於我的出巡；徵集河南、湖廣、山東近二萬頃耕地作為他的「養贍田」，其面積超過了中原各藩王莊園面積的總和。儘管常洵在洛陽盤剝百姓，拚命斂財，甚至強搶民女，花天酒地，我都睜一隻眼，閉一隻眼。

本以為皇儲人選塵埃落定，我就可以安心休假，不理朝政了。然而，「國本」之爭並沒有完。王恭妃在孤獨與淒涼中悄然仙逝，而我卻沒把這一切當一回事，繼續寵幸鄭貴妃，繼續嬌慣朱常洵，似乎早把皇儲朱常洛丟棄在腦後。萬曆三十一年（一六〇三年）十一月，發生了震驚朝野的「妖書案」，有人散布言論，說太子之位因鄭貴妃的作梗而岌岌可危，福王可能取太子而代之。這讓我在憤怒之餘，不能不感歎家事之複雜。萬曆四十三年（一六一五年）五月，有人甚至跑到慈慶宮企圖行刺太子，釀成「梃擊案」。事後很多大臣都認為鄭貴妃是幕後主使。在朝堂上，大臣們明顯地分化為太子派和鄭貴妃派，互相攻訐，鬥得昏天黑地。

「妖書案」和「梃擊案」最終不了了之。鄭貴妃沒能晉升皇后，也沒能為朱常洵搞到太子大位，只好放棄皇權訴求，醉心於四處撈錢。而已過知天命之年的我，身體狀況愈加惡化。「中興」事業剛有了一點起色，便在內訌中成了鏡中花。看著弱不禁風的常洛，看著床榻邊跪倒的大臣們，想著遠在河南的常洵，還有他的母親鄭貴妃，我只能一聲歎息：

親政之時，我接管了張居正改革的遺產——國庫充盈，軍力強大，商業繁榮，輕傜薄賦，大有盛世氣象。

告別之際，我留給朱常洛的，只有一堆爛攤子——國庫虧空，爛帳多多；軍力衰弱，商業衰敗；女真興起，肘腋之患；稅負沉重，民不聊生；造反不斷，險象環生。

如果可以找出替罪羊的話，那就是天氣和白銀。水、旱、蝗災連年肆虐，中原腹地不少地區經常顆粒無收；東南沿海外貿發達，大量白銀流入，銀賤錢貴，物價暴漲。

不過，怠政多年，朝廷居然沒出亂子，還要感謝老祖宗朱元璋設計的好制度。混一天算一天吧，只要我這一代平穩無恙，哪怕日後洪水滔天！

卷十四　明光宗（泰昌）朱常洛回憶錄

明光宗朱常洛簡歷

朱常洛，生於萬曆十年（一五八二年）八月十一日，卒於泰昌元年（一六二〇年）九月初一日。出生地為北京。朱翊鈞長子。萬曆二十九年（一六〇一年）十月十五日立為皇太子。萬曆四十八年（一六二〇年）八月初一日即位。年號泰昌。在位僅一個月，是中國歷史上在位時間最短的皇帝之一。死後廟號光宗，謚號「崇天契道英睿恭純憲文景武淵仁懿孝貞皇帝」，簡稱「貞皇帝」。葬於北京昌平慶陵。有意思的是他的廟號「光宗」，不知是否暗含著這樣的意思：由於在位時間太短，他赤條條地來，光溜溜地去，沒有從皇位上帶走哪怕是一點點東西。

朱常洛是明朝最富有傳奇色彩的皇帝之一。著名的明宮三大案都與他有關。雖然貴為太子，但不受其父朱翊鈞喜愛。此外，由於朱翊鈞寵愛的鄭貴妃育有皇三子朱常洵，因而朱常洛的儲君地位一度岌岌可危。在苦熬了近四十年後，他終於得到了夢寐以求的皇帝寶座。然而，這位剛要展翅高飛的皇帝，就在他即位的第三十天清晨，居然莫名其妙地去世了。而且促其速死的原因之一，竟然是兩顆紅丸。朱常洛本有可能力挽狂瀾，對萬曆朝的弊政有所革新，但他的突然去世，使得這一希望化為泡影。

一生最得意之事：戰勝鄭貴妃和朱常洵，保住了太子地位，並熬到了萬曆皇帝駕崩；最失意之事：剛剛得到皇位，轉瞬間就死了。

皇后郭氏，有名號的嬪妃及選侍十餘名。膝下育有七子、九女。長子朱由校為法定皇儲。

昨天晚上，我一直在跑肚拉稀。好不容易睡著了一會兒，卻做了一個夢。在夢境中，我見到了三個人：西漢的劉賀，金朝的完顏承麟，以及我朝前輩洪熙皇帝朱高熾。

——劉賀是漢武帝的孫子，繼漢昭帝即位。然而，他只在位二十七天便被擁立他的大將軍霍光廢掉，理由是這個小皇帝荒淫無度，辜負了滿朝文武的期待。

——完顏承麟是金哀宗完顏守緒的部將，在困守蔡州的最後時刻，他接受了金哀宗禪讓，成為皇帝。然而，尚未享受稱帝的片刻感覺，便不得不抵擋衝進城內的宋蒙聯軍，最後死於亂軍之中。據說，他在位的時間不足一個時辰。

——朱高熾是明成祖朱棣的兒子。即位之後，本打算對永樂年間的弊政進行糾正，但壯志未酬，身染重病而亡。在位也就十個月而已。

同時夢見三個在位短暫的皇帝，這僅僅是巧合嗎？

病榻之上的我，會不會步他們的後塵呢？

不管怎麼樣，我要記住一個教訓：得病了，三分治，七分養，千萬不能亂吃藥！

以卑賤之軀當上太子

我的身世跟父皇萬曆帝一樣，都是宮女偶然受臨幸所生。論出身，他和我同樣卑賤；論命運，我倆卻天壤之別。父皇的父親隆慶帝更負責任，很早就將他立為太子，並安排張居正等重臣為他開

王恭妃因是宮女出身，始終受到萬曆皇帝歧視。

蒙授課。可一旦當了父親，父皇就像變了個人似的，把我的出生視為糗事，打心眼裡不喜歡我。畢竟，我只是個偶然臨幸的產物，不是他計畫內的皇長子。相應地，宮女王氏——我的生母，再也沒了任何恩寵。

於是，我被冷落在一邊，整整三十八年，直到他駕崩。

我人生的前三十八年，正是父皇親政的三十八年。沒有了李太后、張居正、馮保等人的約束，他忽然變得狂躁，而且多年不理朝政，也許在為幼年時代的壓抑而報復。不管怎麼說，放任朝廷派系傾軋不管，放任邊關戰亂危機不管，放任各級官署空缺不管，對於一個皇帝來說總歸是不對的。

他有特別的愛好——寵愛鄭貴妃，而且愛屋及烏，把鄭氏的兒子，也就是我的三弟朱常洵視為心頭肉。我覺得鄭氏是個權力慾極強的女人，估計沒少為她的寶貝兒子在父皇跟前吹枕邊風。曾經有很長一段時間，朝野上下都在風傳父皇打算廢長立幼。他封鄭氏為皇貴妃，而身為皇長子的我，生母王氏僅晉升恭妃，地位在鄭氏之下；早該開蒙的我，遲遲得不到父皇出閣讀書的詔令，害得我成了皇子裡面的後進生；父皇甚至還提出了將眾皇子都封為親王的打算，其實就是淡化我作為長子的特殊地位。不過，由於大臣們思想傳統，據理力爭，甚至付出了鮮血和生命的代價，父皇的設想，準確地說，是鄭貴妃的伎倆，統統沒成。「國本」之爭的結果，以我的勝出而告終。朱常洵只當了福王，封地在洛陽。

然而，登上太子大位，並不意味著萬事大吉，因為最高權力的鬥爭依然殘酷。我能感覺到，鄭貴妃、朱常洵聯合不少大臣，在朝中形成了勢力。只要鄭貴妃一息尚存，父皇就完全有可能抹去我的儲位。我只能表現得中規中矩、滴水不漏，讓父皇無話可說。隨著我的儲君地位越來越穩，朱常洵當太子的希望越發渺茫。此時此刻，鄭貴妃急了。她要孤注一擲。

不了了之的「梃擊案」

萬曆四十三年（一六一五年）五月初四日傍晚，一名三十多歲的小夥子手持棗木棍，闖入我居住的慈慶宮，不由分說，逢人便打，打傷多人，一直打到前殿屋檐下。顯然他是衝著我來的。慌亂之中，太子內侍韓本用眼疾手快，將他制服，局面才穩定下來。這就是「梃擊案」。

一個年輕人，只帶著一條棗木棍，何以闖進戒備森嚴的紫禁城，輕而易舉地找到皇太子的寢宮呢？驚魂未定的我不由得生出許多疑惑來。有一點是可以肯定的，他背後肯定有主謀。

父皇下令將這個年輕人下獄審訊。巡視皇城御史劉廷元很快就把審訊記錄呈了上來。年輕人叫張差，薊州井兒峪人，說話顛三倒四，嘴裡常常念叨「吃齋討封」，像是個瘋子。倘若以此定案，那恐怕只罪及張差一人。然而，事情似乎沒那麼簡單。

刑部提牢主事王之寀思前想後，認為事情蹊蹺。他感覺張差不像瘋子。於是拿飯菜引誘他：「

一個年輕人，只帶著一條棗木棍，竟能闖進戒備森嚴的紫禁城，直奔太子的寢宮打人。「梃擊案」令人匪夷所思。

實招與飯，不招當餓死。」據說張差搖了搖頭：「不敢說。」顯然，他不是瘋子。王之寀若有所悟，屏退眾人，親自審問，這才把事情的緣起問清楚。

張差平日裡靠砍柴與打獵為生。一個月前，他在濟州賭錢輸了，遇上一個太監。太監說，只要跟他走，可保賺錢。就這樣，張差跟著他進京，見到另一個老太監。老太監用酒肉款待，卻什麼要求也沒提。幾天後，張差被老太監領進了紫禁城。

在宦官居住的低矮板房裡，老太監先給他喝酒，而後交給他一根棗木棍，把他帶到慈慶宮，告訴他說：賺錢的時候到了，只要闖進這個宮裡，逢人便打就行。尤其裡面那個穿黃袍的人，是個奸人，必須狠狠地打，打死為止。只要打死穿黃袍的人，重重有賞，吃穿不愁。倘若不幸被捉，老太監承諾救他出來。

這一老一小兩太監，分別名叫龐保、劉成。他們倆歸鄭貴妃直接領導。

真相大白了：兩名太監斷沒有這麼大膽量。那麼「梃擊案」肯定是鄭貴妃一手策畫的。

案情公布後，大臣們議論紛紛，攻訐鄭貴妃謀殺太子、另立福王的奏疏紛至沓來。鄭貴妃似乎沒有料到事情會鬧到這步田地，惶惶不可終日，趕忙向父皇哭訴求情，拚命洗刷自己的嫌疑。父皇不敢得罪群臣，只好一甩袖子道：「群情激怒，朕也不便解脫，你自去求太子吧！」把包袱直接甩給了我。

當我聽到父皇說出這樣的話來，一開始覺得解氣，再一想又覺得莫名其妙：父皇一定是話外有話，他在考驗我。或許他不希望多年以後，鄭貴妃會招致報復。君子報仇，十年不晚，眼下還是低調點好。於是，我站出來表明了態度：「這件事只要張差一人承擔便可結案。請速令刑部辦理，不能再株連其他人。」這麼做，其實就是給父皇留點面子。

果然，父皇對我的表態大為讚賞，決定不予深究，只將張差以瘋癲奸徒罪凌遲處死。臨死前的張差，據說喊出了一句耐人尋味的話：「同謀做事，事敗，獨推我死，而多官竟付之不問！」顯然，他只是個替死鬼。

緊接著，刑部、都察院、大理寺先後五次會審龐保、劉成。由於人證已死，他倆有恃無恐，矢口否認涉案。不過，他們這麼做並沒有為自己換來生路。六月初一日，父皇密令將他倆處死。

就這樣，「梃擊案」死無對證，只得不了了之。又過了段日子，民間甚至傳說「梃擊案」是我自編自導的一齣「苦肉計」，為的是藉此陷害鄭貴妃。這樣的傳說真是可笑：如果我真想坑死她，為什麼會在最後關頭鬆口，同意只收拾張差一人呢？

勵精圖治的短暫一瞬

萬曆四十八年（一六二〇年）七月二十一日，父皇駕崩。他在位四十八年，堪稱大明最長；但陽壽連六十歲都不到，還趕不上永樂、嘉靖。

《滿洲實錄·克撫順城降李永芳圖》：後金的八旗軍戰鬥力極強，屢敗明軍。

歷史由於我的君臨天下揭開了新的一頁。

萬曆朝積累的弊病實在太多了！朝內派系傾軋，財政虧空，大量官缺無人遞補；關外尚有後金強敵，虎視眈眈，薩爾滸新敗，官軍元氣大傷；水旱災害連年不斷，許多州縣顆粒無收，而朝廷橫征暴斂，不斷加派，百姓飢寒交迫，紛紛鋌而走險；東南海盜猖獗，殖民者對我大明領土覬覦已久。可以說，大明王朝已經風雨飄搖，任何一場颶風都可以將它連根拔起。

然而眼下最棘手的問題是，長城沿線特別是關外抗擊後金的明軍，業已欠餉多日，縱然父皇加派「遼餉」，也沒能按時足額發到士兵手裡。

軍隊隨時可能譁變。

我必須改弦更張，把父皇做的孽全部修正。

就在父皇去世之後的十幾天，我以皇太子身分發布多道命令：發內帑銀——我的私房錢一百六十萬兩犒賞邊關將士，以穩定軍心；罷了萬曆後期向全國派出的礦監和稅監——最與民爭利、最令人憤恨的狗腿子；釋放那些因進言而得罪父皇的大臣，官復原職，恢復名譽；提拔一批有能力的官員，填補由於父皇不理朝政而空出的官缺，使國家機器得以正常運轉。

八月初一日，紫禁城舉行了登基大典。改元泰昌，大赦天下，蠲免各省災區田賦。接著，韓爌、史繼偕、沈潅、何宗彥、劉一燝、朱國祚等前朝重臣納入內閣，萬曆後期的名臣葉向高、鄒元標也被召回。一時間，朝廷呈現出群賢畢集的盛況。可就在這個孜孜求治的當口，我突然病倒了。

有人說我的病因就是喜好女色。八個選侍輪番伺候，讓我這個白天國務繁忙的中年天子，晚上繼續為縱欲而繁忙，不累倒才怪呢。不過，女色之外，還有一重病因——形同鬼魅一般的鄭貴妃。父皇彌留之際，曾留下遺言，要我封鄭貴妃為他的皇后。父皇駕崩次日，我原本打算傳諭內閣，按父皇的遺言辦。然而，禮部侍郎孫如游上書提醒我：「臣詳考歷朝典故，並無此例。」我仔細一想：父皇的原配王皇后和我的生母王恭妃早已去世，鄭貴妃一旦晉升皇后，那就將變為泰昌朝的皇太后。如果這成了現實，那我還拿什麼追封自己可憐的生母王恭妃呢？父命難違，但父親的遺言等於把我推進了火坑。我左右為難。孫如游的奏疏留中不發，但鄭貴妃晉升皇太后的上諭也被我扣了下來。

孫如游上書反對，教鄭貴妃做不成泰昌朝的皇太后。

我始終生活在鄭貴妃的陰影下，就連八個選侍也是她進獻的。除了沒給她皇太后身分，她得到的優待，一點都不比皇太后少。

本來，縱欲掏空了身體，吃點補藥，耐心靜養，是能恢復的。可御醫們或許都想立功，開的藥太猛。掌管御藥房的太監崔文昇進獻了一記瀉藥，說是讓我瀉火。可服下去之後跑肚拉稀，一天幾十趟，讓我本就單薄的身體徹底垮掉，連床都下不來了。

照這樣下去，我恐怕來日無多。在我生命的最後時刻，我想對我的兒子朱由校說幾句話：

由校，數數留給你的遺產，不算豐厚，但總比萬曆皇帝留給我的強些。剛剛搭建的內閣班子，全是賢臣，一定要重用，他們會忠心耿耿地輔佐你；迫在眉睫的危機，諸如軍隊譁變、反抗礦監稅監的民變已經被我暫時化解了，但百姓民不聊生、關外強敵壓境的局面猶存，只有靠你和大臣們通力合作，共度難關了；眼下，鄭貴妃成了太妃，對你肯定不再構成威脅了，倒是我寵幸的李選侍，獻媚的本事不弱，當心她成為第二個鄭貴妃。

兒子，我知道你貪玩，木匠活做得好。但是當了皇帝，希望你別把心思還放在玩耍上，尤其別跟太監們打成一片，要用功學習，勵精圖治。錦繡壯美的大明江山，可千萬不能砸在你的手裡啊！

卷十五　明熹宗（天啓）朱由校回憶錄

明熹宗朱由校簡歷

朱由校，生於萬曆三十三年（一六〇五年）十一月十四日，卒於天啓七年（一六二七年）八月二十二日。出生地為北京。朱常洛長子。因明光宗朱常洛即位不滿一月即突然去世，泰昌元年（一六二〇年）九月初六日，尚未立為儲君的朱由校被眾臣擁戴為皇帝。年號天啓。在位七年。死後廟號熹宗，謚號「達天禪道敦孝篤友章文襄武靖穆莊勤悊皇帝」，簡稱「悊皇帝」。葬於北京昌平德陵。

由於沒有經歷良好的皇家傳統教育，朱由校天生不具備當皇帝的起碼素質，反而在木匠活方面有所建樹，作品精緻小巧，惟妙惟肖。他寵信的宦官魏忠賢及乳母客氏相互勾結，聯絡部分朝臣組成閹黨，與朝中部分清流士大夫組成的「東林黨」進行激烈黨爭，迫害正直大臣，到處搜括民財，朝政混亂，吏治敗壞。與此同時，天災連年，國內階級矛盾異常尖銳，農民起義一觸即發。後金攻占關外大部分土地，形成對明朝的進攻態勢。明朝面臨前所未有的內憂外患。

一生最得意之事：木匠活趕超全國先進水平；最失意之事：江山飄搖，膝下無子。

皇后張氏，有名號的嬪妃五人。膝下曾有三子、二女，全部夭亡。

天啟六年（一六二六年）五月初六日，北京。

這本是一個天空湛藍、溫度適宜的日子。然而，剛剛用過早膳，只聽一聲巨響，乾清宮彷彿顫抖了一下。霎時間，紫禁城上空灰氣湧起，天崩地裂，一片黑暗。被這突如其來的災異嚇得魂不附體的我，匆忙躲進建極殿避難。只有八個月大、剛剛被立為儲君的皇三子，也因為這場災異而受驚夭折。後來大臣們奏報說，那是京城火藥庫所在的王恭廠發生了大爆炸，一萬多間房屋被震塌，近三千人被炸死或震死，甚至死者的衣服都飄到了西山之巔。爆炸原因無從查明。

無獨有偶，萬曆三十三年（一六〇五年）九月，北京發生了強烈地震，兵械廠爆炸，聲如雷霆，刀槍迸射，軍民死傷無數。兩個月之後，我來到了這個世界……

這是一個相信「天人感應」的時代。兩次神祕的爆炸，讓我費解不已。也許我本不該做這個皇帝，也許我本不該來到這個世界上……

沒有名分的皇儲

萬曆九年（一五八一年）初冬的一個午後，北京紫禁城。

萬曆皇帝做了一件讓他當時倍感快活，事後彆扭一輩子的事：私幸都人（即宮女，地位卑微，故名）。而我的父親朱常洛，就是這一次誤打誤撞的果實。可惜，宮女王氏受寵只是一次偶然，她很快就被冷落了。

天馬行空的皇爺爺根本沒把出身卑賤的父親當一回事，而是偏愛鄭貴妃所生的皇三子朱常洵。對於父親來說，三十八年的皇子生活，無論是沒名分的那段日子，還是有太子名分的那些年，都好比煉獄一般，整日擔驚受怕。雖說我的出世，給他帶來了些許希望，但在皇爺爺那裡，氣氛依舊沉悶。建文皇帝朱允炆、宣德皇帝朱瞻基那樣的好運氣從來沒有落到我的頭上，無論是「皇太孫」的名分，還是出閣讀書的許可，我一樣都得不到。更有甚者，連見上皇爺爺一面都難上加難。顯然，他不喜歡我，雖然我是長孫。

萬曆四十八年（一六二〇年）七月二十一日，一道詔書讓我的命運有了峰迴路轉的希望：「皇長孫宜及時冊立、進學。」然而從此以後，我再也見不到這位性情古怪的皇爺爺了，這道詔書也就成了他政治遺囑的一部分。

三十多年的壓抑，讓父皇成了一個「多餘的皇太子」。出閣讀書時，天寒地凍，太監居然不給尚為太子的父皇生火取暖，他凍得渾身發抖，也不敢吭氣。皇爺爺病危之際，父皇帶著我前去探望，守門太監攔著不讓進。父皇不敢跟他們爭執，就在皇爺爺的寢宮門口坐了一整天，從早到晚，等著會見。可以說，這是本年度最百無聊賴的閒日子。

無所事事之餘，身邊便充斥著美女，長期「惑於女色」。登上皇位之後，興奮不已的他，繼續著大明皇室的好色傳統，晝夜尋歡縱欲，把身體整垮了。一向醫術高明的內官崔文昇，向父親開具了以大黃為重要成分的「通利粉」，希望以此將體內毒素排泄出去。結果父親服用後大瀉不止，一晝夜三四十次，身體更加虛脫，臥床不起。京城裡遂流言四起，有人說崔文昇是鄭貴妃的心腹，他進瀉藥就是秉承鄭貴妃的意旨，要弄死父皇；有人說父皇縱欲過度，落得臥病在床的境地。一時間，彈劾的奏章鋪天蓋地。

精神近乎崩潰，但又急於治好疾病的父皇，聽首輔方從哲奏稱，鴻臚寺卿李可灼研製出一種仙丹「紅丸」，便不顧群臣的反對，下令趕緊進獻。當天下午服用了一粒，頓時不再氣喘，而且感覺全身上下「暖潤舒暢，思進飲膳」。晚上，父皇覺得藥力不足，令再進一丸。大臣們紛紛以為父皇病情好轉，便「歡躍而退」。沒想到，次日清晨，他們卻得到了一個驚人的消息：父皇駕崩了。

聽到這個消息，我頓時昏厥在地。所有大臣都把彈劾的矛頭對準了崔文昇和李可灼。朝廷陷入了混亂。這就是「紅丸案」

現在想來，「通利粉」的確加重了父皇的病情，但是以紅鉛和參茸為主要原料，號稱「婦人經水，陰中之陽，純火之精」的「紅丸」，不過是一種烈度較強的春藥而已。只服用兩粒，應該不會要命的，反而一度讓父皇回光返照。要是尋找父皇死因的話，還是要歸咎他個人生活的不檢點。因此，登基之後，我只是把崔、李二人降職發配了事。

父皇創造了兩個紀錄：大明王朝爭議了十五年的「難產」太子，大明王朝在位時間最短的皇帝，號稱「一月天子」。更為嚴重的是，在這三十天裡，他光忙著縱欲和治病，甚至還沒來得及給我確定皇太子的名分，還沒來得及讓我入閣讀書。於是，我成了大明朝第一位沒有名分的皇儲，成了大明朝第一位文盲皇帝。

父皇生前最寵愛兩位李姓嬪妃，當時沒有名號，只稱為「選侍」。為了區別開來，就按照她們

熹宗生母王才人，被西李選侍凌毆致死。

居住房間在宮裡的地理位置，分別稱為「東李」和「西李」。在兩個李選侍裡，西李最壞。父皇即位以前，西李就恃寵驕恣，屢次打罵我的母親王才人，「選侍凌毆聖母，因致崩逝」；母親死後，雖然由她來照料我，但我一直不願意和她同住。父皇登基以後，已經準備破格加封她為皇貴妃，可她仍不滿足。八月二十九日，父皇最後一次在乾清宮召見大臣。西李拉著我，突然氣勢洶洶地衝進宮殿，回頭跟我狠狠地耳語幾句，便把我用力推到前面。慌慌張張的我不知所措，只能快步走到父皇跟前，大聲說：「李娘娘要求封為皇后。」父皇「不應」，群臣「愕然」。西李沒有得逞，兩眼盯著父皇，全無夫妻之情，倒像仇人見面。最後，我挨了她一頓罵，灰溜溜地離開了宮殿。

父皇駕崩，讓西李的皇后夢徹底灰飛煙滅，就連皇貴妃的封號也沒撈到。雞飛蛋打的她，乾脆把我關在乾清宮的暖閣裡，不讓我出來為父皇守靈。兵科給事中楊漣帶領大臣們，由司禮監掌印太監王安領路，衝進宮中，從暖閣裡硬將我搶出。他們見到我的時候，立即叩頭，高呼「萬歲」，我嚇懵了，順嘴來了句「不敢當，不敢當」。現在想來，真是沒出息。

在乾清宮大門外，一邊是大臣們，一邊是西李手下的太監，我就像木偶一樣被他們搶來搶去，衣袍也被扯掉了一個角。大臣們人多勢眾，七手八腳掙脫了太監們的糾纏，把我抱到轎裡，一路抬

多虧楊漣率諸臣相救，朱由校始能正位東宮，繼登大寶。

到慈慶宮，在這裡度過了四個難熬的夜晚。當然，也正是從這天起，我擺脫了西李的糾纏和挾制。一個沒有太子名分的皇子，能在太子專用的慈慶宮居住，就算是正位東宮了吧。

西李沒有了奇貨可居的資本，剩下的，只有潑婦般的無賴行徑——霸占乾清宮，阻止我舉行登基大典。楊漣、左光斗等大臣繼續據理力爭，讓我從最初的猶豫不決、反覆無常，逐漸找到了心裡有底的感覺，說話也開始硬氣起來。在我的嚴令之下，在百官的責罵之下，在萬民的眾目睽睽之下，讓我無比厭惡的西李帶著怨氣和怒氣，終於搬離乾清宮，移駕噦鸞宮——嬪妃養老專用場所。本朝三大案之一的「移宮案」，才算告一段落。

回顧縱貫萬曆、泰昌、天啟三代的本朝三大案，都是以父皇作為核心人物。儘管都是皇帝家事，但影響很大。朝臣們糾纏於此，導致國家大事沒人操心，辦事效率大打折扣；朝臣們在案情發展過程中分裂為若干派別，互相攻訐，搞得我頭昏腦脹。

舉行登基大典那天，天氣晴好。可我心不在焉。因為有兩個人，我一直惦念不忘……

三個人的天下

我是一個過早失去母愛的孩子。幼年的戀母情結，讓我把更多的眷戀都留給了乳母客氏。從我學會下地走路開始，她就天天帶我到處遊玩，讓我的童年不至於像父皇那樣苦悶。她點子多，常常把我哄得團團轉。當然，我也知道這個姿色出眾、身材婀娜的農家少婦粗通文墨，性情放蕩，好似西李。入宮兩年後，也就是她二十歲那年，丈夫侯二死了。這個水性楊花的寡婦再也不用顧忌什麼了，乾脆跟太監頭子王安身邊最寵信的魏朝一直保持著說不清的鬼混關係。不過，也許她身上真有什麼奇怪的魔力，能讓我不僅從不厭惡，而且言聽計從。身為乳母，不僅在紫禁城有獨立居住的寢宮，而且還有權乘轎出入，她幾乎成了真正意義的後宮主宰。

在我的記憶中，魏忠賢是個臉皮厚實、巧舌如簧的太監。這廝早年吃喝嫖賭，欠債挨打，一氣之下，揮刀自宮，撇下妻兒，當了太監。這廝目不識丁，好逸惡勞，但慣於阿諛逢迎，大膽行賄，辦事從不按套路出牌，很得魏朝的賞識。二魏遂成結拜兄弟。通過魏朝，魏忠賢結識了客氏，竟一拍即合，如膠似漆。在我的記憶裡，魏忠賢也是個騎射技藝高超絕倫，琴棋蹴鞠樣樣精通，對玩頗有研究的人才。除了捉迷藏、逮蟋蟀、鬥公雞、騎馬圍獵等傳統的玩法，他還教我玩水木偶遊戲，並和我一起登臺表演唱戲。在我的記憶裡，他總能給我帶來歡樂，帶來愉悅，讓我儘快擺脫國事之煩惱，案牘之勞形。因此，我不僅贊成他和客氏約會，而且對他信任有加。就連魏忠賢的這個名字，也是拜我所賜。他的原名叫魏進忠。

魏忠賢的權勢越來越大，當然會招致很多人的嫉妒。

被扣上綠帽子的魏朝，每當看到魏忠賢和客氏在一起卿卿我我，就憤懣不已。一天夜裡，他喝多了，回到乾清宮西暖閣，又看到魏忠賢、客氏二人在調情，不由得破口大罵魏忠賢無恥，魏忠賢不甘示弱，指著魏朝的鼻子，讓他回去對著鏡子照照，看看自己算老幾。兩人互不服氣，便大打出手，不僅驚動了王安，更驚醒了熟睡中的我。走出宮門，只見魏朝緊緊地拉著客氏的左手，魏忠賢緊緊地拉著客氏的右手，都跪倒在地，口稱「奴才有罪」。我明白了，這不過是兩個宦官爭奪一個女人。我把選擇權交給了客氏。結果當然是魏忠賢獲勝。王安見自己的手下出了醜，便給了魏朝一巴掌。從此，魏朝不僅失去了「老婆」，而且丟掉了官職。後來，魏朝聽說朝廷要將他發配到鳳陽，便逃到薊縣的一所破廟裡避難。沒過多久，他就莫名其妙地死了。有人說，是客氏和魏忠賢派人把他抓到獻縣活活勒死了。這年頭，情人不可靠，兄弟也不可靠……

早在萬曆時代，王安就是大太監馮保身邊的小太監，飽讀詩書，性格正直，如今成了太監頭子的他，對魏忠賢的跋扈也很不滿，於是提交了辭職報告，而後稱病不出。我不想批准，可又拿這個忠心耿耿的老太監沒法子。這時，陸續收到一些大臣彈劾王安的奏章，其中說他不僅貪戀權勢，而且假借病假，到處遊玩。在客氏和魏忠賢的鼓動下，我把王安降了職，趕出了皇宮。不久，王安不明不白地死了。我相信這是魏忠賢幹的，但對於這個消息，忙於做木匠活的我，沒有表情，沒有說話。

早年，曾有一批讀書人聚集在東林書院議論國事，譏諷當朝，結成東林黨，標榜清流。楊漣、左光斗等在「移宮案」中助我順利登基的大臣，就來自這個集團。一開始，我的確想革新弊政，振興明朝，就提拔葉向高入閣為首輔大學士、鄒元標為刑部右侍郎。一時間，大批東林黨人隨之進入六部，出現了「眾正盈朝」的政治局面。我還起用名將熊廷弼鎮守遼東，防禦咄咄逼人的後金，暫時遏制了因遼陽、瀋陽陷落而造成的明軍全線潰退的軍事局面。

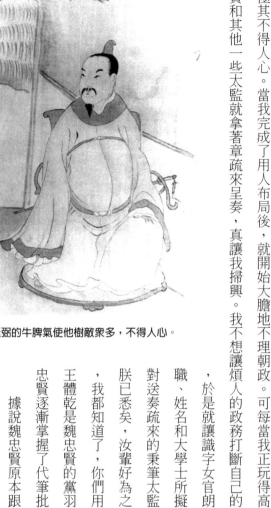

不過，東林黨人執政並沒有逆轉大明王朝江河日下的趨勢，熊廷弼的牛脾氣讓他在實權邊將裡極其不得人心。當我完成了用人布局後，就開始大膽地不理朝政。可每當我正玩得高興之時，魏忠賢和其他一些太監就拿著章疏來呈奏，真讓我掃興。我不想讓煩人的政務打斷自己的遊戲「工作」，於是就讓識字女官朗誦奏疏上的官職、姓名和大學士所擬的批語，然後對送奏疏來的秉筆太監王體乾說：「朕已悉矣，汝輩好為之！」意思就是，我都知道了，你們用心去處理吧。王體乾是魏忠賢的黨羽，就這樣，魏忠賢逐漸掌握了代筆批紅的大權。

熊廷弼的牛脾氣使他樹敵眾多，不得人心。

據說魏忠賢原本跟東林黨人沒什麼過節，甚至很敬重身為東林黨人的都御史趙南星。可沒過幾年，葉向高下臺了，楊漣、左光斗先後慘死在魏忠賢提領的東廠大牢裡，在朝廷做官的東林黨人幾乎被掃蕩一遍。理由很簡單，魏忠賢說有確鑿證據證明他們結黨營私，大逆不道。事實上，左光斗、楊漣先後彈劾魏忠賢及其同黨多條罪狀，可我並不相信。

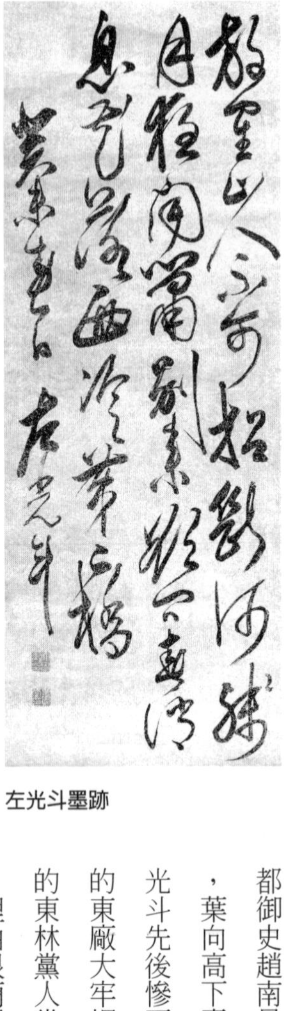
左光斗墨跡

魏忠賢呈上了一份東林黨等反對派官員的名單，囊括百餘人，稱為「邪黨」。這份名單又被稱為《東林點將錄》。給事中阮大鋮別出心裁地按照《水滸傳》裡一百單八將的名號編排東林黨人。諸如天罡星三十六人，有托塔天王李三才、及時雨葉向高、浪子錢謙益、聖手書生文震孟、白面郎君鄭鄤、霹靂火惠世揚、鼓上蚤汪文言、大刀楊漣、智多星繆昌期等；地煞星七十二人，有青面獸左光斗、金眼彪魏大中、旱地忽律游士任等。

伴隨著東林黨的倒臺，魏忠賢的地位與日俱增，朝廷中形成了新的派別——「閹黨」，包括傳說中由他豢養的那些徒子徒孫，比如「五虎」、「五彪」、「十狗」、「十孩兒」、「四十孫」等，分別是指替他出點子的五位文官、替他收拾異己的五位武官、替他充當門下走狗的十位官員、認他為乾爹的十位官員、認他為乾爺爺的四十個官員之子。聽說在這些小人的攛掇下，全國各地給魏忠賢建了一大批生祠，還給魏忠賢進了不少尊號，諸如「殿爺」、「九千歲」、「祖爺」，就連我的聖旨裡也不再對魏公公直呼其名，而是稱他「心膂重臣」。太監生前享受如此榮耀，曠古罕見。魏忠賢已經成為朝堂之上的實際主宰。

魏忠賢迫害異己，在官場上這麼做不足為奇；魏忠賢並不是壞人，在某些涉及帝國利益的問題上，他還是很講原則的。關外寧遠守將袁崇煥特地給他修建了生祠以圖巴結。然而，袁崇煥為了確保寧遠不失，在皇太極猛攻錦州的危難關頭，沒有出兵救援，致使錦州腹背受敵，守將趙率教孤軍奮戰。在這危難關頭，袁崇煥的部將滿桂公然違抗袁的命令，主動出擊，冒死救援錦州，打贏了寧錦之戰。魏忠賢一碗水端平，向我奏明升賞滿桂、趙率教，懲處了袁崇煥。此外，熊廷弼、孫承宗、趙南星之所以能得到我的起用，和魏忠賢的美言有很大關係。事實證明，他們的確剛正不阿，在保衛遼東和匡正朝政方面都有建樹。

大明帝國，一個擁有億萬人口的泱泱大國，如今卻成了三個人的天下。客氏主內，魏公公主外，那我呢？

我本是木匠，奈何當皇上

對於治理這個天下大國，我心裡沒有底。這還得怪父皇死得太快，還得怪祖父做人太無情，沒有對我悉心培養，沒有讓我及時接受系統化的皇家教育。於是，我養成了一個習慣：坐不住。根本沒有耐心去靜靜地讀書，沒有恆心去「祖法堯舜，憲章文武」。或許，大明歷代皇帝裡，就數我的文化程度最低。

由於沒有文化，我只能根據大臣們事先擬好的稿子來發號施令。然而，我還不想讓自己成為那些東林黨人的木偶，聽任他們擺布，乾脆不懂裝懂，信馬由韁地把他們草擬的詔書改來改去。詔書頒發全國後產生的效果當然也就帶有了震撼性和戲劇感。

一年，扶餘、暹羅、琉球三國遣使入朝，受到了我的隆重接待。在金殿之上，使臣呈遞了一份漢文奏章，魏忠賢接過來直接呈給了我。我翻過來倒過去看了半天，奏章上愣是有三分之二的漢字不認識，便悄悄地給魏忠賢使眼色，卻見他也面有難色。我只好強作鎮靜，自作主張，認定這是一份外交交涉文書。隨即，我大發雷霆，把奏章摔在地上，厲聲說道：「外邦小國好無道理！」說罷拂袖而去。據說當時滿朝文武譁然，禮部尚書目瞪口呆。後來我才得知，三個國家是來進貢的，帶來的都是厚禮：扶餘進貢的是紫金芙蓉冠、翡翠金絲裙，暹羅進貢的是五色水晶圍屏、三眼鎏金鳥槍，琉球進貢的是溫玉椅、海馬、多羅木醒酒松。那份奏疏就是禮單。明白這一切後，我頓足捶胸，悔恨不已。

雖說識字不多，可我也並非草包。

即使是我最親近的內臣，諸如魏忠賢、客氏，偶有「違忤」，我也會怒斥咒罵，毫不留情；即使是我最信任的官員，諸如崔呈秀，在奏疏中用詞僭越，我也會「親用硃筆」圈出。

客氏經常在我跟前數落張皇后之父的不是。平時糊塗的我此時至少明白：如果岳父成了犯人，我就成了犯人的女婿，勢必貽笑千古。於是，張皇后父女安然無恙。

皇妹選婚之際，禮部尚書林堯俞奏請將父皇選侍傅氏先行冊封，選侍李氏待另一皇妹年長選婚時再行冊封。我想了想，覺得封賞之事搞兩次，有點勞民傷財，便反問他：「一時封罷了，何故另作一起？」

小事不糊塗，事關大是大非的問題，我有時也能做出一些決斷。

遼東前線，廣寧巡撫王化貞的一次貿然出擊，導致熊廷弼的戰守計畫全盤落空。事後，在魏忠賢部署下展開的調查，認為熊廷弼玩忽職守，納銀行賄，且撰寫《遼東傳》為自己開脫。我勃然大怒。熊廷弼就這樣掉了腦袋。代之鎮守遼東的孫承宗，曾是我的老師。他手握十幾萬大軍，苦心經營寧遠防線，作為山海關外抵禦後金大軍的最後堡壘。然而，當東林黨人屢屢入獄的時候，他卻打算向我面陳是非，替這些人求情。這反而讓我有點懷疑他是否對朝廷三心二意。

一直致力於抗擊後金的孫承宗

孫承宗在閹黨大臣連篇累牘的攻訐下辭職而去，新任遼東經略高第主張撤軍到山海關內固守。只有袁崇煥等少數將領不願撤離，頃刻間固若金湯的寧遠成了一座孤城。

天啟六年（一六二六年）正月，後金可汗努爾哈赤親率大軍進犯寧遠。接到奏報，我日夜焦慮，寢食不安。大臣王永光題奏，建議將寧遠城內的紅衣大砲撤到山海關。其意在於放棄寧遠，堅守山海。看罷，我深感此舉斷不可行：「此砲如撤，人心必搖。」

儘管沒有派出一兵一卒去支援，但我也沒有干預袁崇煥的用兵，客觀上給他營造了施展才能的寬鬆環境。官居寧前兵備道的袁崇煥憑藉堅固城牆的防禦和紅衣大砲的猛轟，僅以不足兩萬人的兵力，擋住了努爾哈赤十餘萬大軍不分晝夜的輪番圍攻。努爾哈赤帶著幾十年來首次慘敗的悔恨怏怏而去，明朝卻獲得了與後金交兵近十年來的首次大捷。

努爾哈赤班師不久就病死了。據說他在攻城過程中被砲彈擊中負傷，戰後在溫泉療養時引發傷口炎症惡化，不治身亡。這進一步堅定了我留用袁崇煥的決心。

次年五月，後金再次進犯寧遠、錦州。只不過這次領兵打來的，換成了努爾哈赤的兒子、新近稱汗的皇太極。聞訊之後，身體欠安的我更加「憤激深慮」。不過，我繼續上回的做法，不介入，不搗亂。業已因功升任遼東巡撫的袁崇煥力排眾議，堅守二十五天，挫敗了皇太極的圍攻，取得了大明對後金作戰的第二場勝利。

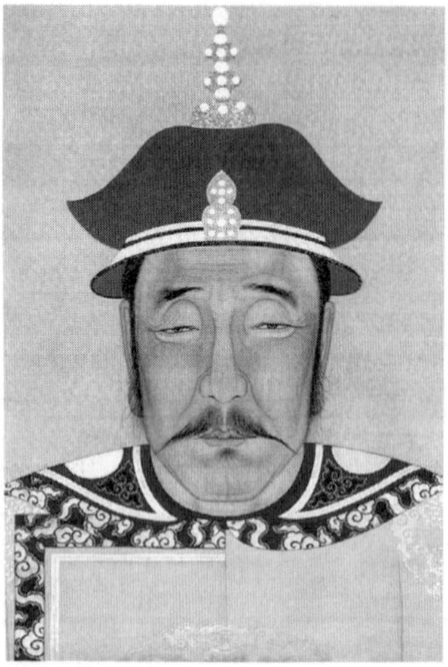

努爾哈赤在寧遠遭到用兵四十多年來最嚴重的慘敗，自己也身受重傷，不久病死。

然而，不得不承認，我不是一個天生的政客，卻是一個天生的勞模，整天跟斧子、鋸子、鉋子打交道。我的木匠活，不算全國一流，至少也是京城一絕。幹活時，我十分賣力，每次都要脫掉外衣，有時還光著膀子，幹到滿頭大汗，還不肯收工歇著。我幹活從來不分日夜，在營造我得意的作品時，我還會廢寢忘食，不覺寒暑。我的作品，大到蹴球館、民居，小到漆器、硯床、梳匣等精巧器具，色彩妙麗，做工考究，每個工程都是精品，每個物件都很別致。工匠們造的床，樣式普通，用料還多，大而笨重，十幾個人才能抬得動。我親自設計圖樣、鋸木釘板、歷時一年造出的床，床板可以折疊，便於搬運，床架上還雕刻各種花紋，美觀大方，為工匠們歎服。不過，有個怪癖一直困擾著我：每製成一件作品後，我先是欣喜，而後又不滿意，棄之，再做，常常經年累月，卻毫不厭倦。

其實，我從來沒把木匠活看作謀生手段，而僅僅是遊戲而已。一次，我想看看自己的作品在市面上能值幾個錢，就把得意之作「護燈小屏」八幅和雕刻的《寒雀爭梅圖》，讓小太監出去賣，但又怕賣得太便宜，丟人現眼，於是就叮囑他，御製之物，價須一萬。次日，小太監如數把錢呈上，讓我大喜過望。後來就有詩云：「御製十燈屏，司農不患貧。沉香刻寒雀，論價十萬緡。」此外，我對玉石的雕琢也頗有心得。那些璞玉經我雕刻，紛紛變成精美的印章，成為頒賜大臣、太監的贈品。

隆冬時節，西苑湖面封凍，適合滑冰。我就設計了一個小拖床，床面小巧玲瓏，僅容一人，塗上紅漆，上有頂篷，周圍用紅綢為欄，前後都有掛繩的小鉤。這就是我在冰上的坐駕。我坐在上面，一些太監在床前用繩牽引，一些太監在床後費力推行。兩面用力，拖床行進速度極快，瞬間就可往返數里。

做玩具只是雕蟲小技，對建築的研究才是我在木工領域的傑出成就。我曾經在庭院中造了一座小宮殿，形制仿乾清宮，高不過三四尺，卻曲折微妙，巧奪天工。我曾經做過沉香假山、亭臺樓閣，雕琢細緻，堪稱一絕。我喜歡踢球，但跟太監們踢來踢去，覺得不過癮，便親手設計建造了五座蹴園堂。

我在木工領域的專業不僅體現在模型製作和親自操練上，對於大型土木工程的視察和監理，我也有心得。天啟五年至七年（一六二五～一六二七年），朝廷對部分重要宮殿進行重建和加固。從起柱、上梁到插劍懸牌，我都親臨現場督工。

在某些房屋建成後，我常常興奮得手舞足蹈，反覆欣賞，等高興勁過後，又立即毀掉，重新設計建造，把那股子怪癖發揮到了極致。

我是一個自學成才的優秀木匠，錘鑿、油漆、雕刻，樣樣都是拿手好戲。如果不當皇帝，我一定會成為當代魯班。然而，每當我做起木匠活，就會忘記皇帝的職責。國家內憂外患，需要中興之主橫空出世，而我卻知難而退，選擇了逃避。木匠活越來越好，國家卻越來越糟。

朝廷上，再也聽不到正直的聲音，再也看不到諍臣的身影，取而代之的，是歌舞升平和阿諛逢迎。後宮裡，自從三個兒子夭折之後，我再也聽不到嬰兒清脆的哭聲；自從我迷戀上木匠活後，後宮裡便很難見到我和張皇后卿卿我我的身影，取而代之的，是近乎死一般的寂靜和冷清。

平心而論，我本該當個好木匠，為何落得皇帝身？

與此同時，大明王朝也陷入病態。貌似強大，實則面無血色，虛弱乏力；貌似穩定，實則狼煙四起，險象環生。

明熹宗朝服像：從兩側及後方琳琅滿目的擺設布置，可見朱由校喜歡玩巧思、搞創意，當皇帝是入錯了行。

出來混，遲早是要還的

出來混，遲早是要還的。

縱然有天大的本事，一旦選錯了行當，站錯了隊，便再也沒有回天之術。作為優秀的木匠，卻糊裡糊塗地成了皇帝。這不光是我個人的不幸。

天啟七年（一六二七年）三月的一天，由於知縣催逼糧餉，無法忍受層層盤剝和「遼餉」加派的百姓，憤怒地衝入陝西澄城縣城，殺死知縣張斗耀。不管怎麼說，殺害朝廷命官都是十惡不赦的重罪。驚魂甫定，我趕忙下令捉拿首惡，安撫良民，總算是從陝西巡撫張維樞的奏報中獲悉「亂黨漸擒」。然而，回想起此前幾年山東白蓮教造反，川黔地區奢崇明、安邦彥的造反，山東徐鴻儒的起事，我不由得膽戰心驚。大明王朝的江山，似乎有些天旋地轉的感覺了。

五月，寧錦之戰爆發，大明軍隊捷報頻傳，揚眉吐氣。紫禁城舉行了盛大的慶功活動。由於東廠抓獲了一名後金軍奸細，加之有宦官在前線監軍，大臣們紛紛便把寧遠、錦州的勝利全部歸功於魏忠賢。魏氏一門和閹黨官員由是紛紛加官晉爵，人數多達五千九百五十七人。而真正的功臣袁崇煥，卻僅位列功臣第八十六名，加官一級，賞銀三十兩。

七月初一日，也就是在皇太極大軍尚未返抵瀋陽之際，我收到了袁崇煥的《乞休書》，以病為由，請辭歸里。我不假思索地批准了，而且再次在硃批中強調「近日寧錦危急，賴廠臣調度，以奏奇功」，將「袁崇煥暮氣難鼓，物議滋至」作為批准其辭職的真正理由。

我深知，這是混淆黑白的做法。什麼「調度」、「籌邊」，都是瞎扯。袁崇煥的首功誰也不能抹殺。然而，袁崇煥的脾氣我無法容忍。早在天啟六年（一六二六年）寧遠大捷之後不久，袁崇煥就在奏疏中聲稱：「凡勇猛圖敵，敵必讎；振刷立功，眾必忌。況任勞之必任怨，蒙罪始可有功。怨不深，勞不厚；罪不大，功不成。謗書盈篋，毀言日至，從來如此。惟皇上與廷臣始終之。」他是在懷疑我聽信讒言，他是在懷疑我嫉賢妒能。他越是這樣抱怨，我對他的印象越糟。作為皇帝，我看重的，首先並不是能力，而是服從。袁崇煥似乎不太聽話。讓他從我眼前消失，是遲早的事。

更重要的是，袁崇煥一邊跟後金打仗，一邊暗中媾和。就算其中有緩兵之計的考慮，那也是對我大明威名的損害。畢竟，後金只是偏居關外的偽政權，大明才是全國性的統一王朝，怎能平起平坐地去談判媾和呢？袁崇煥上這樣的奏章，不就是對這種媾和戰略心裡沒底的表現嗎？

或許是寧錦大捷重創了皇太極的實力，或許是袁崇煥的媾和策略起了點作用。總之，關外暫時平靜了。然而，遼東前線的回光返照，並沒有扭轉帝國邊疆危機日益深重的局面，也無法解決帝國財政境遇日趨惡化的問題。不僅百姓落到了啃草根樹皮的地步，而且連士兵都發不出軍餉，只能靠裁員來維持國家機器的勉強運轉。賦稅名目縱然繁多，但開支更加浩大。大明王朝就像一艘航行在狂風惡浪裡的破船，隨時都可能傾覆，而我這名舵手，卻還把它當作一艘豪華遊艇，繼續我行我素。

跟前幾代皇帝不同，我不再迷戀西苑的湖光山色，而是重新搬回乾清宮居住。就在這座寢宮月臺前丹陛之下，我開闢了一條石砌的東西通道，俗稱「老虎洞」。洞為拱形，高約六尺，寬三尺有餘，兩側有門，是專門為太監們通行往來的小徑。我發揮聰明才智，發掘了它的另一用途——藏身。於是，「老虎洞」就成了我和太監們捉迷藏的好去處，捉迷藏也就成了我在做木匠活之餘的重要娛樂項目。當然，時間都花在玩耍上，自然沒空處理朝政嘍。

我行我素的結果，或許注定是要倒楣的。天啟五年（一六二五年）五月十八日，在西苑駕舟取樂的我，被一陣狂風刮倒落水，雖被救起，但落下了病根，調養了兩年，卻無成效。魏公公推薦了一名大臣所進獻的仙藥，服用一個多月後，竟渾身大汗淋漓，到處浮腫，臥床不起。

更加背運的是，膝下三個兒子全部早夭，等到我病體日漸沉重之際，竟然絕嗣，無法「父死子繼」。天啟七年（一六二七年）八月十一日，深感來日無多的我把信王朱由檢找來。端詳著清瘦的五弟，我落淚了。我辜負了父皇的期望，只願信王能成堯舜；魏忠賢對我忠貞不貳，但他殺人太多，只願在我身後他能善終。信王驚懼惶恐，失聲痛哭。

過了一會兒，乾清宮恢復了平靜。閉上雙目，輾轉反側：我本是木匠，奈何生於帝王家；我本是木匠，奈何讓我當皇上……

卷十六　明思宗（崇禎）朱由檢回憶錄

明思宗朱由檢簡歷

朱由檢，生於萬曆三十八年（一六一〇年）十二月二十四日，卒於崇禎十七年（一六四四年）三月十九日。出生地為北京。朱常洛第五子。天啓二年（一六二二年）九月二十二日受封信王。明熹宗朱由校去世前，因自己無子嗣，安排同父異母弟朱由檢繼承皇位。天啓七年（一六二七年）八月二十四日登基。年號崇禎。在位十七年。作為明朝的亡國之君，朱由檢的廟號和謚號幾經追尊，比較混亂。最初，南明弘光朝追尊為「思宗烈皇帝」，因「思」非美謚，旋即改廟號為毅宗，謚號「烈皇帝」。不久，進入北京的清廷將其追謚為「欽天守道敏毅敦儉弘文襄武體仁致孝莊烈愍皇帝」，簡稱「莊烈愍皇帝」，陵寢名號為「思陵」。清代史書多簡稱明愍帝，而後世多以明思宗稱之。此外，後人還追尊了一些別的廟號和謚號，但使用範圍有限，旋即停用。

相比於十六世紀後期以來的幾位皇帝，朱由檢無疑是最勤政的君主。他上臺後削除魏忠賢和客氏，起用東林黨人改組內閣，名將袁崇煥出鎮寧錦，大有挽狂瀾於既倒的勢頭。然而，明朝積弊日久，求治心切當然可以理解，但欲速則不達。他固有的猜忌心理，使其誤殺袁崇煥，自毀長城，失去了「五年復遼」的最後希望；他固有的焦躁心態，使其不斷地更換閣臣，臨陣斬將，屢失鎮壓農民軍的戰機。魏忠賢雖除，但宦官權力反而加大，甚至派往地方出鎮、監軍，閹黨並未根除，與東林黨的鬥爭仍在持續。統治集團內耗不斷升級。加之戰爭連綿不絕，「三餉加派」有增無減，中原地區餓殍遍野，民眾生活在水深火熱中。儘管多次下罪己詔，仍無法阻擋農民起義的洪流，無法根除迫在眉睫的內憂外患。崇禎十七年，李自成率農民軍攻占北京。朱由檢在萬歲山（景山）上吊自殺。大明王朝滅亡。

一生最得意之事：幹掉魏忠賢；最失意之事：丟掉江山，淪為亡國之君。

皇后周氏，嬪妃數人。膝下育有七子、六女（其中被砍斷左臂者為長平公主）。長子朱慈烺為法定皇儲。

天啟七年（一六二七年）八月十一日，北京，紫禁城。

人生的前十六年，我是在這裡度過的。可它還是令我感到陰森恐怖。本已遷到宮外信王府，過起與世無爭的避禍生活，卻在這一日突然受命進宮。我的心裡有種莫名的恐懼。

這是一次單獨的召見。

許久沒有見到皇上了。他是我的兄長，同父異母，一起長大，情同手足。如今在病榻之上，他臉龐消瘦，眼眶發青，嘴唇乾裂，雙手顫抖，怕是病入膏肓。

請安之後，他把我拉到身邊，吃力地說：「吾弟當為堯舜！」這話猶如青天霹靂，驚得我不知所措，唯一的條件反射便是趕緊跪倒，嘴裡不住地嘟囔著：「臣死罪，陛下為此言，臣應萬死！」

皇兄的昏庸天下皆知，但在他的庇護下，我過得很安全。因此，我不希望他駕崩，更不希望他把我推上政治的前臺。因為朝廷的水太深了。

皇上不容我推辭，勉慰再三，希望我不僅要「善視中宮」，而且建議「魏忠賢可任也」。尊奉皇后理所應當，但重用權閹似不靠譜。

在惶恐與疑惑中，我匆匆告退。

次日，據說皇上召見內閣首輔黃立極等大臣，特別提到：「昨召見信王，朕心甚悅，體覺稍安。」我的皇儲地位已經確信無疑。

二十二日，皇上駕崩。次日，魏忠賢迫於各方壓力，宣讀張皇后懿旨：「召信王入繼大統！」

入宮守靈的那一夜，我秉燭獨坐，膽戰心驚。身藏岳父家做的乾糧、麥餅、炒米，不吃宮中一粒米，不喝宮中一滴水；對於提劍近前的宦官，我都要仔細端詳，以防萬一；愛妻周氏在王府裡更是徹夜未眠，禱告上蒼，保佑我免於不測。

一生中最難熬的一夜過去了。

八月二十四日，皇極殿。

這是紫禁城的主殿，根據祖制，幾乎所有的盛大典禮都要在此舉行。三十年前遇火焚毀，四天前剛剛修復。就在這裡，我拉開了挽狂瀾於既倒的崇禎時代。

受命危難

張居正死後，大明王朝便開始險象環生。祖父萬曆帝二十多年不理朝政，釀成中樞癱瘓、財政枯竭、邊防廢弛的混亂局面；父皇泰昌帝耽於女色，在位一月而亡，喪失了刷新朝政的歷史契機；皇兄天啟帝熱中木工，處理朝政卻形同文盲，太監魏忠賢上下其手，與皇兄的乳母客氏沆瀣一氣，專權跋扈，殘害忠臣。皇兄的三個兒子和幾位寵妃，就亡於魏忠賢和客氏的毒手。連作為六宮之主的張皇后和作為皇弟的我，也險被他們暗算。

最近，城裡流傳著一句童謠：「八千女鬼鬧北京。」我思前想後，終於悟出：「八」、「千」、「女」、「鬼」四個字組合起來，正是「魏」字。魏忠賢謀反，大概是遲早的了。

我是不幸的。孩提時代，生母賢妃劉氏早逝。前一個養母西李選侍薄情相待，後一個養母東李

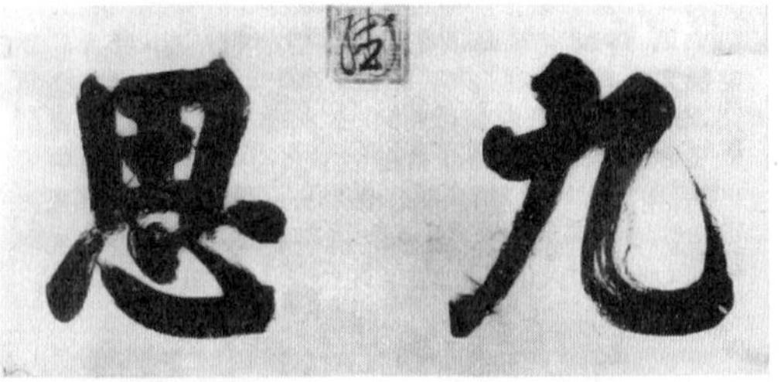

崇禎皇帝手書《九思》卷

選侍雖然對我慈愛有加，卻也在後宮鬥爭中長期陰鬱，憂憤成疾，不治而死。三重打擊讓我的幼小心靈飽受創傷。這些成為我個性中孤僻、剛愎、多疑特徵的重要成因。

我是幸運的。正是童年的磨難，塑造了我工於心計的性格。魏忠賢容不得我，我就「深自韜晦，常稱病不朝」，避免跟他正面衝撞。甚至在朝廷裡流傳著信王爺的「六不」特點，即「衣冠不整，不見內侍，坐不倚側，目不旁視，不疾首，不苟笑」。由於我的謹慎小心，終於熬過了閹黨白色恐怖最甚的幾年，熬到了信王府上上下下渴望已久的一天。

這一天，病入膏肓的皇兄終於發覺自己子嗣全無，不得不將我宣入皇宮，託付大統。這或許是他二十三年的人生歷程中做過的屈指可數的善事之一。

就在皇兄病危之時，魏忠賢蠢蠢欲動。顯然，我並非他能夠掌控的傀儡。據說，他打算抱養一個朱姓嬰兒，詭稱皇兄幼子，推為傀儡皇帝。然而，由於張皇后和內閣輔臣的抵制，加之他在關鍵時刻表現出的膽怯和猶豫，其祕不發喪和「狸貓換太子」的陰謀沒有得逞。

國喪結束後的一天，散朝回宮，我突然接到一份禮單。送禮者正是魏忠賢和客氏。禮品非常貴重——四名絕色美女。自我大明開國以來，精於國務的皇帝沒幾個，精於玩弄女人的皇帝多得很。他們似乎也把我當成了那些好色前輩的同類，其迷惑聖聽的險惡用心昭然若揭。

滿朝文武皆知，魏忠賢號稱「九千歲」，客氏號稱「老祖太太千歲」。他倆加起來就是「萬歲」。他們的黨羽遍及朝野，他們的勢力內外呼應，他們的獻媚我不敢不接，他們的討好又讓我懷疑。四名美女進宮後，我下令對其搜身，發現他們裙帶頂端都佩有一粒香丸，據說這叫「迷魂香」，男子一接觸便會產生「迷魂」效應，淫慾頓起。大概父皇和皇兄好這口兒，而我偏偏對女色不感興趣。「迷魂香」被立即毀棄。

沒有鑽進魏忠賢設下的套兒，確實萬幸；然而，權閹在側，好比劍懸頭頂，芒刺在背。幾年來，朝政日非的癥結就在於魏閹秉政，要振興大明，必先除掉他。但閹黨勢大，我不能造次，而要學會韜光養晦，學會保護自己，學會捕捉戰機。即位的最初幾天，我若無其事地忙於冊封后妃和籌辦先帝喪事，一切都按部就班，毫無異常跡象。

九月初一日，魏忠賢提出辭去東廠總督太監的職務。顯然，他是在試探我。他的辭呈被我否決了。兩天後，客氏請求遷出皇宮，搬回私宅。皇兄已故，作為乳母，她的任務已經完成，留在宮中已無任何理由。我當即批准，不露聲色地將她與魏忠賢分開了。

大概是這一招震懾了魏忠賢的黨羽，司禮監掌印太監王體乾也奏請辭職。我深知目不識丁的魏忠賢所發布的所有命令，均經他手變成內閣票擬的硃筆批語。為了穩住魏忠賢，我否決了王體乾的辭呈。

或許是一些大臣嗅出了朝廷政治風向的微妙變化，不斷有彈劾閹黨官員的奏章送到御前。這些閹黨大臣生怕東窗事發，均奏請辭職，我卻統統挽留，且好言勸慰。我心裡暗自得意：老謀深算的魏忠賢，如今也被我的反常舉動弄得稀里糊塗了。

此時，閹黨官員或以攻為守，搬弄是非，彈劾東林士人，或丟卒保車，美化魏忠賢，彈劾作為閹黨骨幹的兵部尚書崔呈秀。

十月二十日，崔呈秀被罷官。

崔呈秀曾手握實權，他的下野在朝臣中引發了政治地震。或許是朝臣們覺得這是一個信號——新皇帝不僅不信任閹黨，而且敢於在太歲頭上動土，其後的幾天，我收到了更多的彈劾閹黨的奏疏，其中甚至還有彈劾魏忠賢的內容。然而，這些奏疏沒有寫到點子上，要麼證據不足，要麼沒有擊中要害，拿著這樣的奏疏，怎能對付得了老謀深算的魏忠賢呢？於是，我一直不予表態。這樣的狀態一直持續到十月二十六日。

這一天，海鹽縣貢生錢嘉徵上疏揭發魏忠賢十大罪狀：「一並帝，二蔑后，三弄兵，四無二祖列宗，五剋削藩封，六無聖，七濫爵，八掩邊功，九朘民，十通關節。」特別是前三條，即跟皇帝在稱謂上平起平坐，輕蔑皇后，操弄兵權，無論哪條都夠死罪，甚至滅門。更令我拍案叫絕的是，錢貢生的文章行雲流水，論述鞭辟入裡，讀起來朗朗上口。這才是我期待已久的戰書，這才是我渴望多日的諍言！當我讓內侍把這份奏章念給魏忠賢的時候，只見他額頭青筋亂蹦，臉上不住地淌汗。顯然，這個貢生的每一句話，都直刺他心底。他已經崩潰了。

次日，魏忠賢「引疾辭爵」。我明白，這不過是他的政治姿態，他相信我會一如既往地挽留他。可我卻出其意料地接受了他的辭呈。十一月初一日，我發布聖旨，勒令魏忠賢即日起程，到鳳陽給祖陵燒香把門。魏忠賢擺出「九千歲」的架勢，率領數千隨從、幾十車金銀財寶呼嘯而去。同時，有人告發我的親信太監徐應元曾接受魏忠賢重金行賄，正在為這個權閹疏通關節。這兩則消息讓我頗為吃驚和憤怒。於是，皇兄的託付早已拋諸腦後，我立即傳令錦衣衛前往捉拿魏忠賢。魏忠賢聞訊，知必死無疑，遂在阜城的旅店裡自縊而死。時為十一月初六日。

魏忠賢死了。遍布全國的魏氏生祠得以拆毀；魏忠賢擬定的《三朝會典》等迫害忠良的政治文獻得以銷毀；天啟年間的冤案得以昭雪，遭受迫害的大臣得以平反；客氏被定為首逆，凌遲處死，閹黨骨幹二百六十多人分別被處以立決、秋後處決、充軍、徒三年輸贖為民、革職閒住等刑罰；魏忠賢派往邊疆各地的鎮守太監全部撤回。

清算閹黨的成功，是我在政治舞臺上演出的第一幕好戲。我有信心做一個好皇帝，成全大明的中興。整治魏逆的目的在於扭轉國運衰微的頹勢，然而，遼東日益嚴峻的戰局，國內的饑荒和民眾的不滿，永無寧日的黨同伐異……這些棘手的問題怎麼解決啊！

袁崇煥之死

崇禎元年（一六二八年）七月十四日，紫禁城平臺。

這是一座位於紫禁城建極殿北側的閣臺，在雲臺左門和雲臺右門之間。我朝天子曾有「平臺召對」的制度，但自萬曆中葉以後便被廢弛。近半個世紀後，我又把這套制度撿了起來，在此頻繁召見大臣，商討國務。能夠有幸在這裡見到皇帝，是一種榮耀。這一次召對的大臣，是袁崇煥。

為什麼要召見他呢？

萬曆以來，在強悍的八旗鐵騎面前，明軍毫無勝績。這種情況直到天啟六年（一六二六年）才有改觀。遼東巡撫袁崇煥在寧遠大敗後金軍，努爾哈赤為此憂鬱而死；翌年袁崇煥又取得寧錦大捷，擊敗皇太極的進攻。然而，這樣智勇雙全的將領，卻遭閹黨彈劾，辭官而去。

魏忠賢死後，在朝臣們的一再請求下，我起用袁崇煥為兵部尚書兼右副都御史，督師薊、遼、登、萊、天津軍務。兵部尚書和右副都御史都是虛職，但究竟是正二品的官銜，為的是解決他的級別和待遇問題。所謂「督師」才是實職。不過，薊、登、萊、天津等地軍務其實都有軍事主官負責，他的主要精力，其實就放在「遼」，也就是掌控關外防務的軍事全權。根據我朝慣例，在外帶兵的文臣，最高官銜為督師，一般由大學士兼任。但袁崇煥並非大學士，卻一樣擔任督師。值得一提的是，這距他當七品知縣不過六年，足見我對他的格外恩寵。

當袁崇煥快步趨近，雙膝跪倒，山呼萬歲之後，我趕緊將他攙起，好言撫慰，並欽賜尚方寶劍，授予他在遼東前線便宜行事的特權。

也許是不少東林黨人進入內閣擔任要職，給他施展抱負提供了有力奧援；也許是我的誠摯信任調動了他的神經，感染了他的情緒，他竟然誇下了「願假以便宜，計五年，全遼可復」的海口，而且振振有詞地講述了他的「五年復遼」方略：「以遼人守遼土，以遼土養遼人，守為正著，戰為奇著，和為旁著」，「法在漸不在驟，在實不在虛」。許久沒有聽到如此振奮人心的豪言壯語了，我興奮不已，趕緊傳旨：「復遼，朕不吝封侯賞。卿努力解天下倒懸，卿子孫亦受其福！」

我有些累了，決定稍事休息。我要好好琢磨琢磨袁崇煥的「五年復遼」，可能性有多大。

休息已畢，回到平臺，我和袁崇煥繼續問對。

他似乎對自己剛才冒失的豪言壯語有些後悔，又加上了五個潛在的掣肘因素——糧餉、器械、用人、調兵和輿論。

相對於建功立業，恢復遼東的大局，這些問題當然不在話下。於是，我也誇下海口：「卿無疑慮，朕自有主持。」算是滿足他各方面要求的表態。

有了君臣之間的相互承諾，袁崇煥痛快地受命出關，我抱著極大的期待目送他緩步離去。

可沒過多久，就傳來了一個令我不快的消息：就在那次平臺召對的休息時間，袁崇煥針對「五年復遼」方略，向給事中許譽卿坦言：「聖心焦勞，聊以是相慰耳！」而當聽到許譽卿「（皇）上英明，安可漫對！異日按期責效，奈何？」的反問時，袁崇煥「憮然自失」。不管這個說法是否屬實，我已經開始懷疑袁崇煥的人品了。

袁崇煥發豪語「五年復遼」，反落得身首異處。

不管怎麼說，袁崇煥是我朝收復遼東的希望，既然委其以重任，我必須信任他，支持他；不管怎麼說，我的信任和支持，把袁崇煥逼進了死胡同。他已經成了過河的卒子，必須成功，沒有退路。

袁崇煥一到遼東，首先平定了兩起因拖欠軍餉而引發的兵變，向朝廷索要了三十萬兩白銀穩定軍心，並按照他的意圖重新部署遼東各據點守將，還奏請朝廷撤銷了遼東巡撫和登萊巡撫的建制，統一了前線指揮權。這一切都是在我的首肯下完成的。然而，毛文龍之死卻讓我對他的信任發生了動搖。

毛文龍是鴨綠江口皮島守將，雖孤懸海上，卻形成對後金的牽制之勢。因此皇兄和我對毛文龍採取了優容政策。毛文龍憑藉皮島的有利位置，跟朝鮮、暹羅、日本做買賣，牟取利潤，充作軍資，勢同割據，不受節制。袁崇煥對他早有敵意，因而設圈套將其處斬。雖說袁崇煥有臨機專斷之權，可我不能容忍這樣的同室操戈。事已至此，為了顧及顏面，我只得不予追究。毛文龍死後，其部眾潰散，後金不僅沒了肘腋之患，反而收降了毛的部將，實力大增。

尚方寶劍，袁崇煥有，毛文龍也有。儘管袁崇煥可以便宜行事，儘管毛文龍有私通後金之罪，儘管襲殺毛文龍是袁崇煥統一遼東軍事指揮權、實現「五年復遼」的必要步驟，但襲殺總兵這樣的大事先斬後奏，仍有越權之嫌。更重要的是，袁崇煥未能整合皮島守軍，導致部眾潰散；毛文龍的部將孔有德、耿仲明接受後金招降，成為我朝的強勁敵人；皮島只得放棄，從而失去了牽制後金的側翼力量。

已無後顧之憂的皇太極，於崇禎二年（一六二九年）十月率軍十萬，繞開袁崇煥嚴密設防的寧

皇太極是崇禎朝最大的外敵，一度兵臨北京城下。

遠、山海關，取道遼西，由喜峰口攻入關內，直逼遵化。

其實，袁崇煥曾經兩次奏陳加強薊門軍力，防備後金偷襲。然而，我沒有重視。如今，敵人真的突破薊門，我頓足捶胸，後悔不迭，趕緊下令京城戒嚴，倉卒部署城防，傳檄各地守軍前來勤王。想起一年多前袁崇煥誇下的「五年復遼」的海口，如今「遼」尚未復，京師危急。這是一種什麼樣的心境！

袁崇煥聞知京師警訊，親率精兵九千星夜馳援，但在遵化、薊州和通州三次設阻，均未成功，致使皇太極長驅直入，戰火燒到了京畿。

袁崇煥日夜兼程，先皇太極一日抵達廣渠門外。然而，面對數萬八旗騎兵的圍攻，袁崇煥的部眾顯得勢單力薄。崇禎二年十一月二十日，廣渠門背城一戰。袁崇煥橫刀躍馬，身中多箭，「兩肋如蝟，賴有重甲不透」。後金騎兵往來衝殺，「刀及崇煥，材官袁升高格之，獲免」。這場歷時四個時辰的浴血苦戰，據說迫使敵軍退兵十餘里，力保廣渠門沒丟。同日，德勝門外也有激戰，明軍滿桂、侯世祿等部慘敗，幸而甕城未丟。二十七日，袁崇煥克服糧草不繼的困難，在左安門外力戰，再度擊退八旗軍的攻勢。

然而上述的一切，都只是軍報上的消息。困守紫禁城的我，對這些消息將信將疑。因為還有一些事實令我心有顧慮：兩年前的寧錦大捷前後，袁崇煥曾與皇太極祕密議和。雖然他一再解釋，這是「旁著」，是爭取時間恢復軍力的緩兵之計。但對於這樣一位手握重兵的關外大帥而言，要想造反可謂輕而易舉。誰敢保證皇太極此番大舉入寇，不是袁崇煥縱敵深入，以要挾朝廷，邀功求賞呢？倘若任袁崇煥膨脹下去，如果真能「五年復遼」，屆時誰還控制得了他！恰巧，一些大臣在我跟前嘀咕袁崇煥的不是，翻出當初襲殺毛文龍的事大做文章。想到這裡，我不免擔心起來。

十一月二十九日，被後金軍俘獲的提督大壩馬房太監楊春、王成德跑回紫禁城，向我密報了一個重要情報：他們在敵營親耳聽到袁崇煥派人與皇太極密謀攻取北京之事。幾件事湊在一起，我決心收拾袁崇煥。

十二月初一日，在經過周密部署後，我決定在平臺召見袁崇煥、滿桂等將領，主題是「議餉」。對於因戒嚴無法進入城內駐紮的袁崇煥援軍而言，餉銀和糧草奇缺是最現實的問題，也是他們最關心的問題。他們一定會應約而來的。

城門沒開，袁崇煥只得坐在籃子裡，從城下吊到城上，由此進入京城，來到平臺。就在這裡，我沒有「議餉」，而是直指袁崇煥襲殺毛文龍、致使後金軍入寇京畿、箭射滿桂鬧內訌等罪名，袁崇煥似乎一時沒反應過來，竟張著嘴說不出話來。我想當然地認為他已經默認了，不容分說，將他拿下，送錦衣衛詔獄。雖有老臣勸諫，我不聽。

崇禎三年（一六三〇年）八月十六日，經過九個月的爭論和查證，我決定處死袁崇煥，「付託不效」、「謀款誘敵」、「縱敵長驅」等九條罪名震撼人心。刑罰很重，凌遲處死，妻妾子女和兄弟流放兩千里。刑場上，老百姓爭相搶購袁崇煥的肉生吃或下酒，在他們心目中，袁崇煥與賣國賊無異。

袁崇煥之死，是我下令的。不是出於嫉妒，不是因為失誤，而是由於政治。是袁崇煥的失職導致「廟社震驚，生靈塗炭，神人共忿」。我是英明的，是袁崇煥誤我！他死有餘辜！

袁崇煥死了，「五年復遼」就此成了泡影。滿桂在永定門力戰陣亡，祖大壽一度投降後金，孫承宗也在不久後陣亡。雖說寧錦防線仍在，但對後金的威懾力已經大打折扣。

就在我為遼東發愁的時候，關內腹地出現了更棘手的問題。

安內攘外

崇禎七年（一六三四年）夏，陝南車箱峽。

高迎祥、李自成、張獻忠等農民軍主力四萬餘人，且戰且退，誤進峽谷，陷入兵部侍郎陳奇瑜統率的大明五省聯軍擺下的包圍圈，左衝右突，無法突圍。官軍居高臨下，壘石塞路，投擲石塊、火把，令農民軍傷亡慘重。

陳奇瑜奏報聲稱，憑藉車箱峽的險要地形和官軍的天羅地網，只要圍上幾個月，農民軍必定彈盡糧絕，屆時進山搜剿，定獲全勝。我深以為然。或許，這是我根除內患的最佳機遇。

果然，捷報頻傳。農民軍被困峽內，無所得食，加之長途奔波，人困馬乏，給養得不到補充，傷員得不到救治，馬匹死亡過半，兵士「弓矢盡脫」，士氣低落；屋漏更遭連夜雨，陝南地區適逢連綿大雨，二十天未見晴天，山洪暴發，峽谷內積水尺餘，儼然絕境。勝利似乎就在眼前。

此時此刻，我感慨良多。

魏閹伏誅，大快人心。然而，如果沒有大臣們的攀附，沒有邊將們的奉迎，魏閹能那麼囂張嗎？或許大明的吏治真的爛掉了。我渴望看到所有的大臣心往一處想，勁往一處使，君臣團結，把朝廷的利益放在第一位，一切都在蒸蒸日上的局面。為此，我屏棄了前幾代皇上不理朝政的「傳統」，事必躬親，殫精竭慮；我主張嚴格考核官員政績，加快公文流轉效率，六部與六科互相查勘；我相信只要自己「聲色不染」，努力辦公，厲行節約，陷於頹勢的朝政一定會好轉的。然而，我想得太簡單了。賄賂公行、權錢交易，早已成為官場公開的潛規則；遇事推諉、唯唯諾諾，早已成為官場普遍的習氣。沒人把嚴刑峻法當一回事，沒人把朝廷政令當一回事。「中外諸臣，不顧功令，但知黨同逐異，便己肥家」。大學士溫體仁和周延儒，拉幫結派，鉤心鬥角，都把自己打扮成正人君子，而把對方說成是勢利小人。他們互相攻訐的奏章讓我為難不已。國難當頭，他們為什麼不能捐棄前嫌呢？

我的勵精圖治並沒有扭轉日趨墮落的吏治，更為麻煩的是，關內的農民起義風起雲湧，關外的皇太極虎視眈眈，我每日都生活在戰爭的陰影裡。朝廷的額定田賦不敷使用，前線將士因軍餉欠發而譁變的事件此起彼伏。我不得不繼續執行遼餉、剿餉、練餉等「三餉加派」的政策，向百姓伸手要錢，以滿足前線抵禦後金、鎮壓農民軍和編練新軍的浩大開支。三餉每年多達二千萬兩，超出正賦四倍。而這一切只能讓百姓更加痛苦，更加憤怒。對此，我無可奈何。

皇兄統治晚年爆發於澄城的農民起義，原本只局限在陝西一帶，未成心腹之患。故而，朝廷把注意力都集中在寧錦前線。袁崇煥的死並沒有改變關外敵強我弱的態勢，反而讓我覺得如果不能儘快平息內地愈演愈烈的農民起義，就無法保證國家休養生息；如果疲弱的國力得不到恢復，拿什麼跟八旗騎兵較量？

今天，機會終於來了。

車箱峽的圍困持續了七十多天，陝南前線傳來了農民軍全軍投降的消息。這當然是陳奇瑜夢寐以求的結局。大喜過望之餘，我擔心這幾萬人難以控制，途中譁變，便要求陳奇瑜派重兵押送他們遣返原籍，解甲歸田。然而，沒過幾天，噩耗傳來：陳奇瑜將投降的三萬六千農民軍進行改編，每萬人編為一隊，派安撫官一員及官軍千餘人負責押送。但陳奇瑜的這些部下愚蠢透頂，疏於防範。農民軍安然走出車箱峽險境後，便同時反水，奪取棧道，殺死押解他們的五千多官軍，而後重舉義旗，擊潰總兵賀人龍、張天禮，連克七縣，威震關中。

我先是愕然，轉而震怒，下令徹查。原來，這是李自成的軍師顧君恩策畫的詐降計。李自成親自出面，向陳奇瑜提出全軍投降以求苟全，暗地裡向陳奇瑜保證：只要每招撫一名農民軍，陳奇瑜本人就可以得到五十兩白銀的饋贈。這對於軍費不足、貪財好貨的陳奇瑜來說，無異於天上掉餡餅

李自成詐降突圍，出車箱峽，重整旗鼓，農民軍聲勢大振。

。他當然毫不猶豫地笑納了。李自成又對陳奇瑜的部將許以重賄。接受招安當然是假的，只要能走出車箱峽險境，便是農民軍的勝利。陳奇瑜得意忘形，中了圈套。

事情原委既已查明，我怒不可遏，當即下令逮捕陳奇瑜，以三邊總督洪承疇取而代之，統率各路官軍與農民軍作戰。

崇禎八年（一六三五年）元宵節，中都鳳陽。這裡是太祖皇帝的老家，這裡埋葬著太祖皇帝的父母先人。雖說鳳陽十年九荒，可畢竟是皇陵所在。

隆隆砲聲打亂了鶯歌燕舞的節日氣象。就在洪承疇率領大批官軍進入陝西作戰之際，大批農民軍卻出現在鳳陽城下。這裡的官署被搗毀，官員被殺光，儲糧被瓜分，皇陵被燒掉，就連陵寢周邊的幾十萬株松柏也被砍光。後來我才獲悉，此前不久，十三家農民軍領袖曾齊集滎陽，召開大會，推舉「闖王」高迎祥為盟主，採納李自成「分兵定所向，利鈍聽之天」的建議，改變以往各自為戰的格局，開始協同作戰。長途奔襲鳳陽皇陵，便是他們改弦更張後的最大戰果。率先攻入鳳陽的，是農民軍驍將張獻忠。當然，緊隨其後的，還有高迎祥、李自成。

鳳陽陷落的噩耗傳來，我痛不欲生。無論怎樣懲處地方官都不能抵消我內心的恥辱感。沒有保護好祖宗的陵寢，讓他們在幾百年之後蒙受浩劫，這都是我無能的表現啊！

十月初三日，我在祖廟前雙膝跪倒，抱頭痛哭，發布罪己詔，承認「（流寇）上干皇陵，祖恫民仇，責實在朕」。我願意與將士們同甘共苦，減膳撤樂，青衣素食，直至天下太平之日。

考慮到農民軍以河南為中心、多點開花、協同作戰的特點，洪承疇部署官軍以河南為中心，扼守河南省內及其周邊的軍事重鎮，諸如襄陽、汝寧、歸德、磁州、邯鄲、漢中、南陽等地，形成鐵壁合圍的態勢。

或許我的一廂情願感動了上蒼。鳳陽旋即克復。崇禎九年（一六三六年）七月，竄入關中的農民軍遭到陝西巡撫孫傳庭伏擊，損失慘重。闖王高迎祥被俘，押赴北京，凌遲處死，農民軍從此失去了統一作戰的協調者。兵部尚書楊嗣昌策畫的「四正」、「六隅」、「十面張網」的圍剿戰略，令農民軍處處碰壁。五省軍務總理熊文燦大力招撫，張獻忠走投無路，在湖北穀城投降。李自成則在陝西南部山區連續失利，只剩十八騎逃入商洛山中，甚至多次打算自盡。其他各路起義軍紛紛潰敗，風起雲湧的民變頓時偃旗息鼓。

這是一場突如其來的幸福。中原烽火瞬間熄滅，心腹大患暫告解除，我終於可以全力以赴收拾關外的強敵。

就在高迎祥就俘的同一年，遼東傳來了一個壞消息：皇太極在瀋陽稱帝，改國號為清，正式與大明分庭抗禮，其入主中原的野心昭然若揭。

就在張獻忠接受招安，「十年不結之局」似可結局之際，錦州守將祖大壽發來十萬火急的奏報

：皇太極率領十餘萬大軍傾巢而出，攻擊錦州——大明在遼西的最後壁壘。

我有一種預感，這是決定遼東命運的最後一戰，這是決定大明生死的關鍵一戰。或許，大明王朝眼下急需的，正是這樣一場邊疆戰爭的全勝。

讓我們期待這個揚眉吐氣的歷史機遇吧。

內外交困

崇禎十三年（一六四〇年）四月，錦州告急。

作為寧錦防線的重要支點，錦州的重要性不言而喻。錦州在松山、杏山和塔山三座城堡的環狀拱衛下，形成了天然的防禦體系，其背後一百二十里便是寧遠。然而，錦州被圍，糧草奇缺，外援斷絕，形勢不容樂觀。顯然，清軍圍攻錦州，就是要撕破巋然屹立十多年的寧錦防線，打開他們進兵山海關的最後屏障。

此時，大明在遼東富有作戰經驗的將領大多罹難。我把希望完全寄託在鎮壓農民起義有功的洪承疇身上。此前一年，他已經從陝西調往遼東，擔任薊遼總督。面對錦州危局，我憂心忡忡地向大臣問計。新任兵部尚書陳新甲主張派兵增援，但此議招致洪承疇的反對。理由很簡單：清軍就是要拿錦州為誘餌，引明軍主力來援，以促成錦州、松山一帶的決戰。

思來想去，我還是捨不得錦州。於是，十二月時又徵調大同總兵王樸、薊鎮總兵白廣恩、宣府

明朝防禦後金的最後一道屏障——山海關。

總兵楊國柱、密雲總兵唐通、東協總兵曹變蛟、山海關總兵馬科、前屯衛總兵王廷臣、寧遠總兵吳三桂等八名總兵，以及副將以下官員二百餘人，步騎十三萬人，馬四萬匹，全部雲集遼西前線，交由洪承疇統率，作為援軍，直指錦州。這是我放在遼東作戰的最後一批有生力量，是帝國北方的全部精銳。隔年三月，各路大軍齊駐寧遠。

洪承疇不愧是本朝最優秀的軍事統帥之一。他的偉大之處，就是善於總結教訓。他認為，以往明軍屢敗，癥結在於防禦力量分散，被敵人各個擊破。鑒此，他乾脆將十三萬大軍集中抱團，「建立餉道，步步為營，邊戰邊進」。在這樣的思維框架下，洪承疇大軍進展緩慢，遷延四五個月，雖未解錦州之圍，但也沒吃什麼虧。或許他認為，只要糧道暢通，大軍堅守一年半載，就有可能把清軍拖疲拖垮，從而找到他們的疏漏，一舉獲勝。

但我並不這麼看。錦州告急的文書紛至沓來，讓我緊張不已。陳新甲不斷上書，力陳速戰速決對於援救錦州的積極意義，讓我越發心動。洪承疇先頭部隊與清軍接戰數次，均告獲勝，這增添了我戰勝清軍的信心。崇禎十四年（一六四一年）七月，我決定讓洪承疇「刻期進兵」。這是密旨，沒什麼商量的餘地。於是，洪承疇遵旨發兵。以六萬步騎先行，其餘數萬大軍陸續進發，把糧餉留在寧遠、杏山、塔山一帶。十幾萬大軍在松山集結。

萬萬沒有想到的是，「刻期進兵」的密旨居然正中皇太極下懷，造成了一場自投羅網的悲劇。清軍圍點打援，以逸待勞，分兵切斷了明軍的歸路，並將十餘萬明軍分割包圍於松山、杏山、塔山等幾個點，聚而殲之。

崇禎十五年（一六四二年）二月，前線傳來了松山淪陷，洪承疇被俘殉難的噩耗。接下來兩個月，錦州降清，塔山、杏山先後陷落。十三萬明軍損失殆盡。寧錦防線徹底崩塌。山海關外僅剩寧遠孤城。我「滅寇雪恥」的希望化為泡影。

洪承疇的死訊舉朝震驚。我悲痛不已，悔恨交加，設壇祭祀。按照朝廷禮制，一品官賜祭九壇，但我決定給洪承疇設十六壇，而且要一壇一壇地祭祀，以示榮典。就在祭到第九壇的時候，又一個消息差點把我氣暈：洪承疇並沒有「盡節」捐軀，而是薙髮降清了。好似青天霹靂，更是一個戲劇性的諷刺。祭祀洪承疇的活動頓時戛然而止。

崇禎朝重臣洪承疇，在松山戰敗後降清。

這些人都是什麼樣的大臣啊！吃我的，喝我的，拿我的，需要他們報國的時候，不是「臨危一死報君王」，就是以身相許，認賊作父。這到底是怎麼回事？我開始懷疑滿朝文武，尤其是懷疑內閣的那些重臣，懷疑他們的忠心，懷疑他們的誠意。

曾幾何時，是我把這個朝廷，從閹黨秉政的烏煙瘴氣中解放出來。魏忠賢倒臺後，我曾經順應朝野上下的一致呼聲，把以顧秉謙、馮銓為代表的閹黨閣臣全部換掉，將楊景辰、周道登、李標、錢龍錫、劉鴻訓、韓爌、來宗道等同情東林黨的大臣引入新內閣，連六部尚書和左都御史也都換成了東林黨人。閹黨當道的時代，東林黨宛如黑暗中的一盞明燈，代表朝氣，代表清流，代表正義。我對東林黨內閣充滿期待，儘管他們的底細我並不十分了解。

袁崇煥逆案令我對東林黨人的好感煙消雲散。大臣溫體仁、周延儒彈劾東林黨首輔大學士錢龍錫收受袁崇煥賄賂，挑唆袁崇煥通敵叛國。正在氣頭上的我，最無法容忍這種私結邊將、不忠不孝的作為。於是，錢龍錫被逮捕下獄，發配浙江定海。

錢龍錫的倒臺，直接導致我親手組建的東林黨內閣土崩瓦解。孫承宗出鎮山海關，李標、韓爌退休。取而代之的，是溫體仁、周延儒及其組建的閹黨內閣。這是一個不會結交邊將的內閣，對我的皇權毫無威脅。不過，跟東林黨內閣如出一轍的是，他們熱中於內訌，對黨同伐異、攻訐異己有特殊愛好。從此，閣臣和六部尚書像走馬燈似地換來換去，內閣再無寧日。

就在朝廷的政治形勢和關外的軍事形勢日趨惡化之際，關內的戰略形勢也急轉直下。

張獻忠接受「招撫」，李自成敗逃深山，曾經是無比美好的幸福，但也是隱患多多的幸福。受「撫」的張獻忠，非但拒絕接受官府的改編和調遣，拒絕接受朝廷的官銜，還把部隊屯駐在穀城四郊，招兵買馬，訓練士卒，找朝廷索要糧草，儼然軍閥割據。

崇禎十二年（一六三九年）五月，接受熊文燦招撫的張獻忠降而復叛，繼而開始到處奔襲。負責剿殺農民軍的兵部尚書楊嗣昌率兵苦苦追趕，累得上氣不接下氣，依舊被甩開三天的路程。崇禎十四年二月，張獻忠突然攻占楊嗣昌的大本營襄陽，處死襄王朱翊銘、貴陽王朱常法。楊嗣昌自知難逃朝廷嚴懲，遂畏罪自殺。張獻忠在兩湖、四川縱橫馳騁，無人能敵。

崇禎十三年十二月，李自成從陝南再起，進入河南。一路勢如破竹。次年正月，洛陽淪陷。李自成殺死了體重三百六十斤的福王朱常洵（萬曆皇帝第三子），食其肉，寢其皮。其後，李自成在河南、湖北連戰皆捷，迅速攻占河南全境和湖北北部。

朝廷再也沒有征剿農民軍的勁旅。「賊來如梳，兵來如篦，官來如剃」，災害頻仍，顆粒無收，民不聊生。大明王朝已經搖搖欲墜。

崇禎十七年（一六四四年）正月初一，北京城狂風大作，飛沙走石，日月無光。同一天，擊敗孫傳庭而占領西安的李自成登基稱王，國號「大順」。兩個月後，大順軍百萬之眾，席卷甘肅、山西、直隸，攻克寧武關、居庸關，焚毀昌平皇陵，直抵北京城下。督師大學士李建泰連連戰敗，最後在保定做了俘虜。

敵軍壓境，有大臣主張召集各路官軍勤王，可遠水難解近渴；有大臣主張遷都南京，力圖東山再起，可在官員們的爭論中，我有點優柔寡斷，待下決心遷都了，已經走不了了——北京城已被包圍。當我召集大臣們詢問有無戰守之策時，他們無計可施，一片沉默。氣得我深深地歎息：「朕非亡國之君，諸臣盡是亡國之臣！」

崇禎皇帝自縊處舊照：只有這歪脖樹見證了末代皇帝的萬念俱灰和新朝君王的躊躇滿志。

三月十八日，京城大雨傾盆。投降李自成的太監杜勳回來傳話：李自成提出，只要被封為西北王，得到犒軍銀百萬兩，就可以幫朝廷「內遏群寇，外制強敵」。聽起來大有效法《水滸傳》中宋江接受招安的意思。也許，他真的不是來要我的性命，要大明的江山，只是敲詐一筆錢？我向大臣們詢問，得到的只是沉默。我一怒之下，推倒了椅子。杜勳的傳話，我擱置一旁了。

登上紫禁城北邊的萬歲山（景山），見內城到處是大順軍的紅旗。傳說中的巷戰沒有出現，反倒是那些吃糧當差的大臣們紛紛開城投降。唉！大勢已去。

回到乾清宮，看著周皇后，看著十六歲的長平公主，看著與我形影不離的太監王承恩，我哭了。如果不是我當皇帝，也許他們正在享受著信王府無憂無慮的樂趣。我連累了他們。

本朝最近五任皇帝，最勤政，最節儉，最不好色，最不貪玩，書讀得最多，字寫得最好的，一定是我。可大明王朝為什麼要我做亡國之君呢？

紫禁城外已是一片硝煙，留給我的時間不多了。咬破手指，在衣帶上，我寫下了這樣的文字，這是我的最後遺言，也將為這場亡國悲劇畫上句號：

「朕死無面目見祖宗於地下，故自去冠冕，以髮覆面，任賊分裂，無傷百姓。」

附錄　南明諸帝（弘光、隆武、永曆）獄中自白

南明諸帝簡歷

弘光帝朱由崧（一六〇七～一六四六年），萬曆帝之孫，福王朱常洵長子。崇禎十七年（一六四四年）被擁立為皇帝。建都南京，年號弘光。弘光小朝廷只存在了一年多就被清軍攻滅。朱由崧被俘，押往北京，凌遲處死。後世史家對其多以「失德」來評價，但歷史上記載他的諸多劣跡，都有東林黨人誇大和詆毀的影子。

隆武帝朱聿鍵（一六〇二～一六四六年），朱元璋九世孫，襲封唐王。弘光元年（一六四五年），南京陷落。朱聿鍵在福州被鄭芝龍等人擁立為皇帝，年號隆武。朱聿鍵曾希望有所振作，但受鄭芝龍掣肘，毫無作為。次年，福州失守，朱聿鍵在逃亡過程中被俘。夫妻雙雙遇難於汀州（一說在福州牢房裡絕食而死）。

永曆帝朱由榔（一六二三～一六六二年），萬曆帝之孫，桂王朱常瀛第三子。隆武二年（一六四六年）汀州陷落。由於殘存的明朝皇室中，萬曆帝的直系後裔只剩朱由榔一人，故而在肇慶被擁立為皇帝，年號永曆。永曆朝廷打破固有觀念，聯合李自成、張獻忠農民軍餘部，掀起多次反清浪潮，使其雖然不斷西撤，但得以在與清廷的拉鋸戰中頑強存在十餘年。永曆十四年（一六五九年），清軍攻入雲南，永曆朝廷撤入緬甸，受盡屈辱。永曆十六年（一六六一年），清軍進逼緬甸，迫使後者交出永曆君臣。吳三桂在昆明將永曆帝絞殺。永曆之死，標誌著南明的徹底滅亡。

明崇禎十七年（一六四四年），中國發生了幾百年來未有的政治變局。北方，農民軍領袖李自成攻破北京，崇禎帝自縊，明朝滅亡。不久，清軍入關，占領北京，虎視中原。李自成連遭敗績，在湖北九宮山遇襲陣亡，餘部向湖南、川東撤退。同時，另一支農民軍在張獻忠的率領下攻入四川，建立「大西」政權。可惜，他在抵抗南下清軍的遭遇戰中遇襲陣亡，四川根據地丟失，餘部南撤雲貴。

南方，祖宗設計的兩京制度，使得原是閒職的南京六部，頓時成了力挽狂瀾的肥缺。祖宗分封同姓藩王的做法，為明朝宗室延續了香火，保留了東山再起的種子。有多個藩王先後被擁立為皇帝、監國，渴望復興明朝，至少偏安東南半壁，史稱「南明」。然而，他們如過眼煙雲，旋即毀敗，沒能改寫歷史。

福王（弘光）朱由崧、唐王（隆武）朱聿鍵、桂王（永曆）朱由榔是南明諸小朝廷中影響最大的三個。他們先後被清軍俘獲，身陷囹圄，死於非命。相信他們在獄中的短暫歲月裡，都會回憶起當皇帝的美好時光，反思失敗的慘痛教訓。那麼，就讓我們聆聽他們三人的獄中自白，並由此感受南明血雨腥風的十八載歷程吧。

福王（弘光）朱由崧獄中自白

舊吳宮重開館娃，新揚州初教瘦馬。淮陽鼓崑山絃索，無錫口姑蘇嬌娃。

一件件鬧春風，吹煖響，鬥晴煙，飄冷袖，宮女如麻。紅樓翠殿，景美天佳，都奉俺

無愁天子，語笑喧譁。

這是我最美妙的皇帝時光。我很樂意把它唱出來，自娛自樂。

意外稱帝

還記得洛陽福王府的那段黃金日子。作為福王世子，本以為可以像父王朱常洵一樣，錦衣玉食，無憂無慮，終了一生。然而，崇禎十四年（一六四一年）正月，洛陽陷落，肥碩的父王沒能翻牆逃脫，慘死在李自成農民軍手裡。在大臣的護衛下，福王妃鄒氏（我的繼母）和我死裡逃生，來到淮安。兩年後，我雖然正式承襲福王位，但早已沒了地盤，四處流竄，生活無著，破落王孫，形同乞丐。

崇禎帝自縊身亡，直系皇子無一逃出。這對大明是個悲劇，對我則是時來運轉的節點。在跟崇禎帝血統最近的藩王裡，我的歲數最大，距離留都南京最近。如果南京的大臣們擁戴新帝，理應非我莫屬。但事情似乎沒那麼簡單。以錢謙益為首的東林黨人，曾打算另立潞王（朱常淓，隆慶帝之孫），這一提議竟得到掌控大局的南京兵部尚書史可法的支持。他們的理由是，潞王賢明，而我「貪、淫、酗酒、不孝、虐下、不讀書、干預有司」。

潞王血統較遠，一旦立為君王，勢必引發南方其他藩王的不服，造成動蕩。慌亂不已的我不知搭對了哪根筋，竟深刻地意識到了這一點。緊接著，我冒出一個奇思妙想：依靠軍人爭取上位。我把雄踞江北的高傑、劉良佐、黃得功等總兵拉到了自己的陣營。此舉頓時拆散了擁戴潞王的勢力。鳳陽總督馬士英向我寫信表達推戴之意。就這樣，史可法、錢謙益等文臣被高度孤立，只能放棄了另立潞王的打算。

崇禎十七年（一六四四年）五月十五日，大隊人馬擁著我進了南京。我擁有了屬於自己的年號——弘光。

左膀右臂

馬士英作為定策元勳，榮膺首輔，清洗異己，凌駕百官。聽說他賣官鬻爵，中飽私囊，有「掃盡江南錢，填塞馬家口」的說法，不過，只要他忠心耿耿，貪幾個錢又算得了什麼呢？

以「天子恩人」自居的高傑、劉良佐、黃得功分別駐兵徐州、壽州、廬州，加上駐兵淮安的總兵劉澤清，號稱江北四鎮，坐擁勁旅十餘萬，目無君上，不知禮儀。儘管文人出身的大臣們看不起這些武人，但沒人敢去約束他們。其實，四鎮之間也有地盤之爭、利益之爭，甚至為錢財和女人起衝突。但無論如何，他們是我得以稱帝南京的武力後盾，馬士英尚且一味縱容，我又何必較真呢？

史可法押寶失敗，基本上喪失了朝政核心事務的決策權，受排擠，不得志，自請坐鎮揚州，督師江北，防禦清兵南下。我照准了。作為本朝比較有本事的大臣，他到前方，我心裡踏實。至於他

弘光朝廷內鬥嚴重，兵部尚書史可法自請督師揚州，以防清兵南下。

能否協調好四鎮，我不想知道，也不想去管。

我把馬士英視為當朝第一賢臣，把江北四鎮看作朝廷的主心骨、擋箭牌，全心全意地依靠他們。至於他們想些什麼，做些什麼，我不了解，也不想了解。我聽說大臣們之間有分歧，總兵們之間有怨仇，但覺得這些事情太複雜，我沒有能力調解。既然麻煩太多，惹不起，我乾脆自甘墮落，躲避現實。

愜意時光

在馬士英的安排下，即位之初的我，並沒有做戰守準備，而是先幹了五件事：一是迎接繼母鄒氏進南京，奉為太后；二是給死難的父王朱常洵上尊號；三是將父王的遺骸遷往南京，妥為安葬；四是廣選江南淑女，充實後宮；五是監視和控制其他藩王活動，防其爭奪皇位。對於馬士英這樣的安排，我很滿意。

大張旗鼓的選淑女，就是滿足我最大的愛好——女色。大批太監，藉口皇帝大婚，到處搜羅民間美女，從南京到蘇州、杭州，範圍遍布大江南北。至於大學士王鐸、兵科給事中陳子龍的勸諫，我都視而不見。不過，有件事倒是新鮮：嘉興、蘇州貼出皇帝選秀的告示後，舉城上下一片恐慌，甚至出現一夜之間，全城少女不擇對象，突擊結婚的盛大場景，嫁錯人的情況比比皆是。

我還派太監打著「奉旨捕蟾」的旗號，督促百姓到處捕捉蟾蜍，用以配製春藥。據說有人詩云：「苑城春閉綠楊絲，江介軍書醉不知；清曉內璫催上藥，官蝦蟆進小黃旗。」為此我也得了個「蝦蟆天子」（即「蛤蟆天子」）的稱號。

從古到今，美色和好酒從來都不分家，在我亦然。為了彰顯對於飲酒貪杯的興趣，我下令大學士王鐸展現其書法天才，為我題寫對聯，掛在內廷：「萬事不如杯在手，百年幾見月當頭！」在這副對聯之下，經常可以看到喝得爛醉如泥的我，依然在勸陪酒的大臣豪飲。

也許是因為劫後餘生的喜悅，也許是由於一日暴富的狂歡，我對生活品質的要求到了無以復加的程度。太后臨京，我下令各部「三日內搜括萬金，以備賞賜」。登基大典，我要求準備上等木料，配備龍鳳床座和宮廷陳設。剛剛即位，我覺得南京宮殿狹小破舊，傳旨「修興寧宮，建慈禧殿」，「大工繁費，宴賞皆不以節」。儘管戶部奏報僅軍費一項就造成國庫虧空百餘萬兩，根本沒錢供我擺譜，但我毫不在意。我相信，各級地方官和太監們有的是辦法為我斂財。

疑案迭出

就在我忙於「提高個人生活品質」的時候，兩齣奇案突如其來。

弘光元年（一六四五年）初，我接到奏報，一位童姓女子自稱是我失散多年的妃子。由於舉國上下對其身分深信不疑，業已護送前往南京。聞報，我不僅拒絕相認，而且宣布其為冒牌妃子，將她下詔獄。然而，經過錦衣衛的一番審問，童氏雖然舉止失態，不知禮節，但她對自己身世的陳述，跟我的逃難經歷完全對得上，沒有理由認為她是冒牌的。看到錦衣衛的奏報，特別是童氏寫的字，我面色赤紅，將字紙摔在地上，暴跳如雷地喊道：「我不認得此妖婦，速速嚴訊！」不過，我沒有下令殺她，只是讓錦衣衛嚴刑拷打、折磨她。不久，哭得撕心裂肺的童氏染病死去。

坦率地講，她不是瘋子，因為瘋子不可能將自己身世和我的逃難經歷說得一一對應；她不是騙子，冒充皇妃是死罪，只要是正常人，誰也不會辦這等蠢事；她的確跟我有露水姻緣。當年逃難到尉氏縣，一個偶然的機會，我遇見了這個容貌端莊的姑娘，頓起色心。經過一番「努力」，達到了讓她「在此事我」的目的，她還為我生了兒子（早夭）。其後，我們曾相濡以沫，曾一度和太后會合，曾在地方官的照料下同居，但最終還是被亂軍衝散。

那時，我是破落貴族，跟童氏算是患難戀情。但如今貴為皇帝的我，不願別人提起那段尷尬的逃難生活，更不願為那段患難戀情負責任。於是，我選擇了拒絕相認。

沒有料到的是，占據輿論高地的東林黨和復社人士，本來就對我頗有怨言。這次，他們不光指責我充當了陳世美，得便宜忘本，幹了缺德事；更聲稱倘若童氏所言屬實，而我不敢認，那麼有理由認為我冒充福王。於是，民間謠言四起，說我只是馬士英找來的冒牌福王。

一樁小小的「童妃案」，竟讓我陷入了前所未有的信譽危機。我真擔心類似事件再度發生，給我本就脆弱的正統地位致命一擊。然而，怕什麼，來什麼。

弘光元年三月初一日，一名自稱崇禎太子（朱慈烺）的年輕人從浙江金華來到南京，舉朝震驚。我更加緊張：倘若他真的是崇禎太子，那我就得把皇位讓出來。想來想去，我決定讓大臣們先去辨認。

辨認的結果讓我長吁了一口氣。所有在京供過職的官員都認定這個太子是冒牌貨。然而，我仍然聽到許多傳言，對這樣的結論表示懷疑，甚至攻擊馬士英等人戕害太子，製造冤案。結果，輿論的矛頭一律指向了馬士英，不少人對他的怨恨頃刻間爆發了。

弘光崩潰

盤踞湖北的總兵左良玉，打出「清君側」的旗號，親率八十萬大軍順江而下，浩浩蕩蕩向南京進發。他甚至發布了檄文，聲稱不與「奸賊」馬士英「共天日」。

左良玉這一動，江南大亂。

原以為史可法督師揚州，江北無憂，沒想到江北四鎮發生火併，許定國襲殺高傑，投降清廷，並導引清軍南下。南京面臨北面和西面的雙重威脅。

先對付哪個呢？朝臣意見不一。有人認為清軍是大敵，江北四鎮尚未崩盤，其兵馬不宜調動。我深以為然。而馬士英則視左良玉為虎狼，甚至聲稱：「北兵至，猶可議款，若左逆至，則若輩高官，我君臣獨死耳。」他的態度很明確——「寧死北，無死逆。」為此，他背著我已經把劉良佐調離駐地，前往南京以西。眼看馬士英已經完成布局，我再想說什麼也來不及了。於是，黃得功、劉良佐的江北兵馬悉數調往江南，防堵左良玉。史可法手裡已無兵可調。

左良玉行至九江，暴病而亡。其子左夢庚繼續率軍東下，沿途焚掠。

與此同時，江北告急。

四月十三日，泗州降清。

十四日，清軍渡淮，江北四鎮迅速潰敗。史可法退守揚州。

十七日，左軍抵達池州。

十八日，清軍包圍揚州。

十九日，拗不住朝臣們的一再請求，剛剛選完淑女、還沉浸在女色之娛的我，被迫主持了一次御前會議。不少大臣力陳淮揚告急，要求派兵支援史可法，我也贊同這一主張。可馬士英竟堅持「寧可君臣同死於清，不可死於左良玉之手」，甚至喊出「有議守淮河者斬」的狠話。大臣們面面相覷，誰也不吭聲了。我突然發現，這個定策元勳是何等跋扈，何等自負，何等固執。我有點懵。既然元勳發話了，我不好再說什麼了，回到深宮擁著美女，繼續欣賞梨園戲曲。至於揚州，沒人發兵援救。

馬士英的堅持終於贏來了喜訊：五月初二日，黃得功率軍擊敗了左夢庚，暫時解除了西面的威脅。我大喜過望。

五月初十日，正在醉心看戲的我，忽然聽說五天前清軍渡江的警報，顧不上告訴太后，慌忙率領幾十個太監乘夜色逃出南京。視野所及，無論是城裡，還是城外，統統是一片混亂，與我當年逃

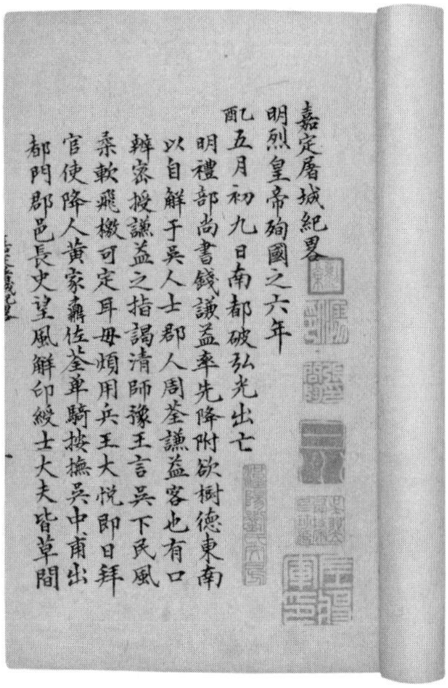

《嘉定屠城紀略》記錄了清軍「嘉定三屠」的暴行，書中提到南京城破、弘光出亡的事實。

出洛陽的景象如出一轍。

無路可逃的我，只好投奔黃得功軍營。在這裡，我才得悉：幾天前，吃了敗仗的左夢庚率全軍數十萬人和四萬艘戰船投降清軍。而在四月二十五日，揚州淪陷，史可法遇害。清軍大肆姦淫殺掠，釀成了震驚朝野的「揚州十日」，八十多萬軍民慘遭屠戮。此外，劉澤清、劉良佐均已降清。

五月二十二日，黃得功在與清軍的作戰中陣亡。而我則被叛將馬得功、田雄活捉，當作見面禮獻給了清廷。當時田雄背著我，馬得功在後面緊緊抱著我的雙腳，生怕我這麼個活寶貝跑掉。而我掙扎著，痛哭流涕，苦苦哀求，卻毫無效果。氣急敗壞的我，恨得咬住田雄的脖子，血流滿衣。

坐在囚車裡，我才得悉，南京在八天前陷落，曾經忠於大明皇室的文武百官和二十多萬水陸軍隊在錢謙益和王鐸的率領下投降了。

被俘的第四天，我被押回南京。街上的百姓夾道唾罵，甚至扔磚砸我；王鐸見到我，不僅不跪，反而直接數落我的罪過，像是在發洩多少年的怨氣。直至此刻，我才開始反思自己這一年多的皇帝生涯，究竟做了些什麼，留下了些什麼。

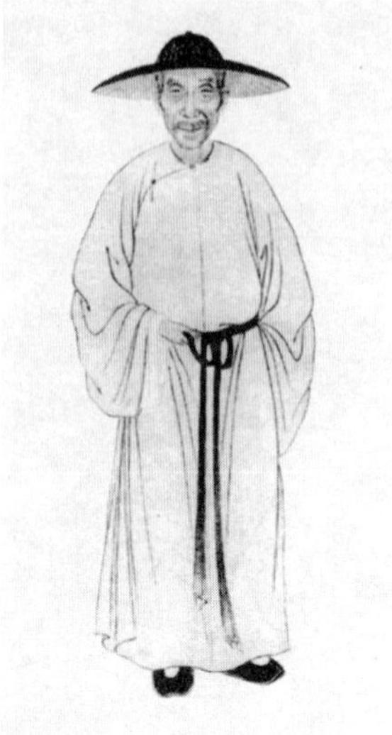

南京失陷後，禮部尚書錢謙益率文武百官出城迎降。

清軍大營傳來消息，明天就要將我押赴北京。那裡曾經是大明的首都，留下了父王爭奪皇儲的印記。可如今，我卻以階下囚的身分，等待著敵人的審判，也許是斬首，也許是凌遲。縱然享盡了人間極致的榮華富貴，但這樣的日子太短暫了。縱然有反清復明的雄厚實力，卻在不斷的內耗中迅速滅亡。這不僅是我個人的不幸，更是大明王朝的不幸。

我雖然嗜好不佳，但並不是徹頭徹尾的昏君。我也曾有重整河山的凌雲壯志，也曾力主置左良玉於不顧，全力抵抗南下清軍。然而，生活在馬士英和東林黨之間夾縫裡的我，在永無停息的內訌中無所適從。我始終認為：弘光朝君非亡國之君，臣皆亡國之臣。

馬士英死了。據說是被俘後「戮於市」，「市人臠切之以飼犬」，看來名聲的確有點壞。他的可惡之處在於結黨營私，敗壞朝綱；但對我來說，他是定策元勳，是忠臣。他的慘死，讓我一聲歎息。

一切都過去了，弘光政權就這樣完了。但願還能有人撿起我丟下的旗幟，保衛殘山剩水，繼續反清復明……

唐王（隆武）朱聿鍵獄中自白

六十年來事已非，
翻翻覆覆少生機。
老臣拚盡一腔血，
會看中原萬里歸。

這是我的武英殿大學士黃道周隻身西征，被清軍俘虜後寫下的悲壯詩篇。每當讀及，其鏗鏘有力的話音便似在我耳畔盤桓。得悉他為國殉節的那一刻，我就料到自己的那一刻遲早也會到來。只是沒想到，竟來得這麼快。

早年身世

我是太祖皇帝朱元璋二十三子唐定王朱桱的八世孫。封地在河南南陽。不過，出身貴胄沒給我帶來多少好運氣，反而給了我災難般的童年。

我的祖父唐端王朱碩熿不喜歡長子（也就是我的父親）朱器墭，原因是這個長子的舌頭上長了個大瘤子。而祖父偏偏又喜歡愛妾生的兒子，就打算把這個幼子立為世子。就在這種極端艱險的處

南明隆武帝朱聿鍵，是唐王支裔。

境裡，我出生了。

為了徹底斷絕父親繼承王位的念頭，祖父處心積慮地加害他。好在祖父的母親，也就是我的曾祖母魏氏千方百計地保護他和我，才讓我們父子暫時倖免。八歲那年，她為我請了教書先生。四年以後，就在我已能讀懂文章，準備繼續深造的時候，曾祖母去世了。

曾祖母的去世，使得我們父子的靠山頓時崩塌。祖父一不做，二不休，把我倆祕密關在親王府的承奉司內，不給飯吃。幸有好心人暗中送飯，我倆才不至於餓死。囚禁期間，我始終沒有中斷學習，甚至藉著佛燈日夜苦讀。同時，我也明白了一個道理：自由來之不易，時光必須珍惜。

崇禎二年（一六二九年）二月，父親沒能逃過別人的暗算，被我的叔父（即他的異母弟）毒死。在駐守南陽的右參政陳奇瑜的勸說下，祖父才放棄了另立世子的念頭，改立我為世孫。就這樣，長達十六年的鐵窗生涯才告終結。這一年，我虛歲二十八。

三年後，祖父死了，我繼承王位。旋即替父報仇，殺了那個叔父。為了抵擋南陽周邊的農民軍，我向朝廷借兵不成，便自行招兵數千與農民軍作戰，結果慘敗。為此還觸犯了國法，被皇上廢為庶人，軟禁在鳳陽。這一關又是十來年。

崇禎十七年（一六四四年）五月，福王朱由崧在南京登基，大赦天下，我也因此恢復了自由身。然而，這位弘光帝並未讓我回到南陽封地，而是把我遷至廣西平樂府，即以山水如畫著稱的桂林。經歷了多年的鐵窗洗禮，對於朱由崧的那點花花腸子，我早已心知肚明：他將我視為其帝位的一個威脅。於是，我沒去桂林，而是投奔福建。因為那裡有東南沿海經濟和軍事實力最強的海上商業霸主——鄭芝龍集團。

鄭氏後人所繪鄭芝龍畫像

鄭芝龍，原名鄭一官，早年曾是江洋大盜，邊做生意邊打仗，威震閩臺。更重要的是，他接受了朝廷招安，先後擊敗荷蘭殖民者及多股海盜，從福建巡撫帳下的五虎遊擊將軍升至弘光朝的福建總鎮、安南伯。作為紅頂商人，鄭芝龍利用官府的權力資源，以泉州安平鎮為基地，打破海禁，繁榮海市，組織龐大艦隊航行於大明東南沿海及日本、菲律賓等地，幾乎壟斷了大明與南洋諸國的貿易。據說，「自就撫後，凡海舶不得鄭氏令旗者，不能往來。每舶例入三千金，歲入千萬計，芝龍以此富可敵國……八閩以鄭氏為長城。」可以說，他是我朝官商結合的產物，也是靠海吃飯的代表，正如他本人所說，「三關（指由浙贛二省入閩時必經的仙霞關、杉關、分水關）餉取之臣，臣取之海，無海則無家」。從他接納我那一刻起，就注定了今後我的事業，必須依靠他經營多年的海上力量。

內外掣肘

弘光元年（一六四五年）閏六月二十七日，在鄭芝龍等人的擁戴下，我在福州稱帝，改元隆武。鄭芝龍封平虜侯，旋即晉封平國公，加太師，掌軍政大權；其三弟鄭鴻逵封定西侯，四弟鄭芝豹封澄濟伯，姪兒鄭彩封永勝伯。鄭家官居極品，成了隆武朝的臺柱子。

弘光朝廷的迅速崩潰令我震驚，福王君臣的昏聵與內訌令我寒心。跟貪圖酒色的朱由崧不一樣，我可不是紈袴子弟。多少年囚徒經歷的磨煉，塑造了「天將降大任於斯人」的雄心壯志。眼下，清廷才是最凶殘的敵人。因此，即位之初，我就誅殺了清廷派來招降的使者，毅然舉起了抗清大旗。

與朱由崧不同，我對飲酒、女色、戲曲和珠寶玉器一概不感興趣。除了知書達理的賢內助曾皇后，宮裡沒什麼寵妃。當了皇帝以後，我依舊儉樸，安貧若素，只穿土布黃袍。如果說有什麼嗜好的話，那就是讀書，說我是書呆子皇帝也不為過。

弘光朝廷之所以迅速失敗，無休止的派系傾軋和賣官鬻爵導致的吏治敗壞是兩個重要原因。有鑒於此，我提出屏棄門戶之見，用人不拘一格，只要願意抗清，一律量才錄用。我還親自撰文，主張消除「黨爭」，「用舍公明」。我深知「治亂世用重典」的道理，也渴望像太祖皇帝朱元璋那樣用嚴刑峻法震懾貪官汙吏。於是，隆武朝頒布了一項深得人心的新法令：「小貪必杖，大貪必殺。」看到監察御史吳春枝彈劾汀州知府、邵武通判、古田知縣等三個地方官貪贓虐民的奏疏，我勃然大怒，當即下旨：「各官贓私可恨，皆紗帽下虎狼也。若不嚴懲，民生何賴？都革了職，該撫速解來京，究問追贓充餉！」

儘管我整飭內政取得了一定成效，但眼下當務之急還是打仗。而這並非我所擅長。我曾想御駕親征，但苦於鄭芝龍的阻攔沒有成行。我任用金聲、楊廷麟、何騰蛟等抗清將領，收納李自成農民軍餘部，一度收復了安徽旌德、寧國等失地。前方捷報頻傳，可我怎麼都高興不起來。圍繞著抗清復明大業的主導權，有兩件煩心事一直困擾著我。

其一是遠在浙江的魯王朱以海。就在我登基的同月，他在浙東紹興被擁戴為監國。然而，身處抗清前線的魯王，對於長江中下游正在禁受的戰火蹂躪熟視無睹，依舊維持著荒淫奢侈的貴族生活。有人做詩曰：「魯國君臣燕雀娛，共言嘗膽事全無。越王自愛看歌舞，不信西施肯獻吳。」據說以錢塘江為防線的魯王軍隊，「守江諸將日置酒唱戲，歌吹聲連百餘里」。「君臣兒戲，概可見矣」。這樣的近鄰，根本沒法成為隆武政權抗清的屏障。

更嚴重的是出現了誰是老大的問題。我是皇帝，他是監國。按級別，我大他小。我是閏六月初七日被奉為監國，二十七日稱帝，他是閏六月二十八日稱監國。論資歷，我大他小。我是朱元璋的九世孫，他是朱元璋的十世孫。論輩分，我大他小。因此，我主動派出使者，前往紹興頒詔，宣布兩家無分彼此，魯監國委任的大臣也可以到福州擔任同等官職。朱以海權衡再三，決定拒絕接受詔書。誰是老大的問題到頭來沒有理清，魯、唐團結抗清的局面不僅沒能形成，反而結下仇恨，甚至兵戎相見。

其二是近在身邊的權臣鄭芝龍。當初他率軍迎接，令我產生了許多遐想，甚至把他看作復興大明江山的主心骨。然而，隨著時間的推移，我越來越發覺，鄭芝龍所做的一切，都是在維護其家族的政治和經濟利益，至於朝廷的安危，他根本沒放在心上。這也是為什麼我幾次三番地提出御駕親征，甚至我已經離開福州，移駕延平，準備前往湖南開闢局面，都被他攔下來的根本原因。不想拿自己辛苦培養的將士當砲灰，這種心情可以理解；但眼下國破家亡，覆巢之下安有完卵？養兵千日，現在不用，何時才用呢？

作為兼任吏部、兵部尚書的大學士，黃道周奉旨帶兵出征，挽救遭受清廷「薙髮令」折磨的江南黎民，理所應當。但鄭芝龍拒不發兵。書生意氣十足的黃道周一怒之下，隻身回鄉募兵，拼湊了一支幾千人的軍隊攻打江西。可鄭芝龍又不發糧餉，不提供武器，致使這支烏合之眾面對清軍虎狼之師一觸即潰。黃道周被俘殉國，履行了他「蹈仁不死，履險若夷；有隕自天，捨命不渝」的誓言。

黃道周隻身募兵抗清，被俘殉國。

黃道周的死讓我傷心，鄭芝龍的無情讓我寒心，「相在外，將在內」的怪現狀讓我摸不著頭腦。可如今，人在屋檐下，不得不低頭。我只好和曾皇后一起私下裡向隅而泣，無可奈何。唯一令我欣慰的是鄭芝龍的長子鄭森（即鄭成功），文武雙全，向我表達了抗清復明，報效朝廷的一片赤誠，並曾奉命率軍進入江西

「國姓爺」鄭成功是抗清復明的希望之星

，與清兵作戰。倘若其父有他一半的激情，抗清事業何至於裹足不前呢？我給鄭森欽賜國姓「朱」，更名「成功」。後來很多人都尊稱他「國姓爺」。如果我有女兒，一定收他作駙馬。可惜，僅憑這個二十多歲的毛頭小夥子，能改變目前的困局嗎？

亡國之君

由於嘉定等江南城鎮的抗清鬥爭，遲滯了清軍南下的步伐，我在福州過了將近一年的太平時光。隆武二年（一六四六年），我收到了一封急信，來自魯王朱以海。內容十萬火急——清軍渡過錢塘江，杭州失守，紹興即將不保。朱以海走投無路，只好向我求援，但信中文字卻桀驁不馴——他在信上稱呼我「皇伯叔」，而未稱「陛下」，令我不悅。結果，送信的使者掉了腦袋，我還振振有詞地認為，「時事之可憂，不在清而在魯」。

就在我對魯王逃亡海上幸災樂禍之際，忽然意識到唇亡齒寒的道理。於是，我趕緊要鄭芝龍派兵加強仙霞嶺的防禦，扼守福建北大門。但是，令我萬萬沒有想到的是，清軍由洪承疇出面，代表征南大將軍、多羅貝勒博洛，許以世襲閩粵總督、保有全部家業等優厚條件招降鄭芝龍。六月，清軍進逼福建，鄭芝龍按兵不動。八月間，他竟率水陸兩軍撤離福州，返回安平。鎮守仙霞嶺的鄭鴻逵擔心腹背受敵，聞風而逃。而這一切，我統統蒙在鼓裡。直到清軍兵臨延平城下，我才獲悉前線軍情，頓時恍然大悟：我不過是鄭芝龍的一個棋子而已。以前，我是他擴大影響的招牌；如今，我是他邀功獻媚的禮品，或是毫無用處的棄兒。不行，我得趕緊逃命。

慌亂之間，路過書房，看著那些擺放整齊的經史典籍，我又有點捨不得。於是，讓太監們趕緊打包裝車，跟著逃難的皇室隊伍一塊兒走。

八月二十一日，帶著惶恐與遺憾，我離開了曾經作為北伐抗清前進基地的延平。

也許是馱書的車輛拖了後腿，也許是我和曾皇后都不太擅長奔跑。總之，剛跑到汀州城外就被清軍追上了。我帶著曾皇后和大臣周之藩躲進關帝廟，只聽見清兵在門外高聲斷喝：「朱聿鍵出來！」在這千鈞一髮的關頭，周之藩給我使了個眼色，說罷手持鋼刀衝了出去，厲聲喊道：「我就是大明天子！」我立刻明白了他捨身掩護我的用意，趕緊帶著曾皇后逃出後門，跑進汀州城。周之藩慘遭亂箭射死。

原以為能在汀州城暫避一時，不料沒有半天的工夫，汀州陷落。原來，清軍辨認出周之藩並非真正的大明天子，並且發現了我和曾皇后的逃跑蹤跡，於是喬裝改扮，穿著明軍服裝，打著明軍旗號，詐開城門，一擁而入。

就這樣，我和曾皇后淪為清兵的階下囚。

我們夫婦被清軍視為奇貨可居，分別押進轎子送往福州。當隊伍停下休息之時，曾皇后猛然竄出轎子，縱身跳崖。死前只拋下了一句「陛下宜殉國，妾先去了」的話。我淚如雨下，也想自盡，都遭清兵攔阻而未成。

在福州的監牢裡，忍受著蚊蟲叮咬和潮濕悶熱，我不由得回憶起當皇帝的這段短暫歲月。酷愛讀書，固然令我才高八斗，追求上進，但也使我「食書不化」，脫離實際，優柔寡斷，加之缺乏官場歷練，理想抱負多於現實關懷，最終為書所累。

死期將近，對於自己，對於祖宗，對於大明江山，我問心無愧。如果還有什麼掛念的話，那就是已與其父分道揚鑣的「國姓爺」鄭成功。希望他勇敢地挑起抗清復明的大旗，挽狂瀾於既倒。至於鄭芝龍，隆武政權成也由他，敗也由他，但有一點是可以肯定的：對於這樣一個靠海吃飯的商業集團，投降決不是出路，而是死路。

桂王（永曆）朱由榔獄中自白

永曆十六年（一六六二年）三月十二日，我回到了闊別近兩年的故都昆明。然而，沒有扈從，沒有車駕，沒有夾道歡迎的百姓。我並非衣錦還鄉，而是被清軍俘虜，押解回來。坐在車輦裡，看到許多圍觀的百姓「泣下沾襟」，我很難過。圈禁在原崇信伯李本高的宅子裡，等待著最後的發落，過去三十多年的事情在我落寞的眼神裡若隱若現。

父親朱常瀛是萬曆皇帝第七子，天啟七年（一六二七年）以桂王的身分就藩湖南衡州（即衡陽）。我出生在北京，但孩提時代基本上是在衡州度過的，還守著「永明王」的封號。崇禎十六年（一六四三年），寧靜的生活被張獻忠率領的農民軍打破。衡州陷落，父王南逃廣西。這一年，我虛歲二十一。

兩年後，父王帶著恐懼和遺憾離開人世，兄長朱由㮋在繼承王位幾個月後一病不起，桂王的重任就落在了我的肩上。然而現在的我，既沒有封地，也沒有軍隊，只剩下了藩王的爵位。可就是這個爵位，改變了我的人生軌跡。

同姓內訌

隆武帝朱聿鍵的殉國，導致南方抗清力量一度沒了精神領袖。各地藩王裡，作為崇禎皇帝堂弟的我跟皇室關係最近。況且據說隆武帝曾有遺言：「永明神宗嫡孫，正統所繫。朕無子，後當屬諸永明。」於是，隆武二年（一六四六年）十月十四日，我在肇慶被擁戴為監國。

然而，當這個代理皇帝並不是什麼好事。至少樹大招風，容易惹麻煩。不出所料，七天後，贛州即告失守。雖說肇慶離贛州還遠，但朝廷內部已經人心惶惶。就在稱監國後的第十天，我接受部分大臣的提議，舉朝逃往兩廣交界的梧州。此舉宣告我已經放棄了廣東。

清兵還沒來，內亂就開始了。十一月初五日，隆武帝朱聿鍵的四弟，承襲唐王的朱聿鐭在廣州被擁立為皇帝，改元紹武。眼見臥榻之旁多了一個跟我爭奪正統的傢伙，我急了。十一月十二日，我趕緊離開梧州。十八日，回到肇慶的我宣布即皇帝位，改元永曆。此外，我立即派出使者到廣州宣讀聖旨，要求朱聿鐭「削號歸藩，謹遵臣節」。這是兩個大明天子爭奪正統的對決，談判不成，使臣身首異處，內戰隨即爆發。打了幾天，我的軍隊屢遭敗績。

就在兩位大明天子打得難解難分之際，佟養甲、李成棟率領清軍突襲廣州。朱聿鐭被俘，在清軍大營裡自縊身亡。就在我為他的死幸災樂禍之時，清軍兵臨城下。永曆小朝廷慌作一團。幾天之間，我就從肇慶逃到梧州，又從梧州逃到了桂林。我也不知道什麼時候練就了一身長跑功夫。背後的肇慶、梧州，乃至廣東全境瞬間淪陷。

短暫好夢

奪路狂奔的狼狽經歷，讓我越發明白「天子者，兵強馬壯者為之」的道理。驚魂未定的我，到處搜羅忠於明朝的軍隊。駐紮全州的總兵劉承胤宣稱效忠大明，成了我鐵心投靠的對象。很快地，我就批准了劉承胤的奏請，將永曆政權的臨時國都遷往湖南武岡州，改名奉天府。住在由先前的岷王府改建的行宮裡，我終於找到了一點家的感覺。而劉承胤迎駕有功，得封安國公，國家大事都由他說了算。

永曆元年（一六四七年）八月，清廷平南大將軍孔有德率大軍深入湖南，進逼武岡。緊要關頭，本指望劉承胤率軍迎敵，卻傳來了他打算降清的絕密情報。他對清廷的見面禮，竟是我和我的家人。我當機立斷，帶領家眷和少數大臣匆忙逃出武岡，險些被清軍追上。

武岡的經歷好比一場噩夢。我忽然發現，朝廷花重金豢養的鷹犬，在關鍵時刻不是投敵，就是自殺，毫無理想信念，毫無榮辱氣節，毫無報效國家的責任感，難以信賴和重用。反倒是那些曾與我朝對抗的農民軍餘部，堅決抗清，屢有戰績。眼下，大敵當前，倘若能把農民軍團結或收編到我的麾下，那對於扭轉抗清局面將是多麼好的一件事啊！至少，有他們在前方擋著清軍，我在後方也可以安穩些，不必東躲西藏了。這個由王皇后提出的設想，經廷議之後得到認可。

其實，李自成的餘部早已開始與明軍接觸。李自成在九宮山陣亡後，其部眾分為兩支，各由郝搖旗、劉體純和李過、高一功率領，共計四五十萬人，進入荊襄，接受了在當地堅持抗清的大學士何騰蛟、兵部尚書堵胤錫的改編，納入大明官軍體系。他們的合作，牽制了清軍的兵力，使湖南成為福建隆武政權的一道屏障。如今我需要做的，只是承認現狀，保障供給，放手讓他們一搏。這一點我做到了。其後不到兩年，戰局發生了戲劇性的扭轉。

武岡失陷，桂林告急。危難關頭，郝搖旗率眾萬人趕來助戰，在何騰蛟、瞿式耜的部署下保住了桂林。此後，明軍在全州大敗清軍，並乘勝收復湖南全境。明軍連勝的聲威，也激發了一批先前降清漢族將領的反正熱情。金聲桓、李成棟分別在江西和廣東宣布反正，服從永曆朝廷。一時間，向我稱臣效忠的區域擴大到雲南、貴州、廣東、廣西、湖南、江西、四川等七省。在福建廈門、金門堅持抗清的鄭成功也接受了我冊封的延平郡王爵位，放棄隆武年號，改奉永曆為正朔。就連清廷腹地的呂梁、關中一帶，也有義軍發動攻勢，襲擊清軍。這是清軍破關南下以來，我朝抗清鬥爭前所未有的一次勝利。興奮之餘，我決定把行在回遷肇慶，指揮各路大軍北伐中原。

禍起蕭牆

捷報頻傳的背後，是無窮無盡的隱憂。由於不斷的勝利，誰也沒有注意它，誰也沒有重視它。這個隱憂就是各路大軍的協調統一問題。李自成餘部作戰英勇毋庸置疑，但畢竟是被官軍收編的隊伍，與正規軍的行事作風格格不入，故而經常遭受排擠。雖說劉承胤業已投敵，可像他那樣擁兵自重的武夫悍將仍舊大有人在。將帥貪婪，士兵怯懦，軍紀渙散，各行其是，何騰蛟雖然付出了極大的努力，依然無法將各路大軍捏合在一起。

朝廷內部無休止的黨爭，就是這個隱憂的根源。文官與武將互相猜忌，文官內部有「閹黨」和「清流」之分，武將內部有「吳黨」、「楚黨」之隔。這個從萬曆年間傳下來，連續葬送崇禎、弘治、隆武等政權的「窩裡鬥」傳統，如今在永曆朝愈演愈烈，連我都剎不住。

桂林陷落後，瞿式耜被清軍俘虜，慷慨就義。

自己人的火併，給清廷提供了捲土重來的天賜良機。永曆三年（一六四九年），清軍先後平定江西、廣東，浩浩蕩蕩向湖南殺來。官軍抵擋不住，連續失利，損兵折將，何騰蛟、瞿式耜先後在湘潭和桂林的激戰中被俘殉難。不到一年，不僅剛剛收復的失地再度淪陷，就連老根據地廣西也丟了。我再次從肇慶一路向西逃竄，重演了幾年前的狼狽一幕。

更令我悵然的是，何騰蛟的被俘殉難，堵胤錫和李過的相繼病逝，使李自成餘部失去了在永曆朝立足的強大後盾。郝搖旗、李來亨（李過之子）、劉體純苦於正規軍的排擠，不得不遠走他鄉，單打獨鬥，號稱「夔東十三家」，在川東堅持抗清。就這樣，我賴以生存的軍隊走的走，垮的垮，所剩無幾。

就在前途一片灰暗之際，我收到了一封書信，落款人是李定國。這封書信好比黑夜中的一盞明燈，給我帶來了充滿希望的光亮。

孫李之爭

李定國是張獻忠的部將。張獻忠被清軍射殺後，他的四個部將孫可望、李定國、劉文秀、艾能奇率餘部撤出成都，向南轉移，攻占了貴州大部分和雲南全境。基於清廷大敵當前的現實形勢，李定國提出「聯明抗清」的思路，得到了其他將領的認同。這封書信裡，他就表達了這層意思，建議我入黔與他合作。李定國的好意，似雪中送炭，讓我感激萬分。對於李定國提出的訂立「扶明逐清」之約的想法，我不假思索地同意了。

永曆六年（一六五二年）二月，李定國派人將我接到貴州安隆所，並將此地改名安龍府，作為我的新行在。每年拿出八千兩銀子和六百石米糧，供皇室用度。李定國以我的旗幟為號召，將西南地區各路抗清力量聚攏到了貴州。

來到安龍，我才弄明白：張獻忠餘部中，軍力最強的是李定國，地位最尊的卻是孫可望。於是，我分別加封孫可望、李定國、劉文秀為王，以示籠絡。其中孫可望擁有「大小戰爭，誅斬封奏，先行後奏」的特權。而艾能奇由於五年前陣亡，只能追封以示懷念。

身為四義子之首，孫可望體恤部下，團結義弟，群策群力，一致對外，而且軍紀嚴明，秋毫無犯。他曾有「自今非接鬥，不得殺人」的命令，一改張獻忠殺人盈野的傳統。凡攻占州縣，他都貼出告示，「招撫外逃百姓回家復業，不足者供給牛種」。貴州「士民多望風送款」。此外，還有一點令我欽佩，那就是對大小貪官一律斬殺，毫不手軟。在他的治理下，貴州出現了戰亂年間少有的安定局面。

就在我駐蹕安龍後不久，孫可望發動了一場抗清大反攻。李定國率軍東攻廣西，劉文秀率軍北出四川，孫可望坐鎮中路，進取湖南。僅僅一年之間，就連續傳來捷報：李定國率軍連克廣西全境和湖南南部，特別是取得了桂林大捷和衡陽大捷。清廷定南王、平南大將軍孔有德困守桂林，自焚而死；敬謹親王尼堪率領八旗兵在衡陽城外遇伏被斬，清軍餘部紛紛退保長沙，不敢再戰。市井傳頌著「東珠璀璨嵌兜鍪，千金竟購大王頭」的詩篇，就是歌頌李定國斬殺尼堪的壯舉。據說有清朝官員為尼堪之死沮喪不已，稱這是「自國家開創以來，未有如今日之挫辱者也」。劉文秀率軍攻入四川，擊潰吳三桂，包圍成都。由於東路和北路的勝利，致力抗清的鄉紳義士紛紛奔相走告，許多退入山區的明軍殘部揭竿而起。一切似乎都在朝著有利於永曆朝廷的方向發展。

可關鍵時刻，又是內訌毀掉了大好形勢。孫可望充分利用我給予他的「先行後奏」特權，削奪了劉文秀的王爵，將其部屬拆散。更加可怕的是，孫可望對於李定國「兩蹶名王」的戰功心生妒忌，竟拋棄了手足情誼，邀請李定國到芷江議事，打算席間殺之。幸好事情敗露，陰謀未遂，李定國遠走廣西。戰局很快又急轉直下了。

李定國走了，劉文秀垮了，朝中就剩下孫可望一人獨大。此時此刻，他乾脆把安龍府甩開，自己在貴陽建造宮殿，頒布典章制度，興建太廟，大封部將。得到這些消息，我以為又要遷都，心中不悅。沒想到，這個新都不是為我建的，而是為他建的。甚至有大臣勸我向孫可望「禪位」。安龍府的駐軍都是他的人，我該怎麼辦？

雲南勐臘李定國祠

朝中一些正直的大臣對孫可望的倒行逆施極為不滿，打算暗中聯絡李定國出面護駕。誰知消息走漏，引起孫可望的極大反彈。永曆八年（一六五四年）三月，孫可望大興「密詔之獄」。這些正直大臣跑到王皇后的宮裡躲避，但還是被孫可望硬生生地抓住殺害。孫可望的同黨官員甚至上書歷數王皇后干預朝政、破壞祖制的罪名，建議將其廢掉。我把這份奏疏拿給王皇后看，兩人向隅而泣，彼此欷歔無語。

可等了一段時間，孫可望竟沒有動手。或許，他也有些心虛吧。

給李定國的密詔到底還是送了出去。永曆十年（一六五六年）正月，李定國回來了。他親率精銳，衝破孫可望的阻撓，成功抵達安龍，全城歡呼雀躍。進城朝見之時，李定國單膝跪倒，我連忙攙扶：「久知卿忠義，恨相見之晚。」李定國激動得淚流滿面，連忙叩頭謝恩。

鑒於孫可望在貴州勢力太大，李定國難以立足，便奏請遷都昆明。三月，我成為來到這座偏遠城市的第一位大明天子。一路之上，見到昆明百姓遮道相迎，望之泣下，我非常感動，決定「朕到，勿分軍民老幼，聽其仰首觀覘」，讓偏遠地區的百姓都能一睹真龍天子的面容。在這裡，我恢復了皇權，加封李定國為晉王，劉文秀為蜀王。昆明改稱滇都，成為指揮全國抗清鬥爭的新中樞。

雲南陷落

駐蹕昆明後，我下令將孫可望的眷屬禮送回黔，並下詔撫慰，承諾只要他幡然悔悟，地位仍在李定國、劉文秀之上。李定國也修書勸他分清是非，迷途知返，共濟國難。然而，我的好意只換來了孫可望的十四萬大軍。不是來投誠的，而是來決戰的。永曆十一年（一六五七年）八月，孫可望大舉進攻雲南，甚至提前打造了三百副枷鎖，稱破滇之時用來逮捕我和李、劉二將，以及諸位官員。是時，李定國、劉文秀麾下軍隊不足三萬。不過，孫可望師出無名，軍心不齊。

九月十九日拂曉，雙方在交水三岔口展開惡戰。先是李定國軍受挫，緊接著孫可望部將白文選陣前倒戈。最終，孫可望慘敗，十幾萬大軍分崩離析。據說孫可望一路東竄，沿途關隘或營壘俱閉而不納，甚至連貴陽都拒絕歡迎這位膽敢反叛天子的逆臣。曾經不可一世的孫可望走投無路，向清軍統帥洪承疇投降。

孫可望垮臺了，但這決不意味著危機的解除。由於清廷封孫可望為義王，待遇優厚，他受寵若驚，便為新主子想方設法地賣命效力，把他所掌握的雲貴地區地形地貌、軍事部署向清廷做了詳細彙報，並建議清廷大舉進攻雲南。孫可望已經從永曆朝的頭號權臣，墮落為清廷的頭號鷹犬。

永曆十二年（一六五八年），清軍分三路進攻雲貴。此時，我一方面下令李定國拚死抵抗，劉文秀北出四川以為牽制。一方面向鄭成功傳旨，請他出兵閩浙，配合我軍行動。然而，遠水解不了近渴，鄭成功的北伐沒能遲滯洪承疇的進軍速度。由於孫可望的叛賣和招降，其大批舊部紛紛倒戈。李定國指揮失當，導致明軍節節敗退，貴州陷落。劉文秀被他從四川前線召回，鬱鬱而終。

昆明告急，遷都在所難免，我又要踏上奔波之路。然而，往哪裡去呢？李定國本想遷都四川建昌，繞到清軍背後，與夔東十三家會合。但幾經權衡，又鬼使神差地選擇了西撤騰衝。由於缺乏通盤計畫和軍事動員，導致撤退變成了逃跑。在逃亡過程中，李定國設伏磨盤山，阻擊吳三桂追兵，而我慌不擇路，莫名其妙地聽從了親信大臣馬吉翔的建議，率領一班文武大臣和妻小家眷跑進了緬甸境內，尋求保護。

黔國公沐天波、華亭侯王惟華、東宮典璽太監李崇實三人，頭腦比較清醒，他們覺得完全寄希望於緬甸保護似乎不妥。一旦其國王態度反覆，後果難料。他們提議，由我率一半將士入緬，太子率一半將士駐守邊境，以為外援。我覺得有道理，可以考慮，但王皇后堅決不肯愛子遠離身邊。最後，這個主意不了了之。

在沒有留任何餘地的情況下，整個皇室一鍋端地進了緬甸。

異域末日

還好，緬甸使臣傳來消息，他們的國王同意接納我們，但提出要解除武裝方可入境。緬甸曾向大明稱臣多年。這樣的要求無疑是太過分了！但如今，我是敗軍之帥、亡國之君，到人家的地盤上尋求避難，還有什麼臉面擺譜？我只好答應，並派出使者前往緬甸王宮。

不料，緬甸國王竟拒絕接見我的使者，只派漢人通事居間傳遞信息，理由是禮節不便。通事拿出萬曆年間朝廷頒給緬甸的敕書同我的使者帶來的敕書核對，發現所蓋玉璽大小不同，故而對我這個皇帝的合法性產生懷疑。幸虧沐天波曾長期鎮守雲南，攜有歷代相傳的征南將軍印，經常在對緬甸的行文中使用，這才消除了通事的疑慮。

有李定國數萬大軍在邊境活動，緬甸方面不敢對我過於慢待。然而他們給予的，也僅僅是草房居住和飲食供應而已。不過，他們常常索取大量「賞賜」作為交換，令我不堪其擾，絲毫找不到「賞賜」的感覺。即使是這樣苟延殘喘的生活，也只維持了三年。

永曆十五年（一六六一年）五月二十三日，緬甸發生政變，國王被殺，國王的弟弟自立為王。按道理說，新王即位，寄人籬下的我應該前去祝賀，可是，作為天朝上國的君主，怎能因為一時落魄，就去向自己的藩屬國卑躬屈膝呢？更重要的是，我們君臣隨身帶的錢財已經花得差不多了，實在是拿不出像樣的賀禮。像我這種愛面子的人，怎願意到那樣的場合，當著許多邦國的君主和使臣的面給大明和自己丟臉呢？最終，我沒有去。

沒想到，緬甸新國王派遣使節追上門來，向我索要賀禮，結果當然是一無所獲了。使節像是被事先教好一般，指著我們君臣一頓責備：「我們國家勞苦三年，孝敬你們。你們的皇帝和大臣應該重重感謝我們才是。先王早在前年就想殺掉你們，還是我王竭力求情，方得保全！你們這些人竟然毫不知恩報答！」話音未落，不等我們辯解，便揚長而去。

緬甸使節的腳步漸漸遠去，我的心也漸漸涼了：看來這裡已經不是久居之地。可是，我該往哪兒去呢？李定國，你在哪裡？我需要你，永曆朝廷需要你！

七月十六日，緬甸新國王遣使來告，打算請我君臣過河議事。大臣們面面相覷，誰也不敢吱聲。大家都知道，我們跟新國王的關係已經鬧僵了。兩天後，緬甸使臣再次前來，特地說明，他們的國王對我們君臣始終心存疑慮，為了消除誤解，打算跟我們一起在河邊共飲「咒水」，對天盟誓，順便磋商加強雙方貿易的事。使臣還放下狠話：「如若你們不答應，我國就與你們斷絕關係，屆時你們的生活會更加艱難！」

此時此刻，我真切地體會到「弱國無外交」的內涵。拗不過緬方一再堅持，我不得不派遣沐天波、馬吉翔和太監李國泰等人前往。馬吉翔是大學士，地位崇高；沐天波是世鎮雲南的黔國公，在西南邊境各邦國有影響力，受重視。這樣的人員組合應該不至橫生意外吧。緬甸方面同意了。

七月十九日黎明，馬吉翔等官員乘船渡河，前往緬甸軍隊駐地，準備參加「飲咒水」盟誓。誰知幾個時辰後，緬甸軍人竟蜂擁而至，不容分說將我的衛兵和臣僚誅殺殆盡，我們隨身的財物被搜括一空，嬪妃、公主、宮女和官員家眷遭到搶掠，不堪凌辱而上吊自殺者逾百。見此慘景，我仰天長歎，倉卒之間，決定與王皇后一道上吊。侍衛總兵鄧凱連忙搶過白綾，跪下叩頭道：「太后年老，飄落異域。皇上丟失社稷已是不忠，今丟下太后更是不孝，何以見高皇帝於地下？」聽到這樣的話，我羞赧萬分，就連自殺的勇氣也沒有了。

緬甸兵士沒有殺我，太后、王皇后、我和太子都被趕進一間小屋。二十五個人戰戰兢兢，誰也不敢吭聲。直到傍晚，緬甸使臣才姍姍來遲，喝令緬甸軍士趕緊住手：「國王有令，不可傷害皇帝及沐國公。」然而，幾天之後我才獲悉，馬吉翔等四十二名官員剛抵達緬甸軍營，就被三千軍士包圍。沐天波見有變故，立即奪刀反抗，立斬十餘人。然而寡不敵眾，全部遇害。

「咒水之難」使我的「行宮」屍橫遍地，無法居住。緬方請我暫移別處，待「行宮」清理完畢後再行遷回。幾天後，他們還派人送來吃穿、鋪蓋、銀錢，把這場變亂的起因歸結為我的屬下藩王殺害緬甸地方百姓。真是欲加之罪，何患無辭！

「咒水之難」導致劉貴人和楊貴人自縊而死。一次，王皇后與下人談及此事，淚如雨下：「臣妾不是貪生怕死之人，但不能像她們那樣一死了之。因為太后還活著，皇上還活著，他們需要我啊！我死倒乾淨，但太后和皇上不更淒慘了嗎？所以，我不能死在他們之前！」她拖著病體繼續勉力維持著後宮的尊嚴。聽到這樣的消息，我對她肅然起敬。

「咒水之難」使我愈加思念李定國。記得不久前，他曾陳兵緬甸邊境，大敗緬軍，但我為了息事寧人，竟神經質地下詔讓他退兵，從而讓自己失去了外在的保護傘。如今，我雖然還思念他，雖然得悉他依然在邊境活動，等我回心轉意，返回雲南。然而，我已經無顏見他，更無顏返回故土，只想在緬甸等死。

十一月十八日，我對鄧凱說：「太后又病倒了。如果天意不可挽回，韃子來殺朕，就讓他來殺好了。你就不要管朕了。但是，希望你能讓太后的骸骨得歸故土。」他含著淚點了點頭。如果沒有他的拚死護駕，或許我早就死在「咒水之難」的亂軍之中了。

永曆十六年（一六六二年），業已占領雲南全境的吳三桂，率清軍氣勢洶洶地陳兵邊境。我知道，他興師動眾，不是索要緬甸的土地和人民，而是索要我們君臣，根除大明的血脈。末日臨近，夜幕降臨，可我還想掙扎一下。於是哭著給吳三桂寫了一封信。

信中，我先是嚴厲斥責他引狼入室、屈膝降清的卑劣行徑，為的是維護我作為大明皇帝殘存的顏面。其後，我把筆鋒一轉，切入主題：如今我兵微將寡，命運懸於你吳三

吳三桂狠心絞殺永曆帝，以圖安枕。

朱由榔埋骨昆明，南明就此畫下了休止符。

桂之手。倘若你能網開一面，留我活命，我情願捨棄一切，不再從政，專心於民間務農，自食其力。這是我最後的乞憐，有氣無力。可即使是這樣的姿態，依然沒有得到吳三桂的正面回應。看來，他對新主子是死心塌地了。

永曆十六年二月初二日，不敢跟吳三桂對抗的緬甸國王，終於發布了我不願接受，但又不得不接受的命令：將我捆了起來，連人帶寶座一起抬進吳三桂的軍營。殘餘的臣僚和眷屬邊哭邊走，哭聲震動山谷。就這樣，我坐在車輦裡，被清軍押回昆明。

李定國還在邊境山區堅持抗清；鄭成功收復臺灣，建立了東南沿海抗清復明的鞏固基地。然而，他們的努力和成就，對我來說已經毫無意義了。

我，大明復興的最後希望，業已落入囹圄，縱然苟活，死期不遠。

一個王朝就此終結……

後記

有人說，明朝是中國歷史上最輝煌的朝代，堪稱繼周朝、漢朝和唐朝之後的黃金時代，被稱為「治隆唐宋」、「遠邁漢唐」。理由不僅是無漢唐之和親，無兩宋之歲幣，天子禦國門，君主死社稷，為後世所景仰，更有鄭和下西洋、《永樂大典》、《本草綱目》、《農政全書》、《天工開物》等前無古人的輝煌成就，以及與西方初步接觸時的包容心態。

有人說，明朝是中國歷史上最黑暗的朝代。理由之一是皇帝極端變態，不是殺人成癮，就是貪玩成性；理由之二是宦官專權，廠衛橫行，殘酷的特務政治令人們的日常生活缺乏安全感；理由之三是封建王朝的痼疾——土地兼并問題不但沒有根治，反而由皇帝帶頭兼并，引發嚴重的流民、饑荒和財政虧空問題，最終埋葬了這個王朝。

有人說，明朝是中國歷史上最難捉摸的王朝。宣德以後，昏君一個接一個，可這個朝廷居然繼續維持了兩百年；末代皇帝崇禎可謂勤政，卻不幸承擔了亡國敗家的責任。怪哉！

對於明朝的評價，幾百年來一直眾說紛紜。但所有史家都有一個共識：明朝的皇帝個性極強。在君主專制制度高度成熟的大明王朝，君主的意志和作為，往往可以對社會的發展進程產生深刻影響。因此，對於明朝皇帝群體的深入關注，對於讀懂三百年明史而言至關重要。

這本書，描繪了明朝皇帝的眾生相，以回憶錄的形式，客觀敘述了明朝十幾位帝王的傳奇人生；這本書，刻畫了明朝皇帝的內心世界，以第一人稱的筆法，帶著讀者身臨其境，近距離觸摸明朝三百年風雲詭譎的宏大歷史畫卷。對於明史的敘述而言，這是一次全新的嘗試。

眾所周知，沒有哪位皇帝留下過回憶錄。因而，「替皇帝回憶」，肯定有虛構的成分。本書不是明史學術著作的改寫本，也不是簡簡單單的明朝皇帝列傳，更不是戲說、胡說、亂說。

雖然我的學術專長在於清史和民國史，但要想做好前者，對與之一脈相承的明史必須也有所研究。因此，我積三年之功，挖掘大量文獻資料，將研究心得融為一體，遵循明朝的歷史脈絡，獨立完成此書。對於一些備受爭議的明史熱點，我採取了比較嚴肅的學術態度。比如建文皇帝下落之謎，本書採用建文出家說，並附上其他說法，供讀者參考。對於國內學界關注較少的話題，我通過核對文獻，參照國外研究成果予以較多著墨。比如「建文革新」，試圖由此反思「靖難之役」建文皇帝失敗的原因；比如「洪熙新政」，重在挖掘其成就，用以說明這短暫一瞬在明朝前期的歷史地位；比如明宮「三大案」，通過對比多份材料，為讀者進行了詳細地交代，避免留下模糊印象；對於明武宗朱厚照的怪誕行徑和嘉靖、萬曆二帝多年「怠政」的原因及其後果，更多地站在皇帝本人的角度，進行了有別於傳統說法的分析和判斷。

明朝共有十六個皇帝，其中明英宗朱祁鎮兩次登基，用了兩個年號，故而一共十七個年號。此外，為了避免明史的敘述在崇禎自縊後戛然而止，保證明朝故事的連貫性和完整性，我們以福王朱由崧、唐王朱聿鍵、桂王朱由榔及其政權的興亡作為切入點和敘述重心，將一六四四～一六六二年南明皇室堅持抗清、尋求復興的壯闊歷史也通盤考慮。三位南明君主的回憶錄以「獄中自白」的形式作為全書的附錄。此外，由於明仁宗朱高熾和明光宗朱常洛在位時間太短，且其身上發生的大部分故事都在前朝的回憶錄中有所體現，因而他們兩人的回憶錄篇幅較小。

著名歷史學家、國家清史編纂委員會主任、中國人民大學清史研究所名譽所長，我的導師戴逸教授，推薦了一些重要的參考文獻和信息。中國史學會副會長、國家清史編纂委員會委員、中國社會科學院世界歷史研究所于沛教授欣然作序，為本書賦予了更多的世界眼光和前瞻思路。我的夫人龔豔女士為本書的寫作提供了大量寶貴意見和建議。中國地圖出版社的朱萌女士、陳宇先生及臺灣遠流出版公司的游奇惠、陳穗錚女士，為本書中文簡、繁體字版的編輯出版付出了大量心血。在此一併表示感謝。

作者謹識

參考文獻

張惟賢等：《明實錄》，上海：上海書店（影印本），一九八四年。

張廷玉等：《明史》，北京：中華書局（標點本），一九七四年。

孟森：《明史講義》，上海：上海古籍出版社，二〇〇八年。

吳晗：《明史簡述》，北京：中華書局，二〇〇五年。

南炳文、湯綱：《中國斷代史系列——明史》（上下冊），上海：上海人民出版社，二〇〇三年。

牟復禮（Frederick W. Mote）、崔瑞德（Denis Twitchett）編，張書生等譯：《劍橋中國明代史》（*The Cambridge History of China Volume 7-8, the Ming Dynasty, 1368-1644*），北京：中國社會科學出版社，二〇〇六年。

吳乘權：《綱鑑易知錄》，北京：中華書局，二〇〇九年。

朱子彥：《多維視野的大明帝國》，合肥：黃山書社，二〇〇九年。

張顯清、林金樹：《明代政治史》（上下冊），桂林：廣西師範大學出版社，二〇〇三年。

卜正民（Timothy Brook）著，陳時龍譯：《明代的社會與國家》（*The Chinese State in Ming Society*），合肥：黃山書社，二〇〇九年。

熊召政：《去明朝看風景》，北京：中華書局，二〇〇八年。

吳蔚：《明朝驚天疑案》，上海：上海大學出版社有限公司，二〇〇九年。

江永紅：《誰毀了大明王朝》，北京：解放軍文藝出版社，二〇〇九年。

夏維中：《品明朝：朱元璋的子孫與明亡清興的往事》，西安：陝西師範大學出版社，二〇〇六年。

李亞平：《帝國政界往事：大明王朝紀事》，北京：北京出版社，二〇〇八年。

易中天：《帝國的惆悵：中國傳統社會的政治與人性》，上海：文匯出版社，二〇〇五年。

樊樹志：《晚明史》，上海：復旦大學出版社，二〇〇三年。

朱長祚：《玉鏡新譚》，北京：中華書局（標點本），一九八九年。

司徒琳（Lynn A. Struve）著，李榮慶等譯：《南明史：一六四四～一六六二》（*The Southern Ming, 1644-1662*），上海：上海書店出版社，二〇〇七年。

謝國楨：《南明史略》，長春：吉林出版集團有限責任公司，二〇〇九年。

錢海岳：《南明史》（全十四冊），北京：中華書局，二〇〇六年。

顧誠：《南明史》，北京：中國青年出版社，二〇〇三年。

許文繼、陳時龍：《正說明朝十六帝》，北京：中華書局，二〇〇五年。

高陽：《明朝的皇帝》，桂林：廣西師範大學出版社，二〇〇六年。

吳晗：《朱元璋傳》，西安：陝西師範大學出版社，二〇〇八年。

陳梧桐：《自從出了朱皇帝》，廣州：廣東人民出版社，二〇〇八年。

毛佩琦：《朱元璋二十講》，瀋陽：萬卷出版公司，二〇〇八年。

馬渭源：《大明帝國：從南京到北京》（文弱的書生皇帝朱允炆卷），南京：東南大學出版社，二〇〇九年。

商傳：《永樂大帝》，桂林：廣西師範大學出版社，二〇一〇年。

蔡石山：《永樂大帝：一個中國帝王的精神肖像》，北京：中華書局，二〇〇九年。

鄭一鈞：《鄭和全傳》，北京：中國青年出版社，二〇〇五年。

孟席斯（Gavin Menzies）著，師研群等譯：《一四二一：中國發現世界》（*1421: The Year China Discovered the World*），北京：京華出版社，二〇〇五年。

劉超文：《解縉及其傳說》，南昌：江西人民出版社，一九八二年。

趙中男：《宣德皇帝大傳》，北京：中國社會出版社，二〇〇八年。

酈波：《救時宰相于謙》，北京：中國民主法制出版社，二〇一〇年。

蔡向東：《天順：明英宗朱祁鎮》，呼和浩特：遠方出版社，二〇一〇年。

方志遠：《成化皇帝大傳》，北京：中國社會出版社，二〇〇八年。
張嶔：《被遺忘的盛世》，北京：九州出版社，二〇〇九年。
李洵：《正德皇帝大傳》，北京：中國社會出版社，二〇〇八年。
高陽：《明武宗正德豔聞祕事》，北京：團結出版社，二〇〇五年。
韋慶遠：《正德風雲：蕩子皇帝朱厚照別傳》，廣州：廣東人民出版社，二〇〇八年。
胡凡：《嘉靖傳》，北京：人民出版社，二〇〇四年。
林乾：《嘉靖皇帝大傳》，北京：中國社會出版社，二〇〇八年。
徐階：《官智經》，北京：華文出版社，二〇〇九年。
韋慶遠：《隆慶皇帝大傳》，北京：中國社會出版社，二〇〇八年。
樊樹志：《萬曆皇帝傳》，南京：鳳凰出版社，二〇一〇年。
黃仁宇：《萬曆十五年》，北京：中華書局，二〇〇七年。
樊樹志：《張居正與萬曆皇帝》，北京：中華書局，二〇〇八年。
朱東潤：《張居正大傳》，西安：陝西師範大學出版社，二〇〇九年。
蔡向東：《天啟：明熹宗朱由校》，呼和浩特：遠方出版社，二〇一〇年。
樊樹志、夏寧、金波：《權奸宦禍：魏忠賢》，上海：上海文化出版社，二〇〇八年。
閻崇年：《袁崇煥傳》，北京：中華書局，二〇〇五年。
閻崇年：《明亡清興六十年》，北京：中華書局，二〇〇八年。

樊樹志：《崇禎傳》，北京：人民出版社，一九九七年。
樊樹志：《大明王朝的最後十七年》，北京：中華書局，二〇〇七年。
謝承仁：《李自成新傳》，北京：北京圖書館出版社，二〇〇七年。
陳福郎：《海峽梟雄：開臺先驅鄭芝龍》，北京：九州出版社，二〇〇七年。
楊海英：《洪承疇與明清易代研究》，北京：商務印書館，二〇〇六年。
王宏志：《洪承疇傳》，北京：人民文學出版社，二〇〇九年。
郭影秋：《李定國紀年》，北京：中國人民大學出版社，二〇〇六年。

明朝帝王世系表

- 明太祖朱元璋
  - 懿文太子朱標
    - 惠帝朱允炆（靖難之役被奪位）
  - 成祖朱棣
    - 仁宗朱高熾
      - 宣宗朱瞻基
        - 英宗朱祁鎮
          - 憲宗朱見深
            - 孝宗朱祐樘
              - 武宗朱厚照
            - 興獻王朱祐杬
              - 世宗朱厚熜
                - 穆宗朱載垕
                  - 神宗朱翊鈞
                    - 光宗朱常洛
                      - 熹宗朱由校
                      - 思宗朱由檢
                    - 福恭王朱常洵
                      - 福王朱由崧（弘光）
                    - 桂端王朱常瀛
                      - 桂王朱由榔（永曆）
        - 代宗朱祁鈺
  - 唐定王朱桱
    - 唐靖王朱瓊烴
    - 唐憲王朱瓊炟
      - 唐莊王朱芝址
        - 唐成王朱彌鍗
        - 文城王朱彌鉗
          - 唐敬王朱宇溫
            - 唐順王朱宙栐
              - 唐端王朱碩熿
                - 唐裕王朱器墭
                  - 唐王朱聿鍵（隆武）

太祖朱元璋給26個兒子每個人定了一個輩分表，每個表20個字，按照五行相生的原則（木生火，火生土，土生金，金生水，水生木），從他的孫子開始，依次向下取名字。即兒子一輩的名字所含元素，總是被父輩的名字所含元素所生。

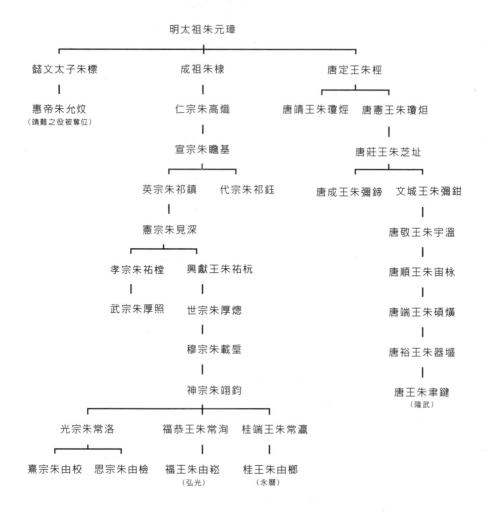

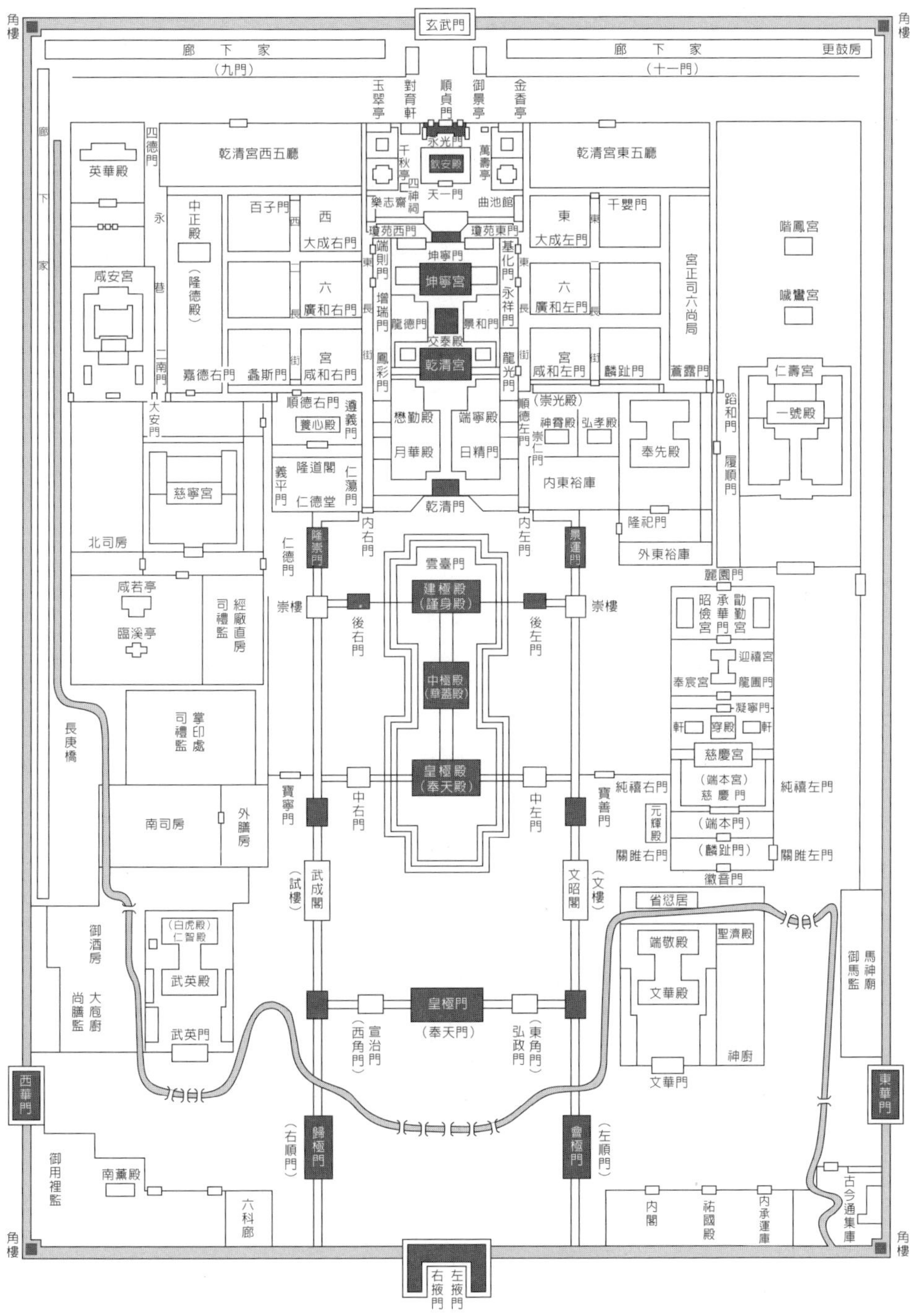

玄武門
角樓
角樓
廊　下　家
（九門）
廊　下　家
更鼓房
（十一門）
玉翠亭
對育軒
順貞門
御景亭
金香亭
永光門
欽安殿
千秋亭
萬壽亭
四神祠
天一門
樂志齋
曲池館
瓊苑西門
瓊苑東門
乾清宮西五廳
乾清宮東五廳
四德門
英華殿
廊下家
永巷
咸安宮
二南門
大安門
中正殿
（隆德殿）
百子門
西大成右門
六廣和右門
宮咸和右門
蠡斯門
嘉德右門
端則門
增瑞門
鳳彩門
坤寧門
坤寧宮
龍德門
交泰殿
景和門
乾清宮
基化門
永祥門
龍光門
東大成左門
千嬰門
六廣和左門
宮咸和左門
麟趾門
宮正司六尚局
蒼露門
噦鳳宮
噦鸞宮
仁壽宮
一號殿
蹈和門
履順門
順德右門
遵義門
養心殿
隆道閣
義平門
仁德堂
仁蕩門
懋勤殿
月華殿
端寧殿
日精門
順德左門
（崇光殿）
神霄殿
弘孝殿
崇仁門
奉先殿
內東裕庫
隆祀門
外東裕庫
乾清門
內右門
內左門
慈寧宮
北司房
隆宗門
仁德門
景運門
雲臺門
建極殿（謹身殿）
崇樓
後右門
後左門
崇樓
咸若亭
臨溪亭
司禮監
經廠直房
中極殿（華蓋殿）
麗園門
昭儉宮
承華門
勖勤宮
迎禧宮
奉宸宮
龍圃門
凝寧門
軒
穿殿
軒
慈慶宮
長庚橋
司禮監
掌印處
皇極殿（奉天殿）
中右門
中左門
寶寧門
寶善門
純禧右門
純禧左門
（端本宮）慈慶門
元輝殿
（端本門）
（麟趾門）
關雎右門
關雎左門
徽音門
南司房
外膳房
（試樓）
武成閣
文昭閣
（文樓）
省愆居
御酒房
（白虎殿）仁智殿
武英殿
尚膳監
大庖廚
武英門
皇極門
（奉天門）
宣治門
（西角門）
弘政門
（東角門）
端敬殿
聖濟殿
文華殿
神廚
文華門
御馬監
馬神廟
西華門
東華門
御用裡監
南薰殿
（右順門）
歸極門
會極門
（左順門）
六科廊
內閣
祐國殿
內承運庫
古今通集庫
右掖門
左掖門

明代北京紫禁城示意圖

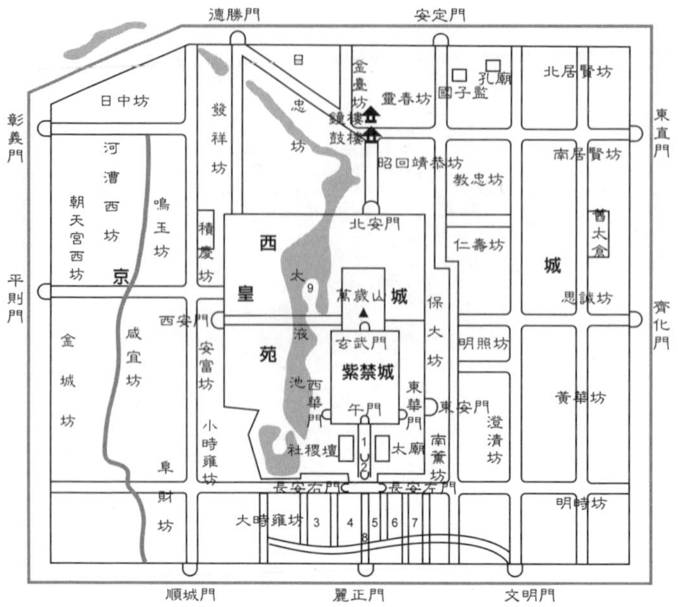

1.端門
2.承天門
3.錦衣衛
4.五軍都督府
5.吏、戶、禮部
6.兵、工部、欽天監
7.翰林院
8.大明門
9.瓊華島

明前期北京城

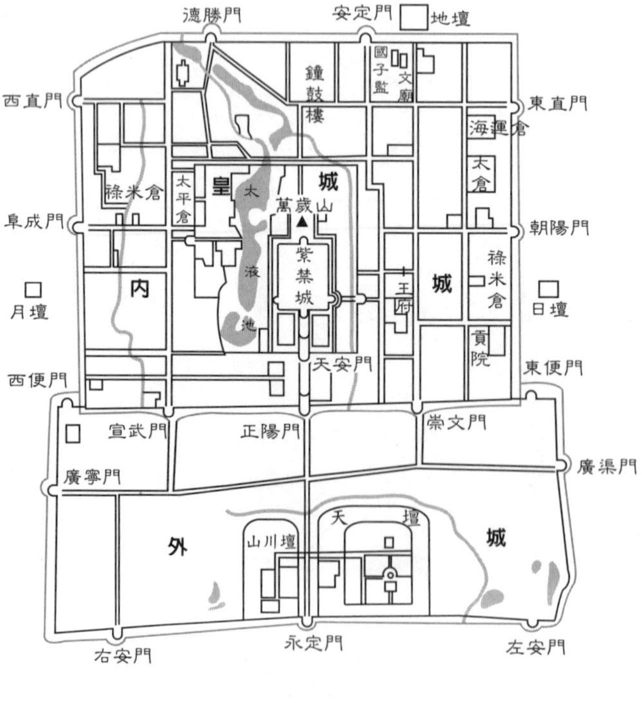

明中期北京城

國家圖書館出版品預行編目(CIP)資料

明朝皇帝回憶錄 / 唐博作. -- 初版 . -- 臺北市 :
遠流， 2012. 06
面； 公分. -- (實用歷史叢書)
ISBN 978-957-32-6991-5(平裝)

1. 帝王 2. 回憶錄 3. 明代

626 101008817